国家航海

National Maritime Research

上海中国航海博物馆　主办

（第十三辑）

上海古籍出版社

图书在版编目(CIP)数据

国家航海. 第十三辑 / 上海中国航海博物馆主办. ——
上海：上海古籍出版社,2015.11
ISBN 978-7-5325-7797-2

Ⅰ.①国… Ⅱ.①上… Ⅲ.①航海—交通运输史—中
国—文集 Ⅳ.①F552.9-53

中国版本图书馆 CIP 数据核字(2015)第 216648 号

国家航海(第十三辑)

上海中国航海博物馆 主办

上海世纪出版股份有限公司
上 海 古 籍 出 版 社 出版

(上海瑞金二路 272 号 邮政编码 200020)

(1)网址：www.guji.com.cn

(2)E-mail: guji1@guji.com.cn

(3)易文网网址：www.ewen.co

上海世纪出版股份有限公司发行中心发行经销 上海颛辉印刷厂印刷

开本 787×1092 1/16 印张 12.5 插页 2 字数 258,000

2015 年 11 月第 1 版 2015 年 11 月第 1 次印刷

印数：1—1,500

ISBN 978-7-5325-7797-2

K·2099 定价：58.00 元

如有质量问题,读者可向工厂调换

《国家航海》编辑委员会

主办：上海中国航海博物馆
顾问：杨　槱　上海交通大学

主　　编：徐祖远
副 主 编：张东苏　钱建国　王　煜
编辑部主任：周群华
编　　辑：温志红　［美］Xing Hang（杭行）　单　丽　李　洋

编委：（中文编委按照姓氏笔画排序，英文编委按照字母顺序排序）

万　明　中国社会科学院

乔培华　广州航海学院

刘序枫　台湾"中研院"

刘超英　北京市文物局

孙光圻　大连海事大学

苏基朗　香港科技大学

李培德　香港大学

杨志刚　上海博物馆

张　页　上海航运交易所

张　威　中国国家博物馆

邵哲平　集美大学

胡平贤　中国航海日办公室

柳存根　上海交通大学

施朝健　上海海事大学

高德毅　上海海事大学

席龙飞　武汉理工大学

潘君祥　上海历史博物馆

目 录

对马倭书与朝鲜传闻

——朝鲜与日本围绕三藩之乱的情报交涉[*]

陈　波[**]

摘　要:清初三藩之乱的发生,不仅严重动摇了清王朝的统治,也造成了东亚地缘政治格局的大震荡。为应对华夷秩序调整的可能变局,日本和朝鲜皆致力于搜集中国大陆的政治军事情报,并围绕情报交换展开错综复杂的外交博弈。日本屡屡以虚假情报试探朝鲜的反应,朝鲜则极力进行情报封锁。两国表面上依据交邻原则互通声气,实则同床异梦,时刻提防对方的情报诡诈。日本和朝鲜错综激烈的情报攻防,折射出当时清朝、朝鲜、日本三国在三藩之乱发生之际,面对诡谲易变的国际格局产生的交错缠绕的利益分野。

关键词:三藩之乱　日本　朝鲜　情报交涉

异国情报不仅是国家处理对外事务的知识基础,也构成了不同国家国民之间相互认知及彼此影响的情感因素。在传统的东亚诸国之间,每逢国际格局急剧变迁的特殊时期,就会上演纵横捭阖的情报战,其激烈程度丝毫不亚于当下的世界。清初三藩之乱的发生,不仅严重动摇了清王朝的统治,也造成了东亚地缘政治格局的大震荡,东亚诸国如朝鲜、日本、琉球等莫不极力搜集相关的政治、军事情报,以应对华夷秩序调整的可能变局。朝鲜以各种名目派至北京的"燕行"使团相踵于途,极力打探有关三藩之乱的情报。日本也不遑多让,通过釜山倭馆、琉球以及唐船等三个途径努力获取情报。德川幕府时期的海外情报集《华夷变态》[1]卷

* 本文系 2014 年度国家社科重大项目"21 世纪海上丝绸之路与南海战略研究(批准号:14ZDA078)"及 2013 年度国家社科基金青年项目"'唐船风说书'译注及研究"(批准号:13CZS020)及韩国教育部 2013 年度韩国学中央研究院(韩国学振兴规划办:KSPS)"海外韩国学教科研重点基地"项目(ABS-2013-OLU-2250003)的阶段性成果。

** 作者简介:陈波,南京大学历史学院、中国南海协同创新中心讲师。

[1] 江户幕府儒官世家出身的林恕(1618~1680 年)及其子林凤冈(1644~1732 年)利用职务之便,将所经眼的"风说书"陆续结集收入《华夷变态》和《崎港商说》中。从《华夷变态》的序言可以明确看出汇编者的初衷:"朱氏失鹿,当我正保年中,尔来三十年所,福漳商船往来长崎,所传说有达江府者。其中闻于公件,件读进之,和解之,吾家无不与之。其草案留在反古堆,恐其亡失,故叙其次第,录为册子,号《华夷变态》。"林恕、林凤冈:《华夷变态》卷首序文,东方书店,1981 年。关于《华夷变态》,近期代表性的研究著作有松浦 章:《海外情报からみる東アジア:唐船風説書の世界》,清文堂出版,2009 年;孙文:《唐船风说:文献与历史——〈华夷变态〉初探》,商务印书馆,2011 年。

二至卷七收录了有关三藩之乱的大量风说书,其中以唐船风说书为主,兼收少量朝鲜、琉球风说书及汉文文书。[1]《华夷变态》卷首序文,乃编者林恕题于"延宝二年(1674 年)甲寅六月八日",也就是在三藩之乱发生之后约半年,这也充分说明三藩之乱引起了德川幕府高层的极大关注。

朝鲜往往利用入燕使团积极搜集与台湾郑氏以及三藩相关的政治军事情报。其情报搜集手段无所不用其极,如采买违禁图籍、购买清朝公文、贿赂清方人员、交结各色人等(如琉球使者、被掳朝鲜人、清人等)[2],甚至为外交情报搜集拨出专款。[3] 相关内容除《燕行录》外,还集中见于《同文汇考》补编所收《使臣别单》,《朝鲜王朝实录》、《备边司誊录》、《承政院日记》等大部头的编年体史书也不乏记载。

截至目前,学界关于三藩之乱期间朝鲜及日本对清朝的情报搜集,应该说已经有程度不等的研究积累,但是对于此间日本和朝鲜围绕情报交换而展开的外交博弈的研究,似乎尚付阙如。毕竟乍见之下,日本与朝鲜之间的交往,似乎与清朝毫无关联。可是近期葛兆光先生在不同场合提出,"朝鲜和日本之间的各种交往,政治的、礼仪的、文化的交往,总有一个'不在场的在场者',就是中国。因为,所有的标准,包括文雅、礼仪、名分、风俗,作为价值的好坏是非标准,都来自传统中国"[4],而日本与朝鲜在三藩之乱期间围绕情报而展开的折冲樽俎,亦当作如是观。有鉴于此,本文试图以朝鲜史料为中心,对照《华夷变态》中保留的朝鲜风说书的相关记载,展现日本和朝鲜之间关于三藩之乱的情报搜集、交换概况及其动态过程。

一、对马倭书——日本对朝鲜的情报讹诈

康熙十二年(1673 年)十二月朝鲜谢恩及冬至使入京,当时正逢三藩之乱发

---

[1] 相关研究成果有松浦 章:《東アジア世界を巡る"三藩の乱"の情報》,原载《关西大学东西学术研究所纪要》第 46 号,1987 年,后收入氏著《海外情報からみる東アジア:唐船風説書の世界》一书作为第三章;以及细谷良夫:《三藩の乱をめぐって一呉三桂の反乱と楊起隆朱三太子事件》,收入日本历史研究会编《戦争と平和の中近世史》,青木书店,2001 年,总体而言并不充分,有待深入。

[2] 关于三藩之乱期间朝鲜对清朝的情报搜集,则成果较多。可参见魏舶:《清"三藩之乱"期间朝鲜遣清使研究——以朝鲜使者归国汇报的偏见为中心》,吉林大学硕士学位论文,2008 年;沈玉慧:《清代朝鲜使节在北京的琉球情报搜集》,《汉学研究》2011 年第 29 卷第 3 期;伍跃:《朝貢関係と情報収集——朝鲜王朝对中國外交を考えるに際して》,载《中國東アジア外交交流史の研究》,京都大学学术出版会,2007 年;王桂东、达力扎布:《清"三藩之乱"期间朝鲜对清朝情报的搜集》,《北华大学学报(社会科学版)》2013 年第 4 期。

[3] 张存武:《朝鲜对清外交机密费之研究》,《近代史研究所集刊》1976 年第 5 期。

[4] 葛兆光:《葛兆光再谈"从周边看中国"》,《东方早报》2013 年 12 月 8 日第 B01 版。实际上在此之前,葛兆光已多次在不同场合表达类似意见。

生后不久。朝鲜使臣迅速以"别单"的形式,向国内报告吴三桂起兵事以及耿、尚二藩的动向。吴三桂在康熙十二年十二月二十一日正式起兵,仅仅两天之后"杨应龙之乱"爆发,因此朝鲜使臣至北京时,得以亲睹京城的骚乱情形:"入城门则处处设幕伏兵,街巷持弓矢佩剑之徒,作队驰骛,显有惊动之状",经多方打听,得知"有人自称崇祯皇帝第三子,而缔结诸王及诸将管下人,各着白色帽,荷红色带,藏火药于怀中,期以今月(念)〔廿〕三日纵火于城中各处。人临期告发,故逮捕徒党,举皆诛杀,而所谓朱三太子知几逃躲,今方物色购捕云"。[1] 朝鲜使臣甚至设法获取了湖广总督蔡毓荣告变密本。康熙十三年(显宗十五年)三月二日,谢恩使金寿恒所派译官到达汉城,禀报吴三桂叛乱之事。[2] 朝鲜君臣闻知后大为兴奋,儒生罗硕佐、赵显期相继疏陈"天下事变,迫在目前",应"乘此机会,炼兵峙粮,大可以复仇雪耻,小可以安国保民"。[3] 既而大臣尹鑴(1617～1680年)[4]又进密疏,力促显宗借机北伐,以完成孝宗未竟之志。未几显宗驾崩,肃宗以冲龄继位,"南人派"的尹鑴得到重用,继续力倡北伐,主张朝鲜应实行三策:"北伐一也,渡海通郑二也,与北绝和三也。"而领议政许积(1610～1680 年)[5]则力陈朝鲜积弱,不宜妄兴大事,主张按兵不动,静观局势发展,不少务实大臣亦相附和。[6] 围绕三藩之乱期间的对清外交问题,手握权柄的"南人派"内部两派政见相对,分别以许积与尹鑴为首,聚讼不已,但二者实无原则分歧,而仅仅策略有别。盖因此时朝鲜虽已屈事清朝已数十年,但朝野普遍对于有再造之恩的明朝抱有强烈之思怀,而仁祖年间遭受城下之盟的屈辱历史记忆,则已渗入朝鲜君臣之骨髓。而三藩之乱的发生,更是促使反清思明成为一种政治正确,任何政治派别都不敢也无法挑战。

　　另一方面,与朝鲜一衣带水的江户幕府当局,甫闻巨变,即有不测举动。日本在康熙十三年五月获知三藩之乱的情报,六月报至江户,七月对马宗守就将所获情报知会朝鲜东莱府使:

　　　　府使权大载时,云贵守将平西王吴三桂,上年冬起义兵,杀四川守将张部院,因得湖广九府及陕西之半。传檄于平南王、靖南王、东(亭)〔宁〕锦舍,与之连谋。平南、靖南皆连兵相应,锦舍亦以十万兵、九百艘,海陆合势,期以六月,进取南京。南京形势,必不能抵挡是如为旀。崇祯第三子,以今年

［1］《同文汇考》补编卷二《使臣别单·谢恩兼冬至行书状官李宇鼎闻见事件》,韩国国史编纂委员会,1978 年,第 1578～1580 页。
［2］《朝鲜王朝显宗实录》卷二二,显宗十五年三月丙寅条,韩国国史编纂委员会,1973 年,第61 页。
［3］《朝鲜王朝显宗实录》卷二二,显宗十五年五月乙卯条,第 65 页。
［4］ 尹鑴,字希仲,号白湖。仕孝宗、肃宗朝,南人派的首领,与西人派精神领袖宋时烈(1607～1689 年,字英甫,号尤庵)不睦,庚申换局(1680 年)后,宋时烈还朝,攻尹鑴为"谗贼",后者遂被杀。
［5］ 与尹鑴同为南人派首领人物,庚申换局后不容于宋时烈,被杀。
［6］《朝鲜王朝肃宗实录》卷二,肃宗元年二月丁酉条,第 244 页。

正月元旦即位,年号周启,皇子即甲申三岁之儿,而周氏、田氏二人及大监王奉与平西王,潜藏保护这也是如。因倭人所言译官等手本处,缘由驰启。[1]

实际上康熙十三年三月朝鲜君臣即已正式获知三藩掀起叛乱,但尚不能确定三藩是否都已起兵,而日本因在当年五月获得了吴三桂和郑经的檄文,以及福州二番船船员的口述,所知较详。日本向朝鲜通报三藩之乱的情报,表面上是基于两国"交邻"关系主动提供。但是,"交邻"的外交理念一旦面临严酷的地缘政治现实,不免要大打折扣。朝鲜在清朝与三藩角力之结局尚未明朗之际,一方面对清朝不得不极力掩饰萌动已久的不臣之心,另一方面,对于曾经蹂躏朝鲜国土且时有狼顾之心的日本,也必须时刻提防其情报讹诈。为此,针对对马所言台湾郑氏将大举入犯朝鲜的消息,惊惧之余又不免将信将疑。

而日本将所获情报知会朝鲜的同时,也向朝鲜打探消息。在此过程中,釜山倭馆[2]发挥了情报枢纽的作用。康熙十四年正月,釜山倭馆从朝鲜那里打听到一则重要信息,传播者可能为朝鲜的好事之徒。据《华夷变态》卷三《朝鲜传说》载:

> (乙卯正月十六日)唐国大部落入吴三桂之手,目前已进围南北两京,南京已攻占大部。如南京失陷,北京之鞑王亦难城居,或将撤往鞑靼本国。如据目前所知声息,因蒙古军及诸外国军大举入援,北京鞑王或无灭亡之患,吴三桂独自面临如许情势,北京乃得稍安。据风闻,鞑靼军可能战败,或在当年决出胜负。[3]

根据所附按语,对马宗守平义真将该风说书与一幅三藩与清朝军队的攻守形势图一起,进呈酒井雅乐头和稻叶美浓守两位幕府大佬,并在得到幕府指示后,迅速派出使者打探消息。据载,在当年闰五月有所谓"头倭一人,欲探吴三桂事情及南北声息",并急于向朝鲜当局印证吴三桂军"围两北两京"的情报是否属实[4],书简在六月三日送达朝鲜京城,略云:

---

[1] 《边例集要》卷一七《杂条》,甲寅七月条,探求堂,1969～1970年,第490页。
[2] 倭馆是朝鲜王朝在朝鲜半岛南部设立的日本人居留地。万历朝鲜战争以前,朝鲜境内曾有多个倭馆存在,江户时代倭馆被限定在釜山,日本方面由对马藩与朝鲜进行外交来往和贸易通商。1607年,朝鲜派出通信使赴日,对马藩独占了朝日恢复邦交以及相关外交的使命,在釜山设立了倭馆,被赋予了对朝贸易的独占权。1609年己酉条约缔结后,对马藩名义上成为朝鲜的外藩,朝鲜授予对马藩藩主官职,承认其作为"日本国王使者"所拥有的特权。然而除了一次例外,日本使节赴汉城的行为是不被允许的。而日本人离开倭馆外出也是被禁止的。1876年《江华条约》签订后被废除。参见米谷均《对马口における朝鲜・中国情报》,载《近世日本の海外情报》,岩田书院,1997年,第113～126页。
[3] 《华夷变态》卷三,第100页。
[4] 《边例集要》卷一七《杂条》,乙卯闰五月条,第490页。

大明旧臣吴三桂，辅翊先帝幼子，久怀立孤，丕运恢复之筹，分箭倡良将，杖节举义兵，方欲树创业守成之功，而今业已图南北两京。各天异地，未详斗乱情形。贵国地近靺鞨，道通中原，不知干戈余殃，无及边徼耶？

对马来书便如负薪救火，使得本就不得安宁的朝鲜政局更加动荡。诸大臣围绕如何处理来书，聚讼盈庭，"尹鑴欲因日本通锦，庙堂欲以倭书告清，相争不决"。[1]一方面顾虑若将来书告之清朝，会使原本就风声鹤唳的清廷更加怀疑朝鲜有不臣之心。但是同时又必须稳住日本，使之不得滋生假途灭虢抑或问鼎中原等妄念。或出于上述考虑，礼曹参议南天汉于六月复书日本，试图打消日本的妄念，书信中一方面说"滇闽兵端，此亦略有所闻"，但又强调"交南朔易，道途踔远，军筹战略，机事又秘，流听流说，盖鲜情实"。并且提到近来朝鲜派往北京的燕行使节已经回京，而使行人员"俱言燕市之市肆自如，南都之迹辙不绝"，至于朝鲜目前"亦幸无他警，壤界粗安"，并没有受到三藩之乱的波及。[2]从复书内容看，似乎朝鲜惟恐清朝战败，这当然不是朝鲜的真实愿望，而无非是针对居心叵测之日本的外交辞令而已。

可是，树欲静而风不止，即使朝鲜官方向日本极力掩饰，但日本还是通过釜山倭馆，从朝鲜的好事之徒那里获取了截然不同的情报，一窥朝鲜的真实底牌。一方面朝鲜当局固然向日本力证吴三桂进围两京的消息不确，但吴三桂盟友郑经军队的动向却委实使得朝鲜君臣大为紧张，一则朝鲜风说书十分能说明问题：

锦舍如今势强之故，吴三桂锦舍之谋士，建言如此番获胜，应进图朝鲜而治之。其中缘由，亦流传于朝鲜国。锦舍乃郑氏，为朝鲜六大姓之一，有此渊源，可知上述传闻大抵真实，是为可虑。尤其在五六百年以前，有所谓释氏道说者，其所留预言末世之谶书中，言及五百年而后，将有郑氏之人君临朝鲜。朝野忧虑此事会否发生……上系派驻朝鲜之家臣所报，民间传闻之类，虽或多不实，仍据所言，书以上呈。

（康熙十四年）十一月八日对马宗守[3]

所谓郑经有举兵入侵朝鲜之谋，自然多系夸诞不实之词。但是这些传闻真实地反映了朝鲜君臣举棋不定的复杂心态以及进退两难的决策困局，而这一点无疑在日方掌握之中，揆之朝鲜史籍，亦历历可考。如有好事者陈绚上疏力陈："请择能胡语、汉语者，间行深入，以觇贼奴虚实，又察吴将胜败。文武中择智谋异等者，为通信使，送于郑锦海岛，凭寄檄书于吴三桂，以约某月某日兴兵协力之

[1]《朝鲜王朝肃宗实录》卷四，肃宗元年六月庚申条，第287页。
[2] 泉澄一编：《宗氏氏录》，延宝三年（康熙十四年）五月，清文堂，1981年，第112～113页。
[3]《华夷变态》卷三，第135～136页。

期。"[1]公然要求加强对清情报工作,同时努力寻求与三藩及郑经结盟之途径。无独有偶,极力主张与清绝和的大臣尹鑴于康熙十四年年初一月二十四日向肃宗进言:"今日之忧,唯在于郑锦之猝迫海边,清虏之充斥西路,前秋虚警,亦非无根之事。以此告急于清国,请得缮治兵事,且我服事清国,郑锦之所尝疑而忿之者也。今与吴三桂合力,其势甚张,恐有(声)〔申〕罪致讨之患。"未获肃宗应允。[2] 四月三日,尹鑴因唐人黄功上疏通使郑经,乘机向肃宗进言:"天下大乱,皆叛胡,而独我国服事。他日中原恢复,我国何面目可立?今送一介使,通问于郑锦,则庶有辞于他日。"亦为许积等执政大臣所阻。[3] 十月二十二日,右副承旨李同揆上疏言:"今日之隐忧,最在海上,会猎之书,一朝南来,则东吴谋士,争献迎贼之策,虽殿下手斫奏事之案,亦无及矣。"并要求"合天下之力,并东南之势……风便顺利,张帆过海",进攻清朝。肃宗嘉其慷慨,但以时势不合不允其请,态度上已有所动摇。[4]

康熙十四年五月对马来书事件才刚刚落幕,次年二月二日,朝鲜领议政(宰辅)许积在出席"御昼讲"(相当于中国的经筵)之际,突然自袖中拿出一册对马"来书"上呈肃宗,并建言送示清廷,以求自明。[5] 二月十日,肃宗对于倭书所示"郑锦之睥睨、海岛之乘机"深感忧虑,要求大臣未雨绸缪,有所准备。[6] 可是二月十五日,肃宗召见许积,许积又一口咬定倭书系伪造,并建议援引仁祖朝故事处死肇事者赵昌汉,肃宗遂诛之了事。[7] 此事亦见于《备边司誊录》肃宗二年(1676年)丙辰三月十一日条:

> 启曰:自上年秋,间阎间骚屑大起,有若变乱,朝夕将发者,及至冬间而益甚。人皆言倭书再来,其中有郑锦之兵将到之语,而庙堂之臣,讳而不泄,至于士夫,亦多有来问虚实于臣等者,莫知其由。只以人心不淑,胥动浮言,为可骇是白如乎。正月之初,臣积,偶闻武宰有目见所谓倭书者,招而问之,则言果得见于朝士家云,其伪造倭书,以惊惑人心者,意在乐祸。[8]

如此说来似乎连一向持重谨慎的许积也中了圈套,可见在三藩之乱时期,对马倭书颇能煽动舆情,进而影响朝鲜决策。但是,这份倭书是否伪造实未可知,《华夷变态》卷四载有《朝鲜译官答对马州家臣书》云:

> 一自佐浦旋飙以来,风潮累变,节序已三换矣。缅惟太守大人鼎茵崇

[1]《朝鲜王朝肃宗实录》卷三,肃宗元年五月辛未条,第274页。
[2]《朝鲜王朝肃宗实录》卷二,肃宗元年一月癸未条,第240页。
[3]《朝鲜王朝肃宗实录》卷三,肃宗元年四月己丑、辛卯条,第260页。
[4]《朝鲜王朝肃宗实录》卷四,肃宗元年十月丙子条,第307页。
[5]《朝鲜王朝肃宗实录》卷五,肃宗二年二月甲寅条,第321页
[6]《朝鲜王朝肃宗实录》卷五,肃宗二年二月壬戌条,第322页。
[7]《朝鲜王朝肃宗实录》卷五,肃宗二年二月丁卯条,第322页。
[8]《备边司誊录》第2册,韩国国史编纂委员会,1959~1960年,第234页。

恕，亦惟诸奉行佥执事，动止珍迪，区区胆傃，不容言喻。日者敝职留贵州时，伏荷大人损示札翰，细讯以中国变乱颠末，而行人之出疆者，其不及受辞者，亦不敢以其所不知为知。故泯泯墨墨，有扣不响，归来怅恧，亦何可言。敝职西还之日，偶值燕都使者，又自北来，仍得以详刺事情，闻有宁南靖寇大将军顺承郡王驻兵荆州，安远靖寇大将军多罗贝勒尚善驻兵岳州，多罗贝勒栋格进剿陕西，大将军和硕安亲王进剿长沙，和硕康亲王由浙江，和硕简亲王由江西，并取福建。兵马则分九路攻战，已阅三岁。其向荆岳者，盖拒平西也。其向闽浙者，盖备东宁也。其向陕西者，盖讨王辅臣也。或进或北，乍失旋收。江浙之间，尚为楚汉之京索成皋。北兵既未能弃原野之便，而入篇棘之险；南人亦难舍舟楫之利，而犯介马之锋。胜败之形，殆未有所分，则书中所谓战围南京之说，似是远外虚声，非的报也。茅闻燕齐之境，又方专意海防云，此则似亦有虑，夫东宁之风舶出没无常矣。前书中辞意，既极勤恳，开诲良多，则敝职已布之于南公诸大夫[1]之侧，相与嘉悦赞叹，深感太守大人暨诸执政君子能念邻好之笃，至于如此也。每欲一以竿尺仰覆，兼陈谢恧，而因仍不遑以迄于兹。适闻橘成陈方，惟辑端此奉敷。千万不尽，惟希鉴照。

丙辰年八月日

对马州家臣佥尊公阁下

韩佥事兴判

佥判事□判[2]

这则答书署期为"丙辰年八月日"，可见此前对马岛的确曾致书朝鲜译官，细讯"中国变乱颠末"，并提供所谓"战围南京"等情报。而因公逗留对马岛的朝鲜译官自述回朝鲜以后，"节序已三换矣"，可推知来书约在丙辰年春季。又据金锡胄《息庵先生遗稿》卷一九《以马岛来问中国事情事移礼部咨》：

> 朝鲜国王为委报邻岛移书语意非常事，议政府状启节该：上年夏秋间，东莱倭馆译学等，偶因馆倭得所谓福商所传吴三桂檄文者，察其满纸辞意，决是卉服伎俩，不类汉人文字，既已毁弃勿留，亦不敢烦闻大朝矣。又近于本年六月，东莱府使鱼震翼报称对马岛主平义真委送差倭十三人，持书契出来馆所等因。臣等取见其书，盖即岛主抵本国礼曹参议者也。其中有曰"大明旧臣吴三桂，辅翼先帝遗子，分筩倡良将，仗节举义兵，今业已围南北两京，而各天异地，未详斗乱情形，贵国地近中原，不知干戈余殃无及边徼"等语。臣等因此窃念：本国与彼倭通好羁縻今已七十年，凡岛中情状，皆本国之素所惯悉，言多狡谲，俗喜欺诈，种种事端，虽属可骇，本国并皆捐置不察

---

[1]　指朝鲜礼曹参议南天汉。

[2]　《华夷变态》卷四，第170页。

而已。今此书契之辞，又明是卖弄哄人诳人之计者。本国之专赖大朝字恤之泽，邦内乂安，亭障无警，固岛人之所已悉。今乃以边徼干戈为问，此外荧惑之言窥伺之态。诚有不可以测知者。即今缘边郡邑，船舰久已废缺，城池一无所恃，疏忽之忧，有倍常时。且此岛主之端使特讯，有非前日倭译私相传授者之比，语涉上国，理难隐蔽，合无备将前因，咨报该部，允为便益等因，具启。据此，为照倭情异常，腰领难得，其在捍卫之道，既不可有虞不戒，揆以藩服之义，亦不可有闻不奏，为此，合行移咨。烦乞贵部照详转奏施行。再移咨云云。

　　窃照日者岛倭致书，托称邻好，信息非常，情诈难测，而语复有关系乎大朝者，当职不幸于非意之中，遭此事端，既不敢不以实状上奏，以自尽藩服之义。又不得不以私悃仰暴，以兼伸捍卫之诚，方且悚耸跼蹐，以俟裁察。乃者伏蒙皇上特垂矜轸，遄降明谕，凡诸睿算之所运，天威之所震，各路征讨之竞捷，诸省变乱之渐除者，悉皆赫然布昭于十行之间。至于先行晓谕之至计，预许拯援之洪恩，尤足以逆折奸萌，消弭祸孽。而东土民庶，亦将凭借宠灵，以永有奠枕之安，则当职窃不胜感戴欣戴，以攒祝我皇上字恤之大德。而惟彼岛人，又于今春间，因渡海舌官，续有訊讯，再申前说，比之上年书契，转益张惶揑阖，显有侦试哄胁之意，委属骇愕。今方另差折冲将军韩时说，司译院正金振夏等驰至釜山，馆接着岛中干事头倭，以宣扬大朝威德。仍且谕之以逆顺，开之以利害，庶几遵奉成算，获保偏壤。以自附于守在四裔之训。为此合行回复。烦乞贵部照详施行。[1]

这则咨文不署日期，且从内容和格式来看，似由署期不同的两则咨文组成，第一通与《同文汇考》原编卷七八《报岛倭来报吴三桂举兵咨》的文字基本相同，而据《同文汇考》，该咨文署期为"康熙十四年十月……"。并且咨文中的"折冲将军韩时说，司译院正金振夏"，应该就是上文《朝鲜译官答对马州家臣书》后署名的韩金事及金判事等二人。而据《备边司誊录》，许积在正月初已经得知倭书系伪造，并断定"以惊惑人心者，意在乐祸"，若果如此，为何他在二月二日又将此书煞有介事地上呈肃宗，引起肃宗严重关切，这岂非自相矛盾？一种可能是，许积进呈给肃宗的对马倭书，即是得自写作这封回信的朝鲜译官，但事后见浮言四起，政局动摇，为稳定人心，遂断然宣称倭书系伪造，杀赵昌汉以塞悠悠众口。大致可以推知，郑经将自海路进攻朝鲜的消息似乎已远远超出朝议范围，间接造成民间舆情汹涌，进而迫使执政当局不得不加强舆论控制，并引发了政治血案。

　　对马来书中所一再提及的吴三桂檄文，直到乱局之后还一再引起朝鲜士人之嗟叹，如成海应题吴三桂檄文[2]提到："檄中云甲寅元朝，奉太子即位，建元

---

[1]　金锡胄：《息庵先生遗稿》卷一九《对马岛来问中国事情事移礼部咨》，载《影印标点韩国文集丛刊》第 145 册，景仁文化社，1995 年，第 463 页上栏。

[2]　《边例集要》卷一七《杂条·丙辰》，第 491 页。全文抄录吴三桂檄文。

周启。然三桂实自立而国号周也。三桂事清……执永历而弑之。遂据永历故宫，缮修颇壮丽。陈古玉彝器之属，布列珍禽名花，拥陈沉而酣嬉。此其心岂复思明室乎？"[1]朝鲜士人最终恍然大悟，吴三桂反清实为一己之私欲，与复明实在没有太大关系。成海应题檄之后觉得意犹未尽，又复题该檄文，认为朝鲜君臣之于吴三桂檄文，"以为倭人假托"，并断定是"因福建商人微有传信。而欲钩取我货"。[2]其实他们的担心亦非全无道理。吴三桂于康熙十七年三月即帝位后不久，消息就传入日本。《华夷变态》的编者同时也是三藩之乱期间对清情报工作的幕后主持者林恕获知消息后，于是年七月三十日作《吴郑论》。他表示："若其果然，则三十年来之素心，至是而见，而非忠义，而篡夺也。盖彼亦效曹操、朱温之迹，而有刘裕衰暮之叹，而不克终而然乎？"总之他对吴三桂称帝颇不以为然。他甚至对台湾郑氏反清的政治动机，也有所怀疑，"闻先是郑氏亦奉一帝，建永历之号，不知自今而后，其事成而不变所守乎？有私营之谋乎？"而鉴于参与三藩之乱的军阀集团"如福建耿氏及孙将军、平南王，各割据一方，然始与吴郑相应，又降鞑寇"。林恕察觉到参与三藩之乱的诸势力同床异梦，各怀私意，缺乏明确的政治目标，因此断定："吴郑则蜂蚁之类，不足算也。"[3]可谓对于三藩之乱的黯淡前景已有深刻洞见。须知林恕的看法也在很大程度上能够真正影响或者代表日本幕府最高当局的意志，然而对马岛主平义真却在次年一如既往地向朝鲜传达吴三桂军已围南北两京的假情报。[4]实际上直到康熙二十二年十二月郑克塽业已降清后，对马岛主致书朝鲜礼曹，依然危言耸听："窃闻……东宁郑锦舍丕募奇兵，风舶万里，侵于贵国地方，兀良哈直入北京，而将决战攻。又闻，清王雄奸傲强，以不道之难，而谴责贵国矣。"并且要求朝鲜当局"若有急变，速须申喻，希勿含糊"。[5]须知当年七月郑克塽所遣使者已赍降表至提督施琅军前投降[6]，八月十一日长崎当局就从来航二十五番东宁船船员口中获知确切消息。[7]对此朝鲜君臣甚为愤懑，肃宗命大提学南九万与庙堂诸臣相议撰答书，切责日本有悖交邻之道：

　　近者，我国使价回自燕京，传言闽兵深入台湾，扼其要害，郑锦势穷力屈，率兵民男妇数十万，出就招抚。信斯言也，与来书一何相反耶？谴责之

[1]　成海应：《研经斋全集》卷三三《风泉录三·题吴三桂檄后》，载《影印标点韩国文集丛刊》
　　　第274册，韩国民族文化推进会，2001年，第237页上栏。
[2]　成海应：《研经斋全集》卷三三《风泉录三·复题吴三桂檄后》，第237页下栏。
[3]　林恕：《鹅峰林学士文集》卷四八《论二·吴郑论》，东京：ぺりかん社，1997年，第510页。
[4]　成海应：《研经斋全集》卷四四《杂录·吴三桂搬家案解》：肃庙戊午（1678年）夏秋间，东
　　　莱倭馆译学等，因馆倭得福商所传吴三桂檄文。己未（1679年）六月，东莱府使鱼震翼报
　　　称对马岛主平义真，委送差倭。持书契出馆所，书契有"大明旧臣吴三桂辅翼先帝遗子，
　　　分简良将，仗节举义兵，今已围南北两京。而各天异地，未详斗乱情，贵国地近中原，不
　　　知干戈余殃及乎边徼"语。载《影印标点韩国文集丛刊》第274册，第453页下栏。
[5]　《朝鲜王朝肃宗实录》卷一四，肃宗九年十二月己未条，第668页。
[6]　蒋良骐：《东华录》卷一二，康熙二十二年癸亥七月条，中华书局，1980年，第202页。
[7]　《华夷变态》卷八，第406～408页。

说，尤无端绪，流听多舛，不足为怪。交邻之道，有急则相告，希勿含糊之示，恐虑我太过也。然毋论虚实，闻则相报，足见邻好之至意。[1]

不惟如此，此次对马来书事件不知何故辗转传入清朝，导致康熙二十八年三月朝鲜告讣使李濡入京之际，清朝重臣明珠亲自过问，从而又在朝鲜国内引起一场问责的政治风波。[2] 这也充分说明，对马来书大幅夸大三藩及其盟友郑经的战绩，实际上是一种情报讹诈，意在试探朝鲜当局对于三藩之乱的真实反应，而其实际上也的确动摇了朝鲜舆情，并且对朝鲜执政当局的决策产生了相当程度的干扰。

二、朝鲜传闻——以釜山倭馆为中心的日朝情报战

另一方面，日本固然常常对朝鲜进行情报讹诈，而朝鲜官方也力图向日本隐瞒战局发展。釜山倭馆的"馆倭"们虽极力打探，但受制于朝鲜极其严密的情报封锁，导致所获消息多来自朝鲜好事之徒，往往不能反应当时战局发展的实况。兹列《华夷变态》所见三藩之乱期间对马进呈的朝鲜风说书如下表：

三藩之乱期间朝鲜风说书一览表

卷次	目录标题	细目	年次	署期	内容摘要	备注
卷二	对马风闻	1.唐鞑战之事 2.吴三桂逆心之次第	甲寅（康熙十三年）	六月廿三日	○吴三桂之子乃清朝兵曹判书，自杀于北京。吴三桂奉朱太子即位。 ○吴三桂与清刑部尚书勾结，派遣军士二千扮作商人入京，企图杀死鞑王。 ○清人掘吴三桂先祖之墓，而吴三桂早在三十年前即将先祖墓迁至云南。 ○红头天子二十年奇瑞出现，预示清朝将亡。	十月十八日，自宗对马守处报来。所谓吴三桂派军士二千入北京欲刺鞑王之事，乃指"杨应龙之乱"无疑。
		3.觉（备忘录）		九月十一日	○吴三桂占领唐国大部，现正攻打南京，即将陷之。而北京鞑军集处，一时难决胜负。 ○锦舍造战船数百，大部以木塞船底，诱南京清军乘之，清军中计大败。	十月廿六日，来自宗对马守。

---

[1]《朝鲜王朝肃宗实录》卷一四，肃宗九年十二月己未条，第668页。
[2]《朝鲜王朝肃宗实录》卷二〇，肃宗十五年闰三月戊戌条，第164页。

卷次	目录标题	细目	年次	署期	内容摘要	备注
卷三	朝鲜传说二通	4.朝鲜传说	乙卯（康熙十四年）	正月八日	○吴三桂战围两京，或当年与清决出胜负。 ○清帝接见朝鲜使臣，欲请兵朝鲜，朝鲜拖延未遣援军。	此二则风说书连同绘图一通，于二月十九日被进呈酒井雅乐头、稻叶美浓守过目。
		5.同上		正月十六日	○蒙古应清朝之请派十万援军参与蒋山之战，然大部就歼。清人没有兑现每人给赏十两之承诺，蒙古军心生不满，遂饱掠乡村而去。	
	对马注进	6.对马注进		四月廿八日	○蒙王叛变，攻入辽阳及山海关，则吴三桂与蒙古南北相攻，清朝或有灭亡之虞。 ○传闻朝鲜虑清朝将亡，或向吴三桂派出援军。一说朝鲜抽调除庆尚道外之七道兵力，配置义州边境，备御鞑靼及蒙古。	此所谓蒙王叛变事，乃指布尔尼之乱无疑。
	朝鲜国之风说	7.朝鲜国风闻之纪要		十一月八日	○郑氏为朝鲜六大姓，据五六百年前之谶书，或将君临朝鲜。 ○吴三桂遣使请兵于朝鲜，朝鲜杀害来使，或言将来使递送北京。	
	朝鲜译官觉书	8.译官两使所述概要		十一月八日	○朝鲜使臣禁锢馆内，不得擅自与北京人交接，故未知战局详情。 ○四川成都被吴三桂占领，南京是否攻占未能得知。北京鞑军共八百万，吴三桂虽攻入北京近郊，骤然难决胜负。	
卷四	朝鲜风说	9.朝鲜国关于唐乱之风说纪要	丙辰（康熙十五年）	辰四月朔日	○北京敕使来朝鲜，乃因前年朝鲜王妃崩御，为去年新立王后赠号而来。 ○自去年冬季北京人迹渐稀，乃因南方战局不利，派遣大量援军之故。北京先后派出数十万军队，大部战死。	此卷还收有《朝鲜译官答对马家臣书》，兹不计入风说书内。

卷次	目录标题	细目	年次	署期	内容摘要	备注
卷四	唐乱に付朝鲜にての風説	10.朝鲜国关于唐乱之风说纪要		六月朔日	○鞑靼遣沈阳驻军南下，至今已无军可遣。 ○北京大臣大半曾为明人，吴三桂起兵以后，或有谋叛之举。 ○近年唐乱愈炽，朝鲜在平安道筑二十余城，于开城府筑北汉、南汗二山城。亦将于全罗道及庆尚道筑城。 ○朝鲜大臣或因北京危殆，无有愿出使者。	
卷七	宗对马守朝鲜注进三通	11.此次向译官所询唐兵乱之风说	己未（康熙十八年）	午十二月廿五日	○吴三桂称帝，百姓悉归附。 ○蒙古王之女为清人之妃，怀孕被遣回，蒙王遂有谋反之意。	
		12.唐兵乱之风说		未正月廿五日	○据闻吴三桂去世，朝鲜国疑其为诈死。 ○吴三桂虽有忠臣之誉，而除朱太子称帝，以其孙为皇太子。	
		13.觉（备忘录）		二月八日	○朝鲜于都城近畿修筑城池，配置军粮，每日操演弓矢、铁炮（鸟枪）。	
	宗对马守よりの注进	14.唐兵乱之风说		五月十二日	○去年吴三桂紧逼南京近郊，如攻取南京，则北京或不战而陷。 ○北京传闻吴三桂或老病而死，但不能确信。 ○清朝向赴京朝鲜使臣封锁战况。	

据表中所见，总体而言，《华夷变态》所收朝鲜风说书有如下几个特点：一是缺乏可靠的消息来源，除有两次是倭馆日本使臣询问朝鲜译官所得；二是仅为口述概要，模糊笼统而语焉不详。三是对于清朝覆灭、三藩战胜充满盲目乐观，对于叛乱一方的战绩不无夸大失实之处。例如，卷二《吴三桂逆心之次第》有如下记载：

　　"红头天子二十年"，上述文字，显于北京之山所出玉石。据闻鞑靼人皆赤发，且其进入北京，占领唐国全境，已有二十年，现今此乱发生，玉石文字或为北京鞑王灭亡之奇瑞。必于唐乱发生之际，方有如此奇瑞。

关于此点,似乎在中文及朝鲜史料中找不到对应的记载。另外从清军入关到三藩之乱爆发,业已有三十年,且满族赤发之说更属无稽之谈。又如,卷三《朝鲜传说二通》里提到,清朝向蒙古请援,蒙古派出十万援军参与蒋山之战,然大部就歼。清人没有兑现每人给赏十两的承诺,蒙古军心生不满,遂饱掠乡村而去[1],此亦偏离史实甚远。一则整个三藩之乱期间,三藩军队兵锋从未及蒋山,二则十万蒙军入援之说,亦缺乏充分根据,清朝虽确有调蒙古军参战之举,但数量极为有限。至于当年之战场态势,则描述如下:

> 唐国大部为吴三桂所占,现攻入南京附近,尚未攻占之地极少……迄至近日,南京境内之蒋山有大合战,其时吴三桂方面进攻南京之大将军靖南王,三十年以前与吴三桂等三人同为人臣,进入鞑靼时代,担任福州守护,此时与吴三桂联合。福州与南京相近,故而思为先锋,担任主将,独自率领锦舍麾下二员大将进攻南京。而吴三桂七子皆在各地,受命开辟战场,清人似不知吴三桂所居何地,各处布网打探,北京一旦得悉吴三桂居所,或将不惜代价以除之。此前吴三桂病死之传闻,乃出于谋略,吴三桂仍健在。[2]

其中靖南王令锦舍担任吴三桂先锋,属下两员大将试图进取南京之消息,虽一定程度上反映了三藩起初之始的战略安排,但风说书中却将此战略安排描述为既成事实。朝鲜风说书对于三藩一方之战绩,往往夸诞不实。而在署期“正月十六日”(康熙十四年)的“朝鲜传闻”最后,有宗对马守所加按语,其中提到关于朝鲜到底是入援清还是与吴三桂联合,“私下似有传闻,然译官或有隐瞒,未及此事,然因入援人数众多,纵使隐瞒,届时和馆亦将闻知”。可见对马宗氏对于朝鲜方面之情报封锁,也是心照不宣。

当然,朝鲜风说又并非完全是空穴来风,其中关于朝鲜与清廷之交往以及朝鲜政局的描述,揆诸朝鲜史料亦在在有据。如清朝向朝鲜求援之举,卷三《朝鲜传说》记曰:

> 朝鲜定期遣往北京之使者,近日归国。鞑王于北京面晤使者并密谕之,定是向朝鲜国有请兵之托。据闻,朝鲜都城诸臣商议,如北京鞑王败兆显现,如何能派遣援军?姑且迁延派援之举。如北京方面来诘问,据使者之情形,或转而议定与吴三桂联合。故迄今为止,未派援军。且各处传言朝鲜军队急调都城。然未知的否,先据以上闻。[3]

这则风说书署期“正月八日”,此事实见于《朝鲜王朝肃宗实录》肃宗元年十一月

---

[1] 《华夷变态》卷三,第102～103页。
[2] 《华夷变态》卷三,第103页。
[3] 《华夷变态》卷三,第101页。

壬申(十三日)条据载,朝鲜使臣围绕清帝请兵之举各执一词,因为"今者吴三桂拥立崇祯之子,再造大明,我乃兴兵助伐,非但义理之所不忍为,虽以利害言之,清国之势,似难久保。大明兴复之后,若有问罪之举,则无辞自解"。当时如果"不从其请,则清国虽疲,制我则有余。以数万兵侵轶我疆域,则将何以待之?"最后商定托言"兵民散亡"回复清朝。[1] 至于康熙密谕请兵之意的朝鲜使臣,系指"灵慎君滢",以他为首的使团一行于十一月七日到山海关,即"先来驰启",报告三藩之乱的最新消息[2],而这种情况于次年的"正月八日"就被对马倭馆侦知。另外,朝鲜风说书中关于朝鲜在境内筑城之事、朝鲜使臣不愿出使清朝等等,亦在在有据。

朝鲜当局在应对日本情报诡诈的同时,也极力通过倭馆打探最新战况,例如肃宗六年七月,朝鲜译官安慎徽就从与之相厚的"馆倭"处得到"一张倭书",内容是关于当年郑锦败退台湾前夕诛杀叛将施亥一事,并迅速将其译成汉文上报东莱府使,此倭书即风说书,今日文仍见存于《华夷变态》一书中,题为"二番普陀山船之唐人共申口"(二番普陀山船之唐人口述),其原文为江户时代特有的文书体"侯文"(そうろうぶん),兹试译为汉文如下:

> 锦舍据厦门数年,今年二月二十六日城陷。盖因锦舍父国姓森官麾下大将名施五者,于森官在世时叛投鞑靼,八年前死于北京。施五甥名施亥,被清朝授予才官之职,居泉州,七年前(康熙十三年)锦舍攻取漳、泉二州之际,重投锦舍,颇受重用,然却通款于清。遂请于锦舍,言兵粮缺乏之故,为调取军粮,应派大船前往广东高州。其后伺机密通鞑靼,使之自陆路发兵十二三万余,攻打漳州境内之观音山,而此山系海澄县及厦门冲要之地,海路则由驻扎福州之水师总兵官名林贤者,以兵船凡二百五十艘左右、军兵三万余进薄。锦舍不曾料想,大惊之下虽加布防,然因当时兵船派往高州,无船可防,无奈率将领二十五人、军兵一万余,分乘所余兵船百余艘,于二月廿六日撤出厦门。施亥与鞑靼通款之举并未败露,为确认锦舍之动向,一直在厦门。而镇守海澄县之锦舍麾下大将刘国贤[3],因海澄陷落,自海澄撤往厦门途中,见到可疑之信使,遂逮捕加以审讯,搜出鞑靼送与施亥之秘密还礼,故而抵达厦门后立即逮捕施亥,并自乘座船,退往厦门附近名镗山之处,向锦舍报告施亥起谋逆之心,锦舍不信,刘国贤遂向锦舍出示所搜得之密通礼物,锦舍亦无如之何,命刘国贤于镗山诛之。锦舍招集军兵,撤往东宁,再待时机。鞑靼命姚提督、杨副将等二人为守将,镇守泉州、漳州二府,厦门则由上述水师总兵官林贤镇守。

> 吴三桂数年以来,隔湖广境内之洞庭湖,与鞑靼对峙,据闻此时撤往云

---

[1]《朝鲜王朝肃宗实录》卷一,肃宗元年十一月壬申条,第219页。
[2]《朝鲜王朝肃宗实录》卷一,肃宗元年十一月丙寅条,第218页。
[3] 指刘国轩,风说书中往往误作"刘国贤"。

南,唯系远方之事,未能详知。我等去年三月离开长崎返抵普陀山,迄今为止虽在招揽客、货,然清方严禁人、货出海,故载货出航甚难。尤其是大清兵船每月巡逻普陀山海面两三次,故纵使在南京、浙江约定之客商亦无法出航。此次厦门城陷之消息,是经由铠山(厦门附近)本船之主人锦舍部下朱总兵,于四月六日派快船通报获悉。

　　以上唐人所述,书以上呈。

　　申四月廿日[1]

紧随这则风说书之后的是"三番东宁船之唐人共申口",主要内容都是关于郑经部下施亥叛变一事之始末。有趣的是,此事于四月二十日闻于长崎唐通事之后,不久即为朝鲜东莱府使侦知:

　　丁酉,东莱府使赵世焕驰启:"馆中倭有与译官安慎徽相厚者,请训导朴有年而言曰:'俺与安译素厚,而曾以吴三桂、郑锦胜败,随闻相通为嘱矣。今者族人适自长崎岛还,偶得郑锦败状。'故委此报知。仍出一张倭书,即郑锦败走退保事也。或云:'吴三桂引兵城守于泗川。'又云:'清国自得泉、漳,严禁商船之出海,故江南商船,绝不往来于长崎,时时往来者,只是郑锦所属船。'云。因译倭书以闻。"其书曰:普陀山(郑锦所管地名)商船至日本长崎岛言:"郑锦舍(日本人称郑锦为锦舍,如孟子所谓孟施舍云)筑城于厦门,居之者累年矣。初,锦舍父国姓森官(国姓森官似是别号),有武大将曰施吾者,降于清,受厚禄,八年前死。其侄施亥为清小官,在泉州,甲寅年锦舍攻取泉、漳两府,亥谢罪降锦舍,锦舍宠任之。亥复潜怀异志,通款于清,清人使亥为内应,以伺间隙。适锦舍乏军食,亥因托以运粮,请锦舍送大战船于广东、高州之地,密约清人,发陆军十二万,攻漳州地面观音山。观音山即海澄县,乃锦舍所居厦门之要冲也。清福州守将水军总兵林贤,又以战船二百五十艘,卒数万人,攻厦门,锦舍犹未知施亥之与清人交通,而其大战船皆运粮往高州未还,锦舍仓卒不知所出,仅以余船百余艘,载武将二十五人、军卒一万余,今年二月二十五日,自厦门退保不敢出。"云。且曰:"施亥潜通清国,而锦舍不以为疑,适海澄县为清人所攻,守将刘国贤不能敌,引军遁还厦门,路遇飞脚(善走之称)者,有所赍书,即亥与清人潜通之书。擒其人,共往厦门,泊舟铠山(即厦门近地名),告其事于锦舍,锦舍犹不信,国贤遂进其书,锦舍始大惊,斩亥于铠山。锦舍收拾败亡余军,退保东宁以待。时清以姚都督、杨副总者,为泉、漳两府帅以守之。锦舍使国贤镇厦门以拒。"云。且曰:"吴三桂数年来在湖广,据洞庭湖,与清兵对镇,而传闻取云南云。但普陀与湖广绝远,未知其真否,而惟此拔城败军事,锦舍家臣总兵等,以飞船通报于普陀,故普陀人知其事,言于长崎岛。长崎岛乃于今年五月初九日,

[1] 《华夷变态》补遗卷二《二番普陀山船之唐人口述》,第3003~3004页。

通报于江户（日本关白所都）如右。"云。[1]

如对比这则"倭书"与上引风说书的叙述，可以断定，这则风说书系由朝鲜译官"安慎徽"自对马倭馆"馆倭"处设法获取，并迅速将其译为汉文，上呈东莱府使，而该风说书本身则于五月初九日，自长崎上呈江户。而至少七月丁酉（十日）之前，这则象征东亚格局大变动的机密情报就被朝鲜译官"安慎徽"获取，可见朝鲜当局对于搜集三藩之乱的军事情报方面，亦可谓煞费苦心。而釜山倭馆无疑称得上是朝鲜与日本情报攻防的暗战之地。

总体说来，由于朝鲜极力对釜山倭馆进行情报封锁，导致日方所得有限，但由于日本还有琉球以及长崎唐人商船两个获取情报的管道，因此仍能全面获取有关三藩之乱的适时情报。特别是琉球自明末为萨摩藩所侵之后，萨摩藩派驻那霸的所谓"在番奉行"全面监控了琉球的对清朝贡贸易，而琉球贡使在三藩之乱之际一度滞留清朝，1678 年归国之后被迫立即派遣所谓"唐之首尾御使者"，至萨摩藩报告中国局势，并从此形成定例。[2] 琉球利用其朝贡国地位，在北京可以与朝鲜使团交换消息，相对于唐船风说书及朝鲜风说书而言，其所提供的情报准确性较高，自不待言。[3]

余　论

对于三藩之乱的发生，朝鲜王朝与德川幕府在获取情报方面各擅胜场。朝鲜可以遣使直接前往北京打探消息，辅以派遣译官至对马打探[4]，而日本则通过釜山倭馆、琉球以及唐船等三个途径多方获取情报。燕行使团近水楼台先得月，往往第一时间获得关于北方地区的准确消息，而对于中国南方的军情动态只能道听途说。而至长崎贸易的中国商船船员则刚好相反，兼之琉球贡使在三藩之乱期间曾滞留福州，使得日本对于南明、郑氏集团以及三藩之乱中耿、尚二藩情报的掌握，远较朝鲜当局及时准确。这样一来，就使得双方产生情报交换的基本需求，并围绕情报交换展开错综复杂的外交博弈。日本屡屡以虚假情报试探朝鲜的反应，朝鲜则极力进行情报封锁，两国表面上依据交邻原则互通声气，实则同床异梦，时刻提防对方的情报讹诈。这或许既是缘于日本曾经野蛮入侵朝鲜的历史积冤，而又面临朝鲜业已屈事满清的现实分野。对于三藩之乱的发生，从义理的层面考虑，屈事清朝且有强烈思明情结的朝鲜君臣自然欢欣鼓舞，但对

[1] 《朝鲜王朝肃宗实录》卷九，肃宗六年七月丁酉条，第 463 页。
[2] 纸屋敦之：《大君外交の海外情报ルート》，载《近世日本の海外情报》，第 13、15 页。
[3] 沈玉慧：《琉球情报传递角色之形成与建立——以明清时期中日间的往来交涉为中心》，载《第十届中琉历史关系会议论文集》，2007 年；《清代北京における朝鲜使节と琉球使节の邂逅》，载《九州大学東洋史論集》第 37 辑，2009 年。
[4] 参见纸屋敦之前揭文，第 13 页。

有着抗礼中国传统的日本而言,明清易代华变于夷的历史机遇则有付诸东流之患。有着儒者和幕府大学士双重身份的林恕,尽管对三藩之乱有"若夫有为夷变于华之态,则纵异方域,不亦快乎"的告白,可是这多大程度上真实反映当时日本的国家意志,却是大可考究的问题。但就现实的地缘政治而言,日本与大陆隔海相望,而朝鲜则与清朝壤界相连,三藩之乱所导致的华夷秩序调整之可能,对于日本不啻秦越肥瘠,而对朝鲜实为休戚攸关。日本大可以极力鼓吹尊王攘夷高自标榜,而行太阿倒持、道统自立之实。而对于朝鲜,清朝胜利不符朝鲜尊周思明之本心,三藩胜出则有"服事清国"之耻并遭"申罪致讨"之患,又必须时刻提防日本滋生假途灭虢或问鼎中原之妄念,从而不得不在礼义与现实乖离的紧张感中小心周旋,以确保自身安全。了解日本和朝鲜错综激烈的情报攻防,或许也是理解日、朝两国对于三藩之乱具体态度有所差异的一个极好注脚。

《华夷变态》所收风说书具有鲜明的倾向性。大体而言,朝鲜风说书往往夸大吴三桂及其盟友郑经军队之战绩,甚至有郑氏是朝鲜六大姓之一,可能君临朝鲜之类危言耸听的传闻。唐船风说书大部分情形下亦丑诋清朝。唯有琉球由于与明郑政权交恶,所提供风说书的描述较为客观。无独有偶,朝鲜使臣向国内提交的秘密报告即所谓"使臣别单"亦存在类似问题,当时的清朝通事"多是南方婺人子",且作为宦游小吏地位不高,出于生计往往迎合满怀"华夷"执念的朝鲜使团人员之所好,向朝鲜通事兜售丑诋清朝的相关情报,"其言务为新奇,皆怪怪罔测,以赚译辈剩银。时政则隐没善绩,妆撰秕政,天灾时变,人妖物怪,集历代所无之事;至于荒徼侵叛,百姓愁怨,极一时骚扰之状,有若危亡之祸,迫在朝夕,张皇列录,以授译辈。译辈以呈使者,则书状拣择去就,作为闻见事件,别单书启"。[1] 总之在明清鼎革这样一个动荡的年代,风说书和闻见别单这类异国情报近似一种口耳相传的国际新闻,渗入了当时人们的复杂立场、感情甚至想象。[2]

[1] 朴趾源著,朱瑞平点校:《热河日记》卷四《杨梅诗话·别单》,上海书店出版社,1997年,第289页。
[2] 例如在帕莱福所著《鞑靼征服中国史》中提到(何高济译,中华书局,2008年,第161~162页):"日本皇帝在他的邻邦被灭后产生新的恐惧,极野蛮的对待中国人⋯⋯尽管众所周知这些人是无辜的,但中国沦陷的消息一传开,他们就被视为叛贼和懦夫⋯⋯随后去做生意的中国商人更受到虐待。他们当时归顺了鞑靼人,剃了头发,穿上鞑靼服装。这种新装束在日本很不受欢迎,所以他们得到命令不得下船,也不许卸货,而是要立即回到原处,再不许穿鞑靼服装返回日本⋯⋯他们受尽这些蛮人的虐待,以致当鞑靼人听说此事,他们表示十分愤慨,威胁要去日本报复,让那些低贱、灵魂怯懦的百姓知道,鞑靼人能够征服另一个帝国⋯⋯可以看到中国在失国后怎样受到邻邦的对待。大部分邻国仅嘲笑他们,对他们进行辱骂和蔑视,唯有日本人尽量虐待他们。"可见在没有华夷观念的西方传教士笔下,"鞑靼"显然并非一个贬义词,反而虐待中国商人的日本的形象颇为负面,明清鼎革的历史完全是另一番景象。

Intelligence Collection and Cooperation between Japan and Chosŏn Korea during the Revolt of the Three Feudatories

国家航海 第十三辑
National
Maritime Research

Abstract: The Revolt of the Three Feudatories not only severely threatened the Qing dynasty's rule over China, but its ramifications reverberated througout the East Asian world. Faced with a complex geopolitical situation, both Japan and the Chosŏn dynasty of Korea stepped up their collection of intelligence on mainland China's political and military affairs. This paper uses Korean and Japanese records, including the *Fusetsugaki* and *Ka'i hentai*, to show that, although the two countries were committed to the mutual sharing of intelligence under the principle of neighborly friendship, in reality they often hid or misrepresented information toward each other.

Keywords: Revolt of the Three Feudatories, Japan, Chosŏn Dynasty, Intelligence-gathering

宋代来华外国人旅行手续问题再探

陈少丰*

摘　要：宋朝对外国人在华旅行实行特许制度，旅行的核心问题是手续问题。通过对外国僧侣、使节、蕃商之间的对比以及外国人与本国人的比较可知，宋朝在办理来华外国人旅行手续方面具有三个显著特点：一是参照办理本国特定人群旅行手续的办法来办理外国对应人群的旅行手续，将管理本国人的办法延伸到外国人身上；二是宋朝为应对外国不同人群制定了各具针对性的旅行手续办理方法，管理机构和审批手续不一，各具特点；三是作为旅行手续核心的通行证功能多样，兼具贩运和担保功能。宋朝通过严格的旅行手续，有效实现了对来华外国人行踪的控制。

关键词：宋朝　外国人　旅行手续　比较研究

宋熙宁五年（1072 年）至六年，日本僧侣成寻来华赴天台山和五台山巡礼，留下了著名的旅行日记——《参天台五台山记》，该日记起于熙宁五年三月十五日，讫于熙宁六年六月十二日，计四百六十八篇，几乎每日一篇，详尽地记录了成寻在华旅行的情况，具有很高的史料价值。

目前学术界对宋代来华外国人旅行问题的研究也大多以此书为主要基石。[1] 这些论著深入细致地探讨了成寻在华旅行的手续和接待管理等问题。此外，曹家齐先生的《宋代交通管理制度研究》（河南大学出版社，2002 年）还系

---

　* 作者简介：陈少丰，泉州海外交通史博物馆学术部馆员。
[1]　笔者目力所及的代表性论著主要有：远藤隆俊的《宋代的公凭与通行证——日本僧成寻的巡礼》（《安大史学》（第三辑），安徽大学出版社，2008 年）和《文书中所见宋朝对日本使客之接待——以成寻〈参天台五台山记〉为题材》（《文书·政令·信息沟通：以唐宋时期为主》，北京大学出版社，2012 年），夏应元的《从成寻所著〈参天台五台山记〉看宋代中日关系》（《第二届学术讨论会日本史论文集》，辽宁人民出版社，1985 年），王丽萍的《日本汉籍〈参天台五台山记〉所载宋代杭州公移考》（《杭州研究》2012 年第 3 期），曹家齐的《北宋熙宁间地方行政一瞥——以杭、台二州对日僧成寻之接待为中心的考察》（《江西社会科学》2010 年第 4 期）和《宋朝对外国使客的接待制度——以〈参天台五台山记〉为中心之考察》（《中国史研究》2011 年第 3 期），范振水的《中国护照》第四章《宋朝护照（960～1279 年）——公验、过所、关引和符牌》（世界知识出版社，2003 年）。

统研究了宋朝对外国使臣在华旅行的交通管理以及与此密切相关的邮驿管理问题。诸位先生的论著既高瞻远瞩又细致入微，为宋代来华外国人旅行手续问题的研究打下了深厚的基础。

不过诸位先生依然留下了一定的研究空间。如现有研究主要关注宋代来华的僧侣和使节两大群体的旅行手续问题，而较少关注另一大群体市舶蕃商的旅行手续问题，并且缺少对这三大群体在旅行手续方面异同点的比较，还缺少对本国人和外国人在旅行手续方面异同点的比较。

宋代外国人在华旅行的核心问题是手续问题，因为这直接关乎其旅行的合法性。本文将在前人研究的基础上以旅行手续为切入点，对宋代来华外国人旅行手续问题再次做一探讨，以求教于方家。

一、宋代来华外国僧侣旅行手续问题再探
——以成寻为中心

宋熙宁五年三月十五日，日本京都大云寺住持成寻与随从赖缘、快宗、圣秀、惟观、心贤、善久、长明等八人搭乘宋商曾聚等人的船只偷渡入宋。四月十六日，成寻等人在杭州登陆。五月四日，在宋人翻译陈咏的带领下，成寻一行离开杭州并于五月十三日到达天台山。八月六日，成寻一行依圣旨在宋朝政府的引伴和护送下赴京城开封。十一月一日，成寻等人在使臣的引伴下启程赴五台山巡礼，于当月二十八日到达五台山。巡礼之后他们于十二月二十六日回到京城传法院。熙宁六年二月八日，赖缘、快宗、惟观、心贤、善久等五人先行赴明州候船归国。四月中旬，成寻离京再度赴天台山修行。六月十二日，成寻于明州送别即将搭乘宋商孙吉船只归国的赖缘等五人。

因为《参天台五台山记》留下了关于成寻一行在华旅行手续的许多记录，故本节的考察以成寻为中心。

熙宁五年四月二十六日，成寻登陆杭州十天后与通事陈咏"共参府，献参天台山由申文"。[1]

"（五月一日）巳时，家主张三郎来，示云：'参天台申文，为令加宿坊主名，有召，仍参府者。'……申时，家主张三郎、船头吴十郎同来，告云：'知府都督为大师其志丁宁，二人共进署名已了，来日可参天台者。'"[2]可见，张三郎（即张宾，成寻等人在杭州住宿的客店店主）和吴十郎（即吴铸，将成寻等人载至中国的宋商之一）为成寻参访天台山签字担保。

五月三日，成寻赴天台山巡礼的公移批下来了。内容是：

[1]〔日〕成寻著，王丽萍校点：《新校参天台五台山记》卷一，上海古籍出版社，2009年，第31页。

[2]〔日〕成寻著，王丽萍校点：《新校参天台五台山记》卷一，第36页。

杭州公移付客人陈咏

移日本国僧成寻状："昨今出杭州巡礼，欲往台州天台山烧香，供养罗汉一回。成寻等是外国僧，恐关津口本被人根问无去着，乞给公移，随身照会。"并移明州客人陈咏状："昨于治平二年内，往日本国买卖，与本国僧成寻等相识。至熙宁二年，从彼国贩载留黄等，杭州抽解货卖。后来一向只在杭、苏州买卖。见在杭州抱铜营张三客店内安下，于四月二十日，在本店内，逢见日本国僧成寻等八人，称说：从本国泛海前来，要去台州天台山烧香。陈咏作通事，引领赴杭州。今甘课逐僧，同共前去台州天台山烧香，回来杭州，趁船却归本国。"并移抱铜营开张客店百姓张宾状："四月初九日，有广州客人曾聚等，从日本国博买得留黄、水银等，买来杭州市舶司抽解。从是本客船上，附带本国僧人成寻等八人，出来安下。今来却有明州客人陈咏，与逐人相识。其陈咏见在江元店安下，本人情教甘课逐僧，同共往台州，得前去台州天台烧香，回来杭州，趁船却归本国。如将来却有异同，各甘深罪不将宥。"右事须出给公移，付客人陈咏收执，引带本国僧成寻等八人，前去台州天台山烧香讫，依前带领逐僧，回来当州，趁船却归本国，依出州缴此公移。趁州在路，不肯别致东西，及违非留滞。如违，罪归有处。

熙宁五年五月初三日给

权观察推官吕□（此处有画押，略去，笔者注）

权节度推官李□（此处有画押，略去，笔者注）

观察判官许□（此处有画押，略去，笔者注）

尚书比部员外郎签书节判厅公事徐

太常博士直史馆通判军州事苏□（此处有画押，略去，笔者注）

尚书比部郎中通判军州事刘□（此处有画押，略去，笔者注）

右谏议大夫知军州事沈[1]

从内容上来看，杭州公移就是一张旅行通行证。在杭州公移里成寻表达了前往台州天台山巡礼的愿望以及想获取通行证的请求。陈咏陈述了与成寻相识相见的经过以及引领成寻巡礼天台山的意图，并且说明了巡礼之后成寻将返回杭州并乘船回国的计划。张宾陈述了成寻一行人下榻自己经营的客店的经过和成寻将在陈咏引领下前往天台山巡礼之后返回杭州并乘船回国的计划，并且自己愿意为此提供担保。杭州将公移下发给陈咏，并要求成寻一行必须一心赶路不得违法、不得无故滞留，巡礼之后必须返回杭州，并在归还本公移后乘船归国。陈咏必须为此承担担保责任。公移的最后是杭州衙门多位主官的联合签名。但是公移并未说明旅行的具体行程和返回时间，也没有说明保人如何承担担保责任。

之所以杭州公移签发给陈咏而不是成寻，可能是因为陈咏是本次巡礼天台

---

[1]　〔日〕成寻著，王丽萍校点：《新校参天台五台山记》卷二，第91～93页。

山的领队、翻译和担保人，本人又是明州人，而明州与杭州相距不远又同属两浙路管辖，如果成寻一行人发生违法行为的话比较容易追究担保责任。杭州需要张宾提供担保，可能也是因为张宾的客店位于杭州容易追究担保责任。而另外一名当时也已经签字担保的宋商吴铸为何最后没有出现在杭州公移上的原因，可能是其乃"福州人"。[1] 福州与杭州相去甚远，又属于福建路管辖，况且其从事中日海上贸易行踪不定难以追究担保责任。杭州已经得到了陈咏和张宾两位保人的担保，索性将吴铸排除在外了。

五月四日，成寻一行不敢怠慢立即出发。"卯时，出船。过通济桥次门，见公移，免下了。"[2]公移的通行功能一览无余，不再赘述。

五月十三日，成寻等人到达天台山，宿国清寺。六月一日，"州牒二通持来，杭州返牒、天台返牒"。[3] 其中，台州开具了如下公据：

> 台州　给
>
> 准杭州牒：已给公据，付客人陈咏收执，引带日本国僧成寻等八人，前去台州天台山烧香讫，依前带引逐僧，回来当州，趁船却归本国。牒状州缴此公据外，牒州照会。州司已帖天台山门僧司照会。公据僧成寻状称：欲在国清寺安下三年，在寺修行，乞公据与客人陈咏，赴杭州，缴纳前来公据。乞
>
> 本司陈景刘押叶陈押司官伦勾押官杨
>
> 孔目官风
>
> 右具如前。除已下天台国清寺，安存僧成寻等宿食外，事须出给公据，付随来客人陈咏候收执，前去杭州，与本州今来给去公据一处，赴杭州，牒缴纳，不得延留。
>
> 熙宁五年六月初一日信
>
> 守司法参军权州院褚□（此处有画押，略去，笔者注）
>
> 守司户参军马□（此处有画押，略去，笔者注）
>
> 军事推官孔□（此处有画押，略去，笔者注）
>
> 军事判官刘□（此处有画押，略去，笔者注）
>
> 尚书屯田郎中通判军州兼劝农事安□（此处有画押，略去，笔者注）
>
> 光禄少卿知军州事兼劝农使钱□（此处有画押，略去，笔者注）[4]

从台州公据可知，杭州州衙除了给陈咏签发杭州公移外，还另外传递了一份文牒往台州照会，陈咏到达后还必须向台州出示杭州公移。此时成寻一改之前杭州公移中所记录的巡礼完天台山后返回杭州乘船归国的计划，而想留在国清

---

[1]　〔日〕成寻著，王丽萍校点：《新校参天台五台山记》卷一，第1页。
[2]　〔日〕成寻著，王丽萍校点：《新校参天台五台山记》卷一，第38页。
[3]　〔日〕成寻著，王丽萍校点：《新校参天台五台山记》卷一，第83页。
[4]　〔日〕成寻著，王丽萍校点：《新校参天台五台山记》卷二，第93～95页。

寺修行三年。确切地说是,成寻只留一名弟子陪侍身边,其余六名弟子回国。然后在巡礼完五台山后返回国清寺修行三年。[1] 同时,台州已经同意成寻在国清寺安顿。不过由于成寻的旅行计划更改,所以担保人兼领队翻译陈咏必须持杭州公移和台州公据返回杭州,照会杭州州衙,变更旅行手续。台州公据也是由台州的多名主官联署后签发的。如果说杭州公移是张旅行通行证的话,台州公据就是张居留许可证。

六月七日,国清寺还出具了一封送杭州的申状"国清寺送杭州返牒",其中写道:"本寺已蒙州帖下本寺,安存日本国僧成寻等八人,在寺安下读经已迄。今客人陈咏,将带本州公据,前去缴纳。谨具状申闻知府谏议,伏候台旨。"[2] 国清寺的申状是台州公据的补充,旨在证明成寻等人已在本寺安顿。

六月八日,"巳时,陈一郎向杭州"。[3] 陈咏马不停蹄地拿着杭州公移、台州公据、国清寺送杭州返牒前往杭州照会杭州州衙并且履行成寻的旅行变更手续。

综上所述,宋代外国僧侣在华旅行必须履行一系列严格复杂的手续。首先,旅行者必须向出发地所在州政府申请旅行通行证,旅行者必须在通行证上声明出游缘由、目的地,还需要有可靠的保人作保。其次,当旅行者到达目的地后必须向目的地所在州政府出示出发地所在州开具的通行证以供检验。如果需要在目的地停留一段时间的话还需目的地所在州政府开具居留许可证。最后,旅行者必须返回出发地向所在州政府缴纳旅行通行证。如果变更了旅行计划还需同时缴纳目的地所在州政府出具的居留许可证和具体居留单位(如寺院)出具的补充证明。如此一来,宋朝通过文书规范了外国僧侣旅行者的旅行行程,形成了出发地——目的地——出发地的旅行路线,实现了对外国僧侣旅行者的严密控制。

成寻在申请居留许可证的同时,也在积极申请赴五台山巡礼。六月二日,成寻写好赴五台山巡礼的申请书,次日赴台州州衙递交,而台州不敢擅自做主,遂上报朝廷。闰七月六日,成寻得知朝廷允许其赴五台山巡礼并且还派官员引伴入京面见皇帝。八月六日,成寻与从杭州回来的陈咏等九人依圣旨在宋朝政府的引伴下赴京城开封。自此,成寻的身份来了个华丽的转身,从私人僧侣旅行者转变为参照官府使节贡使标准接待的准使节。

二、宋代来华外国使节旅行手续问题再探

有宋一代,来华朝贡的使者络绎不绝,数不胜数。宋代外国使节在华境内旅行的流程大概有如下几步。

---

[1] 〔日〕成寻著,王丽萍校点:《新校参天台五台山记》卷二,第108~109页。
[2] 〔日〕成寻著,王丽萍校点:《新校参天台五台山记》卷二,第109页。
[3] 〔日〕成寻著,王丽萍校点:《新校参天台五台山记》卷二,第111页。

第一，验明身份。贡使一入境就要由入境口岸的地方政府核实其身份。"蕃国入贡，令本路验实保明。"[1]而证明身份的凭证有两类。一是宋朝的诏书和公据。如开宝元年(968年)，宋朝招谕大食进贡。"先是，僧行勤游西域，上因赐大食国王书以招怀之。十二月，乙丑，遣使来贡方物。"[2]又如政和五年(1115年)，罗斛、占城国持福建提举市舶司"出给公据"[3]来贡。另一类是朝贡国本国的表章。如隆兴二年(1164年)，明州上奏高丽使者来贡，朝廷"诏令赵子浦差官，且于定海县管接，询问差发因依，有无表章、国信，速先申尚书省"。[4]

第二，上报朝廷。宋朝规定："诸蕃蛮入贡，初至州县，录国号、人数、姓名、年甲及所赍之物名数，申尚书礼部、鸿胪寺。其缘路州往来待遇如礼，并预相关报，仍各具到发日时及供张、送遗、馆设之礼申本寺。"[5]宋朝地方政府要将朝贡使团的情况及上京沿路行程的接待礼仪上报给礼部和鸿胪寺。

第三，等待许可。如果朝廷允许朝贡使团入京，那么其就可以准备上路了。如天禧三年(1019)，登州上言高丽来贡，后朝廷"令登州，凡使人物色，官给脚乘，津遣赴京"。[6]如果朝廷不允许，那么使团只能就地安顿了。如淳熙五年(1178年)，三佛齐国入贡，朝廷"诏免赴阙，馆于泉州"。[7]

第四，引伴赴京。宋朝派出引伴官，利用官方邮驿体系，提供交通工具和饮食住宿，伴送贡使上京。大中祥符七年(1014年)，宋朝命令："交阯、占城、大食、阇婆、三佛齐、丹流眉、宾同胧、蒲端等国使入贡者，所在差使臣伴送赴京，邮传供亿，务令丰备。"[8]

第五，送伴出境。贡使在京城活动一段时间后需要出境归国。送伴出境的办法与引伴赴京的办法大体一致。如绍兴二十六年(1156年)，宋廷诏："安南人使回程，可差元押伴官伴送前去。仍令沿边漕臣行下逐州军，依来程应副，不得减裂。"[9]

通过以上考察可知，宋代来华外国使节的旅行手续的办理其实有三个关键步骤，即验明身份——上报朝廷——朝廷许可。验明身份即确定贡使身份的真实性，这是其在华旅行的基础；上报朝廷即让中央政府获知贡使上京朝贡的信息，这是其在华旅行的必要步骤；朝廷许可即朝廷批准贡使赴京，这是其在华旅行能够成行的必须条件。至于引伴护送和送伴出境，就是具体的技术上的操作问题了。

---

[1]　(元)脱脱：《宋史》卷一一九，中华书局，1977年，第2813页。

[2]　(宋)李焘：《续资治通鉴长编》卷九，开宝元年十二月乙丑条，中华书局，2004年，第213页。

[3]　(清)徐松：《宋会要辑稿》，中华书局，1957年，第3368页。

[4]　(清)徐松：《宋会要辑稿》，第7864页。

[5]　(宋)谢深甫：《庆元条法事类》，载《续修四库全书》第861册，上海古籍出版社，1995年，第633页。

[6]　(宋)李焘：《续资治通鉴长编》卷九十四，天禧三年九月辛巳条，第2167页。

[7]　(元)脱脱：《宋史》卷四八九，第14090页。

[8]　(宋)李焘：《续资治通鉴长编》卷八十三，大中祥符七年七月甲午条，第1888页。

[9]　(清)徐松：《宋会要辑稿》，第7737页。

　　旅行手续通常是以文书或者凭证的方式得以体现的。国内史料对此记载很少。景德三年(1006 年),交趾贡使黎明提因为国内政变而滞留广州,知州高绅罢给馆券。宋廷下诏"续给馆券"。[1] 乾道九年(1173 年),安南来贡,"朝廷赐予优厚,复叨异恩,交使衙官百人所过州县批券得米,以充粮食"。[2] 由此可知,贡使需要凭券获取食宿接待。《参天台五台山记》的记载更为详细。

　　熙宁五年十月二十九日,"未时,游台使臣来,沿路盘缠宣旨一纸,州县传马宣旨一纸,州县兵士宣旨一纸,皆以丁宁敕宣也"。[3] 从成寻一行的开封前往五台山的旅程看,州县传马宣旨是成寻一行人沿线乘骑递马的凭证,即走马头子。如十一月十二日,"寅一点,驿马十匹,乘向北行。过十三里,至长寿马铺,十匹乘替。过十七里,至换马马铺,十匹乘替"。[4] 州县兵士宣旨是沿路各州县士兵护送成寻一行人的凭证。如十一月十三日,"巳时,泽州兵士二十人还了。潞州兵士二十人来了"。[5] 沿路盘缠宣旨,内容如下:

　　　　三司,日本国僧成寻等,差殿直刘铎引伴成寻等,赴五台烧香迄,却引伴赴阙。日本国僧捌人,每人各米三胜(升)、面壹斤叁两贰分、油壹两玖钱捌分、盐壹两贰分、醋叁合、炭壹斤壹拾贰两、柴柒斤。商客通事壹名,每日支口券米贰胜(升)。右仰沿路州府县镇馆驿,依近降驿令供给,往来则例其券并沿路批勘文,历候四(疑为"回",笔者注)日缴纳赴省。
　　　　熙宁五年拾月贰拾捌日给
　　　　判官
　　　　副使
　　　　使[6]

　　从内容上看,沿路盘缠宣旨就是驿券,即三司发给公务人员在驿站食宿和领取生活必需品的凭证。由此可见,宋代外国官方使节在旅途中持有驿券、走马头子和调用护送士兵的凭证,三位一体地在旅行中享受官方邮驿体系的接待。

　　值得注意的是,宋代外国官方使节在旅途中也需持有旅行通行证。熙宁六年二月,赖缘等五人准备先行赴明州候船只归日本。临行前,成寻代为申请:"切虑经过州县关津,不练行由,别有阻滞,欲乞官中出给公凭,许令前去。"后来,圣旨"传宣枢密院,差三班使臣一名,押伴前去,并给与递马驿券。余并依所乞"。[7]

　　综上所述,宋代外国官方使节的旅行手续遵循四部曲,即验明身份——上报

[1] (清)徐松:《宋会要辑稿》,第 7726 页。
[2] (宋)周去非:《岭外代答》卷二,上海远东出版社,1996 年,第 32 页。
[3] 〔日〕成寻著,王丽萍校点:《新校参天台五台山记》卷五,第 350～351 页。
[4] 〔日〕成寻著,王丽萍校点:《新校参天台五台山记》卷五,第 380 页。
[5] 〔日〕成寻著,王丽萍校点:《新校参天台五台山记》卷五,第 381 页。
[6] 〔日〕成寻著,王丽萍校点:《新校参天台五台山记》卷五,第 357～358 页。
[7] 〔日〕成寻著,王丽萍校点:《新校参天台五台山记》卷六,第 516～517 页。

朝廷——朝廷许可——公务旅行。宋朝将其旅行纳入官方邮驿系统并给予优厚的公务接待,同时加以严格的管理。

三、宋代来华市舶蕃商旅行手续问题再探

两宋时期,市舶贸易繁盛,来华贸易的蕃商不计其数。目前的研究虽然对市舶蕃商在华内地贩卖舶货有所关注[1],但是切入点为经济角度,并未从旅行角度进行探讨。本文试之。

崇宁三年(1104年),宋朝诏:"'应蕃国及土生蕃客愿往他州或东京贩易物货者,仰经提举市舶司陈状,本司勘验诣实,给与公凭,前路照会。经过官司常切觉察,不得夹带禁物及奸细之人。其余应有关防约束事件,令本路市舶司相度,申尚书省。'先是,广南路提举市舶司言:'自来海外诸国蕃客将宝货渡海赴广州市舶务抽解,举(应为"与",笔者注)民间交易,听其往还,许其居止。今来大食诸国蕃客乞往诸州及东京买卖,未有条约。'故有是诏。"[2]

淳熙二年(1175年),提举福建路市舶苏岘言:"'近降旨挥,蕃商止许于市舶置司所贸易,不得出境。此令一下,其徒有失所之忧。乞自今诸蕃物货既经征榷之后,有往他者,召保经舶司陈状,疏其名件,给据付之,许令就福建路州军兴贩。'从之。"[3]

广州早在开宝四年(971年)就已经设置了市舶司管理海外贸易,一时蕃商云集。但是直到一百多年后的崇宁三年,宋廷才允许蕃商离开广州前往外州贩卖舶货。到了南宋时期,朝廷又曾禁止蕃商出市舶司所在地贩卖舶货,之后又允许蕃商在外州贩卖舶货。由此可知,宋朝并不鼓励市舶蕃商离开市舶港口深入内地旅行贩卖货物。

结合以上两条史料可知,市舶蕃商到内地旅行必须在纳税完毕并经人作保后到市舶司申请公凭即旅行通行证,市舶司在安全检查和将货物登记造册后发给公凭,然后蕃商方可持公凭到内地旅行贩卖舶货。这就是市舶蕃商的旅行手续。

四、宋代来华外国僧侣、使节、蕃商旅行手续异同点比较

通过上文的考察可知,如果按内涵来划分的话,宋代来华外国僧侣、使节、蕃

---

[1] 代表性著作有日本学者藤田丰八的《宋代之市舶司与市舶条例》(商务印书馆,1936年),该书在第四章《市舶条例》中有关于舶货贩卖许可证的探讨。还有许兵在《宋代市舶述论》(河北大学硕士学位论文,2002年)第三章中关于蕃商在内地行销舶货的探讨。
[2] (清)徐松:《宋会要辑稿》,第3367~3368页。
[3] (清)徐松:《宋会要辑稿》,第3378~3379页。

商在华境内的旅行形态分别对应的是宗教旅行、公务旅行和商务旅行。宗教旅行和商务旅行属私人性质，公务旅行属官方性质。这三种形态的旅行方式在手续上有一些异同点可供比较考察。

先看相同点。三者唯一的共同点是均需要按照官方规定办理旅行手续，持有旅行通行证——公移、公凭、公据，以获取旅行的合法性。

再看不同点。首先，三者的办理机构不同。宗教旅行手续的办理机构是地方州衙；商务旅行手续的办理机构是市舶司；公务旅行手续是由地方政府（核实、上报）和中央政府（批准）共同办理的。其次，三者的申请流程不同。宗教旅行手续需要由外国僧侣本人提出申请，由本国人担保后向地方州衙申请办理；公务旅行手续遵循验明身份——上报朝廷——朝廷许可的流程；商务旅行手续由蕃商本人提出申请，在获得担保人的担保后，再经过市舶司的安全检查和将舶货登记造册后办理。再次，三者的繁琐程度不同。商务旅行手续需要由蕃商本人申请再经保人作保后由市舶司办理；宗教旅行手续则需要由外国僧侣本人申请，并加本国人作保后由地方州衙办理；公务旅行手续更是需要地方政府和中央政府共同办理，由于信息传递不便，办理时间长、成本高。第四，三者旅行通行证的内涵不同。公务旅行通行证只是单纯的通行证，另外辅以三张旅行证件共同使用；商务旅行通行证兼有通行和贩运两个功能；宗教旅行通行证既是一张通行证也是一张担保书。第五，三者的旅行证件数量不同。宗教旅行和商务旅行只需要一张旅行通行证即可；公务旅行不仅需要旅行通行证，还需持有另外三张旅行证件：驿券、走马头子和调用护送士兵的证件，以使用官方邮驿系统。

五、宋代来华外国人与本国人旅行手续异同点比较

据《宋刑统》卷八："水陆等关，两处各有门禁。行人来往皆有公文。谓驿使验符券，传送据递牒，军防、丁夫有总历，自余各请过所而度。"[1] 由此可知，宋朝在陆路和水陆都设置了关卡，各类人员往来旅行都需要各自的通行证。这条规定对本国人和外国人都是适用的。现举宋朝本国僧侣、官员、商人三者的旅行手续与来华外国僧侣、使节、蕃商的旅行手续进行对比考察，以探寻其中的异同点。

先看僧侣。宋代的僧人尼姑和道士女冠出外旅行需申请行游公凭。格式如下：

> 道士女冠行游公凭
> 某州
> 据在州或某县某宫观主首（或本师保明者亦具言）保明，本观道士或女

---

[1]　（宋）窦仪：《宋刑统》卷八，法律出版社，1999年，第153页。

冠姓法名,乞判凭往某州行游,别无违碍者。

右检准

敕令云云(备坐行游及亡失度牒并伪冒等条制),今给公凭,付道士或女冠姓法名,准

令只得诣某州,所至阙津呈验度牒放行,至所诣处,依限缴纳。年月日给

列位依牒式。

僧尼行游者仿此给(度牒下添戒牒二字)[1]

对比杭州公移,可发现如下异同点。两者的共同点有二:一是签发机构均为州级政府;二是旅行均需要保人担保。不同点有四:一是保人不同,杭州公移的保人为宋商和客店店主两人,行游公凭的保人为寺观的主首;二是收执人不同,杭州公移的收执者为保人兼领队陈咏,行游公凭的收执者为僧侣本人;三是缴纳对象不同,杭州公移在成寻等人巡礼完天台山后需返回杭州州衙缴纳,而行游公凭只需在目的地所在州缴纳即可;四是旅行证件数量不同,成寻一行遇到关津只需出示杭州公移即可通行,本国僧侣除了要出示行游公凭外还需度牒和戒牒。

再看官员。宋朝官员公务旅行时也使用官方邮驿系统,因此可与来华使节进行对比。二者在旅行手续上的相同点是都需持有驿券、走马头子作为凭证。不同点是宋朝对于走马头子的发放存在难易程度上的区别。据《宋刑统》卷一〇:"依公式令'在京诸司,有事需乘驿,及诸州有急速大事,皆合遣驿'而所司乃不遣驿,非应遣驿而所司乃遣驿者,各杖一百。"[2]而对于来华使节,规定:"诸蕃蛮入贡,应差借马者,以递马者,如不足,依乘递无马铺法。"[3]又熙宁七年,宋朝诏:"自今进奉蛮旧借役人马者,给递马,如不足,以免役钱差顾。"[4]由此可见,宋朝官员想要获取走马头子的难度要大于来华使节。这体现了宋朝统治者的怀柔政策。

最后看商人。宋朝本国商人旅行贩运货物需要凭证,有长引、地头引、脚地引等。兹举一例,据《宋会要辑稿》载:"客人兴贩雅州名山、洋州、兴元府大竹等处茶入秦凤等路货卖者,并令出产州县出给长引,指定只得于熙秦州、通远军及永宁寨茶场中卖入官。仍先具客人姓名、茶色、数目、起离月日,关报逐处上簿,候客人到彼,画时收买。"[5]与市舶蕃商相比,二者在旅行手续上的相同点是公凭均兼具通行证和贩运证双重功能。不同点是公凭的签发机构不同,本国商人是所在州县政府而蕃商是市舶司。如此一来,蕃商在华旅行的出发地被限定在广州、泉州、明州等少数几个市舶司所在地,而本国商人则要自由得多。此外值

[1] (宋)谢深甫:《庆元条法事类》,载《续修四库全书》第861册,第544页。
[2] (宋)窦仪:《宋刑统》卷一〇,第188页。
[3] (宋)谢深甫:《庆元条法事类》,载《续修四库全书》第861册,第633页。
[4] (宋)李焘:《续资治通鉴长编》卷二五五,熙宁七年八月丁卯条,第6231页。
[5] (清)徐松:《宋会要辑稿》,第5324页。

得一提的是,蕃商往他州旅行贩运需要作保的规定与本国海商出海贸易同样需要作保的规定一致。"商贾许由海道往来,蕃商兴贩,并具入舶物货名数、所诣去处申所在州,仍召本土物力户三人委保,州为验实,牒送愿发舶州置簿,给公据听行。"[1]

从宏观层面考察,宋朝参照办理本国僧侣旅行手续的办法来办理外国僧侣旅行手续,参照办理本国官员旅行手续的办法来办理外国使节旅行手续,参照办理本国商人旅行手续的办法来办理市舶蕃商旅行手续。简而言之,宋朝参照办理本国特定人群旅行手续的办法来办理外国对应人群的旅行手续。至于微观层面上的差异待日后进一步研究。

结　语

通过上文的考察可知,宋朝在办理来华外国人旅行手续方面具有三个显著特点:一是宋朝参照办理本国特定人群旅行手续的办法来办理外国对应人群的旅行手续,将管理本国人的办法延伸到外国人身上;二是宋朝为应对外国不同人群制定了各具针对性的旅行手续办理方法,管理机构和审批手续不一,各具特点;三是作为旅行手续核心的通行证功能多样,兼具贩运和担保功能。

宋代的入境手续和入境方式可分为两类,一类是凭证入境,即外国人凭借诏书、公据、表章、文牒等有效凭证入境,代表群体是外国使节;一类是受理入境,即外国人在事先没有凭证的情况下来到宋朝口岸,然后被获许入境,代表群体是投归人、市舶蕃商。[2]值得注意的是,入境之后的外国人如需离开入境口岸前往他州旅行还需再次办理旅行手续。宋朝的入境手续和旅行手续是分开办理的,这与现代国际社会的惯例不同。现代国际社会中,一般情况下只要外国人获准进入某个国家即可凭借护照和签证在规定的时间内在其境内自由旅行而不需要再额外办理旅行手续。此外,宋朝并未针对外国人专门制定统一的旅行手续办理办法而是将管理本国人的办法直接分类移植到外国人身上,这在"制度设计"上节约了行政成本,但同时又因为没有统一的手续而让管理略显凌乱。

宋朝通过严格的旅行手续以及与其相配套的关津门禁体系,非常有效地实现了对来华外国人行踪的控制。两宋三百年间鲜有外国人在华旅行失踪的记载。笔者目前所见仅有熙宁六年交趾朝贡使团中的牙官邓暗"道病,舁至张三馆,自言病且愈,不愿复舁,已而失之,不知所在"。[3]

中国古代政府均视人口流动为其统治的一大隐患,因为人口流动削弱了官

---

[1]　(清)徐松:《宋会要辑稿》,第 3367 页。
[2]　陈少丰:《宋代来华外国人入境问题探析》,《濮阳职业技术学院学报》2014 年第 4 期,第 30 页。
[3]　(宋)李焘:《续资治通鉴长编》卷二百四十六,熙宁六年七月乙巳条,第 5976 页。

府对人口的控制，不仅增加了官府的统治成本，而且还可能酝酿着一些危及其统治的不安定因素，所以历代政府均通过严格的旅行手续实现对流动人口的控制。所以说在古代中国，旅行是一种特许制度，对来华外国人也不例外。从某种意义上来说，对宋代来华的外国人而言，旅行是一种奢望。

国家航海 第十三辑
National
Maritime Research

宋代来华外国人旅行手续问
题再探

031

Another Look at the Song Dynasty's Management of Foreign Travelers

Abstract: The Song court's licensing system for foreign travelers to China took on three Salient characteristics. For one, it represented an extension of laws and regulations toward domestic subjects. Moreover, the Song enacted different set of policies to target different groups of foreigners, for instance, according to whether they were monks, envoys, or merchants. Finally, the passes could be sold or used as insurance. Through these rigorous but flexible travel procedures, the Song court effectively kept track of the whereabouts of foreigners within China.

Keywords: Song Dynasty, Foreigners, Travel Procedures, Comparative Study

粤洋之患、莫大于盗

——清代华南海盗的滋生背景

陈钰祥*

摘 要：有清一代，东南环海，万里汪洋，舟船往来其间，此为东南沿海民生利益之所在。中国东南沿海的泉州、厦门、广州等地，自古以来便是主要的海上贸易港口，而且商贸繁盛，造船业与航海技术发达，其中的广州更有"金山珠海，天子南库"之称。由于海上贸易量增加，以劫掠商船为生的海盗也随之滋长。中国广东和越南沿海海盗活动增长的原因，除了航线贸易外，地理环境也是不可忽略的事实：从粤东韩江流域向粤西延伸，经珠江三角洲出海口的洋面、雷州半岛与琼州府间的琼州海峡，最后到东京湾及整个越南沿海，这条海岸线上水道纵横交错，可以藏身的岛屿星罗棋布，良港众多，因此成为中、越水师"下洋缉捕"与海盗"逋逃渊薮"的水上世界。本文拟从中国广东到越南的海洋地理环境、两国之间的人文因素以及中越的经济贸易问题，来了解在此海域活动的海盗背景。

关键词：粤洋 越南 阮朝 海盗

一、前 言

18世纪末到整个19世纪是中国东南沿海海盗盛行的时代，从天津外海延伸到越南南圻的海岸线，海盗活动日趋上升，那么可以把海盗视为单一团体么？显而易见，并不能将海盗活动混为一谈，操着粤语的粤洋海盗和使用浙江话、闽南话的闽浙海盗有相当大的差异；再者，粤洋与越南海盗的主要目标在于广州、澳门、琼州、越南沿海海岸线，闽浙海盗的眼光则放在台湾、琉球群岛周围的海域。这些现象让中国东南沿海的海盗活动，不能再被等同视之。

不过在清代海盗活动史上，粤洋与闽浙海盗集团在安南西山政权动乱期间曾短暂合作过。根据嘉庆三年（1798年）浙江巡抚玉德的两件奏折，可以发现安南匪船（亦被称为安南艇匪，即为被西山政权吸收的活动于粤洋的广东籍海盗）

---

* 作者简介：陈钰祥，成功大学历史学系博士候选人。

由粤东窜入闽浙海域，并由当地的盗匪做为响导。因此玉德随即咨文给定海镇总兵李长庚，并联合温州镇总兵林起凤及黄岩镇总兵岳玺所属水师，共同迎击安南海盗。在一次于普陀外洋和海盗作战时，清军从被击毙的红衣盗首邱扶（福建籍）身上搜出安南伪印照票三张、分利股单一纸。遭捕的海盗供称："嘉庆二年正月内，邱扶等同帮六船，从广东起身，驶至安南，即与该处艇船议定，照依船只大小派定股份，如伙同劫得银钱按股均分，其余股分仍送安南大艇船收用，立有合同议单一张。"[1]

嘉庆五年接任浙江巡抚的阮元奏报，因为积极围剿艇匪，使得艇船匪徒损伤过多，现今已离开浙江省水域，并被追赶到闽缘。阮元在奏折中为两大海盗集团合作做出一个解释："往年艇匪与土盗为仇，近来则土盗恃艇匪为倚靠，艇匪以土盗为向导，艇匪船大炮大足以牵制兵船，兵船不能更有余力追捕土盗，土盗乃得肆出抢劫，艇船坐分其肥。"[2]而升任闽浙总督的玉德在同年二月间上奏，艇匪由于被闽浙水师追剿，现已窜回粤洋的南澳镇。[3]由此可知，闽浙海盗想借着与加入安南西山政权的粤洋海盗合作，来取得安南强大的船舰与武装支持；粤洋海盗则趁这个机会，得到从闽浙沿海往上到达天津外海的劫掠航线，但是此次合作，因为清朝水师在闽浙水域的防守战获得胜利以及安南西山政权覆灭（1802 年）而告一段落。由此可见，广东、越南沿海独特的地理环境与先进的航海技术和造船业，为海盗造就了一个良好的"舞台"。复杂的历史背景与经济因素使中国广东到越南的沿海居民纷纷投入海盗的活动，而且使从省籍、目标区别海盗活动成为可能。

二、粤洋的水上世界

中国广东与越南山水相连，密迩毗连，中越两国在政治、贸易、文化、移民等方面来往不断。在历史上，中国广东与越南的交通必须通过陆路和海路进行，而陆路由于关山阻隔，路途遥远，车拉肩挑的载货量远不及船只，所以中越陆路交通远不及海洋航运。研究华南海盗的著名学者穆黛安认为，中国面临的广大洋面，至少包含三个"水上世界"[4]，其中一个即为"南中国海的广东水上世界"，这

---

[1] 《宫中档嘉庆朝奏折》，档号 404004104，嘉庆三年七月五日，浙江巡抚玉德奏折；档号 404004217，嘉庆三年九月四日，浙江巡抚玉德奏折（台北故宫博物院院藏，未刊）。

[2] 《宫中档嘉庆朝奏折》，档号 404004765，嘉庆五年一月十五日，浙江巡抚阮元奏折（台北故宫博物院院藏，未刊）。

[3] 《宫中档嘉庆朝奏折》，档号 404005108，嘉庆五年二月十九日，闽浙总督玉德奏折（台北故宫博物院院藏，未刊）。

[4] 中国从南到北，第一个"水上世界"，包含江苏、浙江两省的沿海地区，以及从淮河河口与长江口往南延伸到杭州和宁波的陆上地区。在这里人们的出海活动主要趋向日本和琉球。第二个"水上世界"，从浙江温州往南延伸，通过整个福建，包含广东东部的韩江流域和台湾岛。第三个，亦即"南中国海的广东水上世界"，从广东中部的东江盆地（刚好位于汕头和韩江—闽江水系的闽语族群以西的地区），往西延伸到越南沿海。穆黛安著，张彬村译：《广东的水上世界——它的生态和经济》，载《中国海洋发展论文集（七）》，中山人文社会科学研究所，1999 年，第 145 页。

个水上世界从中国广东中部一直延伸到越南沿海的海域。本节所要探讨的中国广东与越南水上世界，包括了中国广东与越南的海洋地理以及沿海岛屿的战略位置。

中国广东的海盗与越南海盗自古就有着相当密切的联系。18世纪70年代，粤洋与越南海盗，受"粤南大老板（阮光平）"[1]的指挥，在中越沿海进行劫掠，并且参与对抗越南南方阮福映政权的战争，使得中国东南沿海到越南洋面上充斥在大量海盗。最适合滋生海盗的环境是一片汪洋大海、众多天然的海港和无数的岛屿，而清代广东与越南的海岸线，就是海盗的最佳藏身之处。这一条支离破碎的海岸线相当地长，呈现一"S"形，沿海还拥有大大小小的许多岛屿，根据统计中国广东大陆与岛屿的海岸线总长为7840.24公里[2]（包含现今的广西与海南岛海岸线），越南东部与南部的海岸线为3260公里。[3]广东洋面可分为三路：东路为潮、惠州洋面，中路为广州洋面，西路为高、雷、琼、廉州洋面；越南则可分为北圻、中圻、南圻三个部分，以下对广东与越南海洋地理及战略地位分别予以介绍。

（一）粤洋东路

广东洋面东路为潮、惠州洋面，属于韩江三角洲冲积的海岸，东路洋面为琉球、日本等国商船由福建进入广东的航道，其中闽浙与粤洋海盗窝藏于潮州府的南澳的岛屿附近，对商船进行截击，蓝鼎元在《论镇守南澳事宜书》中提到：

> 南澳为闽广要冲，贼艘上下所必经之地。三、四月东南风盛，粤中奸民，哨聚驾驶，从南澳入闽，纵横洋面，截劫商船……出烽火流江而入于浙，八、九月西北风起，则卷帆顺溜，剽掠而下，由南澳入粤。[4]

康熙五十六年（1717年），南澳总兵周士元在查勘闽粤沿海炮台后曾向康熙帝上奏，而康熙皇帝批示："南澳一镇乃闽广咽喉，海贼必由之路，须时时留心。"[5]关于闽粤战略重镇南澳的重要性（图一），甚至在百年之后仍是如此，道光十三年（1833年）两广总督卢坤在奏报南澳洋面情形时，就清楚地指出南澳是粤洋东路监控闽粤往来船只的重镇：

> 南澳洋面乃闽粤交衢，四通八达，港汛纷歧，往来商渔船只式样不一，扦良易混，巡防尤关紧要……臣查南澳闽粤咽喉，最为重镇。[6]

［1］ 容安：《那文毅（彦成）公奏议》卷一三，文海出版社，1968年，第1802页。
［2］ 司徒尚纪：《岭南海洋国土》，广东人民出版社，1996年，第10页。
［3］ 转引自梁锦文：《越南简史》，暨南国际大学东南亚研究中心，2001年，第2页。
［4］ 蓝鼎元：《论镇守南澳事宜书》，载《皇朝经世文编》，国风出版社，1963年，第2189页。
［5］ 《宫中档康熙朝奏折》，档号401001823，康熙五十六年八月十二日，南澳总兵官周士元奏折（台北故宫博物院，1976年）。
［6］ 《军机处档·月折包》，档号065132，道光十三年七月二十三日，两广总督卢坤奏折（台北故宫博物院院藏，未刊）。

由此可见,南澳是粤洋东路水师与海盗的重点目标。《钦定大清会典事例》对南澳防守编制的记载为:

> 南澳镇总兵官一人。驻扎南澳城,分管闽粤二省,统辖本标左右二营,兼辖澄海、海门、达濠三营。其左营属福建水师提督节制。右营外海水师游击一人,中军守备一人,千总二人,把总四人,外委九人,额外外委二人,兵七百三十六名。[1]

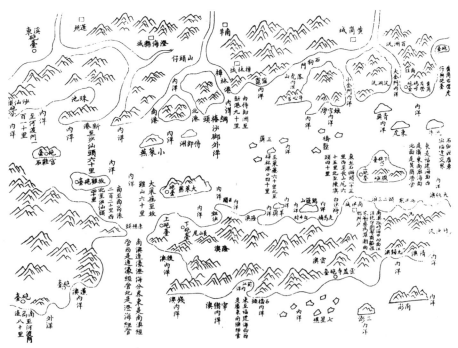

图一　清代粤洋东路南澳海防示意图

引自阮元:《广东通志》卷一二四《海防略二》,第 2394~2395 页。

　　粤洋东路的岛屿地形为海盗提供了一个良好的抢劫地点,往来船只大受其害,因此清朝水师也将防御重点放在了南澳岛屿附近。南澳镇除了左营为福建水师提督节制外,加上澄海、海门、达濠三营的兵丁共为 2511 名,在粤省水师的编制上算是比较大的了。台湾籍的名将王得禄就曾在嘉庆十二到十三年担任南澳镇总兵官一职。

(二)粤洋中路

　　粤洋中路为广州洋面,属于珠江三角洲冲积的海岸。岭南地区由于海岸曲折、内陆河流众多,海水深入陆地或是河流出海口,形成了许多"Π"字型的天然

---

[1]《钦定大清会典事例》卷五九五《绿旗营制》,上海古籍出版社,1997 年,第 695 页。

海湾,其中以广州洋面港湾最为重要。广州地处珠江下游,是内河运输的中心,对外则有虎门、横门、磨刀门、崖门、蕉门、洪奇沥、鸡啼门、虎跳门等八门,成为建设港口、布置海防的首选之地。广州又是广东省的省会,自古就有中国南大门之称,得天独厚的自然地理条件使广州成为贸易船只往来不绝的航运中心。

清代粤洋海盗炽盛,因此广州府所辖的临海县,如南海、番禺、顺德、东莞、新安、香山、新宁、新会等县都成为海盗窝藏之地。新安县的大屿山岛上的东涌口、大澳,就曾经是张保仔船队的补给站,道光二十五年,海盗张十五仔也以此海域为基地。珠江口外,虎门寨和香山城就成为扼守广州的重要地点(图二、三)。陈伦炯在《天下沿海形势录》中提到:

> 虎门而入粤省,外自小星笔管沱泞福建头……九州岛洋而至老万,岛屿不可胜数。处处可以樵汲,在在可以湾泊,粤之贼艘,不但艚艖海舶此处可以伺劫。而内河桨船橹船渔舟,皆可出海,群聚剽掠。粤海之藏垢纳污者,莫此为甚。广省左扦虎门,右扼香山。而香山虽外护顺德新会,实为省会之要地。不但外海捕盗,内河缉贼,港汊四通,奸匪殊甚,且共域澳门,外防番舶。与虎门为犄角,有心者岂可泛视哉。[1]

虎门的战略地位非常重要,清代的广东水师提督就驻防在此处,并且有水师兵丁共 1081 名。[2] 在清代,海盗为了入侵广州湾,对商船进行抢劫,而与广东水师提督所率领的虎门寨水师屡屡发生冲突。清代统治者对虎门的战略性非常重视,如道光皇帝在粤海关监督阮元的奏折中批示曰:

> 朕闻广东水师提督驻劄虎门,控制外洋内河最关紧要。近来洋面虽属清肃而沿海沙地打单匪犯丛集其间,纵弛日久即为洋盗,是宵小随地潜藏不可不防其渐。必赖水师提督勇敢练达整饬戎行,率属严明认真巡缉,方足以振声威,而资弹压。现任提督沈烜,以副朕安益求安绥靖海疆之至意。[3]

香山县北通广州、南达港澳,是番舶往来的要道。香山城外的磨刀湾更是控制澳门到广州的门户,与虎门寨共同防御广州港,为守卫粤洋中路最重要的位置。曾经担任过香山县令的张甄陶在《澳门图说》中认为:"凡番舶入广,望老万山为会归,西洋夷舶由老万山而西,至香山十字门入口。……守老万山则凡诸番舶皆不能入内港,守十字门则西夷船不得至澳地。"[4]由于澳门经香山到广州的航道,岛屿星罗棋布,须要更换小船和配合潮汐才能出入此洋面。这样的岛屿

---

[1] 陈伦炯:《天下沿海形势录》,载《皇朝经世文编》,第 2110 页。

[2] 《钦定大清会典事例》卷五九五《绿旗营制》,第 693～694 页。

[3] 《宫中档道光朝奏折》,档号 405000102,道光元年十月二十日,两广总督署粤海关监督阮元奏折(台北故宫博物院院藏,未刊)。

[4] 张甄陶:《澳门图说》,载《皇朝经世文编》,第 2136 页。

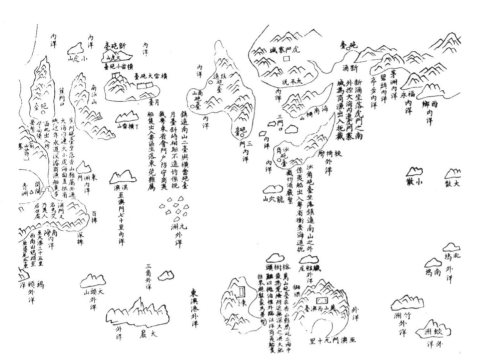

图二 清代粤洋中路虎门寨海防示意图
引自阮元:《广东通志》卷一二四《海防略二》,第2410~2411页。

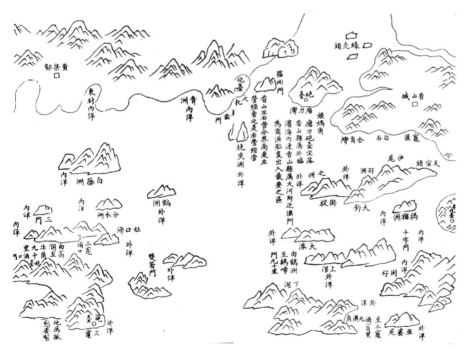

图三 清代粤洋中路香山城海防示意图
引自阮元:《广东通志》卷一二四《海防略二》,第2412~2413页。

地形,虽然能阻挡住洋夷的大船,但却让船只速度快、体型小的广艇海盗在此海域横行。

(三)粤洋西路

粤洋西路为高、雷、琼、廉州所临之洋面。广东省辖下的高、雷、琼、廉四府,为清王朝的边远府治,管辖权薄弱,又粤洋西路为西洋诸国驶往中国,以及中国航向南洋各国的主要海洋通道,使这个中越交接的洋面成为海盗觊觎的目标。陈伦炯在《天下沿海形势录》中对广东省的高、雷、琼、廉四府的洋面情形有一个简单清楚的介绍:

> 高郡之电白,外有大小放鸡,吴川,外有硇州,下邻雷州白鸽锦囊,南至海安。自放鸡而南,至于海安,中悬硇州,暗礁暗沙,难以悉载,非深谙者莫敢内行。而高郡地方,实借沙礁之庇也。雷州一郡,自遂溪、海康、徐闻、向南,干出四百余里而至海安,三面滨海,幅阔百里,对峙琼州。渡海百二十里,自海安绕西北至合浦钦州防城而及交趾之江平万宁州,延长一千七百里。[1]

在清朝钦州防城与越南万宁州之间有一个治安真空的海港,名为"江坪"(图四)。江坪在1885年以前,是越南广安河万宁州的辖区。但因越南在此处的控制能力较为薄弱,所以聚集了许多中国广东和越南的商人、渔民和罪犯。江坪在地理位置上也相当重要,因其处在越南通往广东最适中的位置,是航向廉州白龙尾的必经之路。因而大多数发生在中越边界的海盗劫掠活动,就是发生在江坪驶向白龙尾的航路上的。由于中越两国水师在巡洋捕盗的过程中担心产生越界问题,使得江坪成为一个治安真空地带。以上几项因素,让江坪迅速崛起为中国广东与越南海盗活动、销赃的主要海港。如同17世纪英国在牙买加东南海岸的皇家港(Port Royal)一般,江坪也成为海盗"逋逃渊薮"的水上世界。

嘉庆年间倭什布在《筹办洋匪疏》一文中将粤洋西路与中国广东、越南海盗的巢穴——"江坪"之间的利害关系作了如下论述:

> 臣等伏查粤东十府三州,幅员辽阔。其中广惠潮肇高雷廉七府,俱系滨海之区。琼州孤悬海中,绝无依傍,海道自东至西,绵亘三千余里,东与闽省连疆,西与越南接壤,形势险要广远,甲于他省。自古迄今,无不以防海捕寇为要务,溯查乾隆五十四年以前,沿海穷渔贫蛋,什伍纠结,伺劫商盐船只,并无大伙联络,敢与官兵抗拒之事。迨安南阮光平父子有国,惯以秦贼为能,招集内地亡命,给与碙火米粮器械船只,俾其至闽粤洋面,肆行劫掠。盗匪出有经年累月之粮,归有消赃窝顿之所,纠聚日多,声势遂甚,其自安南驾

---

[1] 陈伦炯:《天下沿海形势录》,载《皇朝经世文编》,第2110页。

船而来也，一由白龙尾而入廉雷各洋面，缘白龙尾附近江坪，江坪其消赃之所也。一由顺化港而入琼州洋面，缘顺化港为安南富春门户，富春其国都也。此两路盗船驶入粤洋，非百号即数十号，其志总在直趋福建浙江，及其饱掠而归，仍由原船驶入江坪富春。[1]

江坪处于越南北路进入中国广东的航道上。中越双方水师官员在执行巡逻捕盗的勤务时，因为惧怕逾越管辖界线，所以不敢冒进，因而使此条航道上海盗十分猖獗，江坪也成为海盗聚居之处。贸易商船为了避开这条危险的路线，就从越南中圻地区的海港出航，从琼州东南方绕过，成为另一条海上贸易之路。这也突显出越南沿海地区海港的重要性。

图四　中越边界海防示意图

引自（清）张硕勋：《内外洋交界面》，载《廉州府志》，乾隆年间刊本。

---

[1]　倭什布：《筹办洋匪疏》，载《皇朝经世文编》，第2194页。

三、粤洋世界的经济因素

19世纪是中国海盗发展史上的鼎盛时期,此时活动于中国广东与越南洋面的海盗,组织规模庞大、活动范围广泛。嘉庆年间的海盗甚至提出:"红(蓝)旗飘飘,好汉任招,海外天子,不怕天朝"的口号[1],由此可见海盗已经从乾隆年间的"小打小闹",演变成危及中国东南沿海安全的势力。因为越南到中国广东的海上贸易的繁荣,海盗得以滋长,他们从不同的海域出击,海上的商、渔船,无不受其侵扰。

(一)海禁的松弛

为了解决海盗问题,明清时期皆实行海禁政策,尤其是明朝,为了除尽海盗,明太祖朱元璋下令"海禁",尽罢沿海市舶,规定"片板不许入海"[2],民间若有敢私下出海与诸番互市者必重罚之。顺治十七年(1660年),清政府下"迁海令",强迫从山东到广东的沿海居民内迁三十五至五十里,不准商船渔舟片帆出海,"若将人口军器出境及下海者绞,因而走泄事情者斩,其该拘束官司及守把之人,通同夹带,或知而故纵者,与犯人同罪。失觉察者,官减三等,罪止仗一百,军兵又减一等"。[3]康熙元年,清朝政府重申"海禁",清廷敕令广东沿海的钦州、合浦、石城、遂溪、海康、徐闻、吴川、茂名、电白、阳江、恩平、开平、新宁、新会、香山、东莞、新安、归善、海丰、惠来、潮阳、揭阳、澄海、饶平等二十四州县的居民内迁五十里,并所有附近海岛洲港(澳门除外)皆迁。[4]界外地区不准人民居住,房屋全部拆毁,田地不准耕种,不准出海捕鱼,凡越出界外者立斩。"海禁"的实行,虽令海盗活动有所平息,却让广东省居民无家可归,怨声载道。康熙四年,广东前总督李率泰上疏请求放宽对边界的约束,疏曰:"臣先在粤,粤民尚有资生,近因迁移,以致渐渐亡十不存七八。为今之计,虽不复其家室,第乞边界稍宽,则耕者自耕,渔者自渔,可以缓须臾死濒。"[5]不过"海禁"政策要等到康熙二十三年才被解除,"是时始开江、浙、闽、广海禁,于云山、宁波、漳州、澳门设四海关,关设监督,满、汉各一笔帖式,期年而代,定海税则例"。[6]"海禁"的解除,虽然使得商人、商船可以自由到各地贸易,让广东沿海港口林立,整个海运得以复苏,但

[1] 吴建华:《海上丝绸之路与粤洋西路之海盗》,《湛江师范学院学报》2002年第2期,第26页。
[2] 张廷玉:《明史》卷二五〇《朱纨传》,中华书局,1997年,第1396页。
[3] 《大清律例》卷二〇《私出境及违禁下海条》,台北商务书局,1983年,第676页。
[4] 杜臻:《粤闽巡视纪略》,转引自蒋祖缘:《简明广东史》,广东人民出版社,1987年,第330页。
[5] 陈伯陶等纂:《东莞县志》,载《中国地方志集成:广东府县志辑》第19册,上海书店,2003年,第275页。
[6] 赵尔巽:《清史稿校注》,卷一二五《食货志》,台北商务书局,1999年,第3594页。

是海盗活动却也以强悍之势卷土重来,清代十八九世纪的海盗也跟着有所转变,清代海盗不再像明朝时的王直、洪迪珍等拥有合法商业以及海寇的双重身份,而是如蔡牵、郭婆带与张保等将海盗进一步的职业化了。除了海禁松弛的影响外,人口增长也是海盗大量出现的重要因素之一,此问题则是下文所要探讨的。

(二)人口与耕地

在 18 世纪和 19 世纪时中国面临了严重的人口问题。人口作为社会生活和生产的主体,是社会生产力构成的要素,一定质量和数量的人口,是社会存在和发展的必要条件,更会促进经济的发展。回顾广东的人口发展史,从顺治十八年的 4271264 人,到乾隆三十四年(1767 年)的 6839907 人,增幅巨大,到了嘉庆十七年(1812 年),人口更是飙升到 18900608 人。[1] 由于人口的增加造成人均耕地下降,广东的田地总量虽由雍正二年的约 31247464 亩上升到嘉庆十七年的约 32043835 亩[2],终归无法适应人口增加的速度。学者梁方仲认为,广东人此时的人均耕地约为 1.6 亩。[3] 而清代人口学家洪亮吉根据当时的社会状况估计,"每人四亩即可得生计矣"。[4] 人口膨胀的问题给广东的社会经济发展带来了严重影响,所以洪亮吉感慨地认为:

> 试以一家计之,高曾之时,有屋十间,有田一顷,身一人,娶妇后不过二人。以二人居屋十间,食田十顷,宽然有余矣。以一人生三计之,至子之世而父子四人,各娶妇即有八人,八人即不能无佣作之助,是不下十人矣。以十人而居屋十间,食田一顷,吾知其居仅仅足,食亦仅仅足也。子又生孙,孙又娶妇,其间衰老者或有代谢,然已不下二十余人,以二十余人而居屋十间,食田一顷,即量腹而食,度足而居,吾以知其必不敷矣。又自此而曾焉,自此而玄焉,视高曾时已不下五六十倍,是高曾时为一户者,至曾玄时不分至十户不止。……或者曰高曾之时,隙地未尽辟,闲廛未尽居也,然亦不过增一倍而止矣,或增三倍五倍而止矣,而户口则增到十倍二十倍,是田与屋之数常处其不足,而户与口之数常处其有余也。[5]

人口压力造成的粮食短缺,直接影响了人们的生计,屈大均在《广东新语》中就提到了海盗侵占民田的情形:"粤之田,其濒海者。……秋稼将登,则统率打手,驾大船,列刃张旗以往,多所伤杀,是谓抢割。"[6]

越南也有人口增长的现象,不过却没有广东省如此严重,人均耕地还有维持

---

[1]《广东省通志·人口志》,广东省人民出版社,1995 年,第 40~41 页。
[2] 梁方仲:《中国历代户口、田地、田赋统计》,上海人民出版社,1980 年,第 393~400 页。
[3] 同上。
[4] 田彤:《清代的人口危机及对近代社会经济的影响》,《史学月刊》1994 年第 3 期。
[5] 洪亮吉:《洪亮吉集》卷一,中华书局,2001 年,第 14~15 页。
[6] 屈大均:《广东新语》卷二,第 52~53 页。

生计的 4 亩左右。[1] 越南有三大平原区,北部以红河三角洲为主,再加上清化、义安、河静平原(面积 6800 平方公里);中部有广南到潘切一带的平原(面积 6100 平方公里);南部则有湄公河到中部广平、广治、承天地区的平原(面积 2000 平方公里)。因为越南比中国广东拥有更多的可耕地,再加上越南长期处在分裂状态,对于海洋缺乏兴趣或保持着谨慎态度,故而越南海洋多由邻近的广东水手开发,越南人民则将心思集中在发展农业上。

广东多山地丘陵,耕地面积有限,再加上 19 世纪人口膨胀的压力,使得清代广东产生了严重的缺粮问题。在广东稻米的需求大于供给,稻米的价格势必上涨。《大南寔录》就记载着越南明命五年(1824)清朝广东发生的米价昂贵一事:

> 清广东钦、廉二州饥米,一石直银四五两。
> 帝闻之谓户部曰:北城与钦、廉接壤,而今城辖米价颇贱,猾贾细民不免盗卖以趋利,其谕令城臣凡水陆可运载者,严饬盘诘之。[2]

此时越南采取的是严禁盗卖大米的政策,若要运米则需"凭证其行商所载米数,明着单内,由所在批许,及到所往地方"。[3] 由于稻米在越南价格低廉,若能运往广东贩卖,可获倍利,因此引来许多走私商前往越南私运稻米,同时海盗也锁定这些走私米船进行劫掠,再到岸上销赃。缺粮、走私与海盗,彼此关系密切。

(三)越南的税率

19 世纪中越两国之间的经济往来,主要有朝贡贸易与边境民间的海陆贸易两种,越南的官方朝贡贸易路线主要以陆路为主,民间贸易则不受官方朝贡方式约束,可以行走于海上。明永乐初年,官员商议开通安南道路时,鉴于广西瘴疠甚毒,建议改由广东钦州进入安南,以免瘴疠,且便往来。而当时安南中坼"广南国"的会安,也是东南亚西洋针路必经之处,海上交通畅旺。[4] 到了康熙年间,安南认为陆路交通不便,曾提出改由海路来贡的请求,但是没有结果。乾隆年间,越南依旧希望贡道能够改由海路进行,不过由于乾隆皇帝考虑到洋面海盗充斥、陆路贡道是既有的成例,再加上中国对海路而来的"西洋外夷"有所顾虑,所以拒绝了越南方面的要求,而越南官方为求免税,因此还是以陆路贡道为主。因中越双方的民间海上贸易没有限制,所以越南到广东的贸易仍旧兴盛。

在中越的海上经济贸易之中,广东海南商船是值得一提的。琼州与越南地理位置接近,联系密切,因此越南对其给予减税的优惠。《大南寔录》记载:"海南

---

[1]　转引自许云樵译:《安南通史》,星洲世界书局,1957 年。
[2]　《大南寔录》正编第二纪卷二九,第 12 页。
[3]　《大南寔录》正编第二纪卷六一,第 5 页。
[4]　陈荆和:《十七、十八世纪之会安唐人街及其商业》,《新亚学报》1958 年第 3 卷,第 273～322 页。

港税钱六百五十缗……潮州港税钱一千二百缗……广东港税钱三千三百缗。"[1]优惠港税的政策维持了二十八年，后来负责管理艚务的阮德川上奏曰："海南商船税稍轻，常搭载别省人货以规厚利，请嗣后清船来商，有广东、福建人货者，照二省船税征之，如所载人货闲杂，据其省人多者定其税。"[2]可见海南船借着搭载其他各省人货，从中获利不少。明命十二年（1831 年），越南再度修改了海南船港税优惠的条件：

> 帝闻清船来商，多自广州出口，所载皆广东货物，而诈称琼州，希图减税。命户部行咨诸城镇，今后商船如有多载货物，非琼州些小之比者，即照从广州税例征之。[3]

虽然这次调整了搭载省籍、货品数量等条件，不过越南对海南船征收的税钱依旧保有优待，使得琼州到越南的航道，商船往来频繁。19 世纪越南广安到琼州海峡海盗劫掠次数众多，相信因与海南船税钱低廉，许多其他省份商船纷纷冒充海南船航行在琼州的航道上有关。

四、粤洋世界的特殊习性

　　越南位于中国之南，在东南亚各国中其与中国渊源最深，在历史与文化上两国拥有许多共同的地方。越南与中国的广东、广西、云南相连，自古就是华人竞相前往垦殖之地，到了清朝以后，更有许多华人因为政治、社会、经济等各种因素南下，迁移到越南居住。因此越南能够吸收大量的中华文化，无论是在政治制度、生活习惯，还是在宗教文字上都与中国相当接近。越南于乾嘉时期，将海上经营交由航海事业发达的广东人承揽（包含了水师及海盗）。清朝中期，单是在广州附近水面就生活着大约 8 万名船上居民[4]，而这些粤人的特殊习性又相当多。这些特殊性习以及是什么因素让他们铤而走险，入海为盗，是本节所要研究的重点。

（一）高利贷盛行

　　粤洋的渔民，主要依靠出海捕捞挣钱糊口。而造船、维修以及船上水手的人工费用所需庞大，这些都使得渔民要依靠所谓的"汇款放债"系统才能生存下去。这个古老的"汇款放债"系统在今日被称为高利贷。广东的高利贷资本崛起于清代，嘉庆之后，广东的地方典税收入经常为列首位，见下表。

---

[1]《大南寔录》正编第一纪卷四，第 2 页。
[2]《大南寔录》正编第一纪卷五五，第 9 页。
[3]《大南寔录》正编第二纪卷七三，第 16 页。
[4] 转引自穆黛安著，刘平译：《华南海盗 1790～1810》，第 15 页。

广东重要府治当押铺数表

府　治	广州府	韶州府	惠州府	潮州府	肇庆府	高州府	廉州府	雷州府	琼州府
铺　数	1243	25	280	781	315	182	20	26	27
税　银	6215	125	1400	3905	1575	910	100	130	135

引自阮元:《广东通志》卷一六七《经政略》,第 3035～3053 页。

高利贷资本的来源,主要是地主与商人的集资或是政府的出资。地主和商人的投资,是高利贷资本的主要来源,他们也相当愿意借给这些渔民。不过到了19世纪,中国人口暴增,渔民的生计出了问题,无法有效地周转资金,所以得不断借款来弥补缺口,这使得整个借贷市场失去了平衡。由于借款的需求大于贷款的供给,渔民必须通过一种叫"鱼栏"[1]的组织,才能够借到贷款。渔民返航后必须将渔获卖给"鱼栏",使得"鱼栏"垄断了广东省的渔获市场。"鱼栏"操控价格,且兼发放钱债,坐享利息之利。事实上"鱼栏"经常诈欺渔民,让渔民无法偿清债务,使粤洋的渔民长期背负债务,生活十分艰苦。

从中央与地方拨出来的帑库银,也是高利贷的来源之一。从乾隆年间胡蛟龄的《推广辟荒疏》一文中可以看出,清代前期的放款是一为民着想的德政:"富民放债起利,贪得无厌,穷民被其盘剥,终年力作,所获无几。乾隆四年,经前任督臣奏明,每年酌动官银,借给穷民,令于秋收照时价还粮。"[2]由于穷民被富民剥削,因此政府才主动借款给人民,让他们得以生存。政府拨出款项来借予人民收取利息,始于康熙年间,在当时担任刑科给事中的刘荫枢曾上疏曰:"京师放债,六七当十,半年不偿,即行转票,以子为母。数年之间,累万盈千。是朝廷职官,竟为债主厮养。乞敕严立科条,照实贷银数三分起息。"[3]这种情形到了乾隆时期,更为风行,各级政府纷纷效法,将库银投入高利贷来放债收息以补地方财政之不足。因为有利可图,地方官员开始与地主富商相互勾结,鱼肉乡民。高利贷盛行的风气,让贫穷的渔民无力偿还,而进行一次成功的海上抢夺成为他们唯一的希望。

因为有利可图,地方官员开始与地主富商相互勾结,鱼肉乡民,例如:乾隆五年两广总督马尔泰弹劾琼州知府袁安煜放债病民,乾隆十四年,总兵杨刚之弟向土司岑宜栋放高利贷,光绪二十五(1899年)万州营把总许赞庭擅自挪用公款放债图利,以及宣统三年(1911年)御史胡思敬奏两广总督袁树勋在任上海道台时以官款放债。高利贷盛行的风气,让贫穷的渔民们无力偿还,不得不铤而走险。

---

[1] 丁仁长:《番禺县续志》卷一二《实业志》,第 698～699 页。屈大均:《广东新语》卷一四《食语》,第 395 页,提到"广州凡食物所聚,皆命曰栏,贩者从栏中买取……栏之称惟两粤有之"。

[2] 胡蛟龄:《推广辟荒疏》,载《皇朝经世文编》,第 886 页。

[3] 《清史稿校注》:卷二七六《刘荫枢传》,第 8679 页。

(二)赌风甲天下

光绪年间两广总督张树声曾上奏曰:"广东赌风甲于天下,粤人好赌,出于天性。"[1]广东赌博的名目众多,如:"番摊"、"闱姓"、"白鸽票"、"花会"、"牛牌"、"骰本"等,其中以"闱姓"为广东各种赌局中规模最大的一种。"闱姓"又称"卜榜",是利用科举考试进行赌博的一种方式,关于"闱姓"的赌博方法,同治十三年(1874年)浙江道监察御史邓承修的奏折中有详细介绍:

> 广东赌风最炽,向有闱姓、番摊、白鸽票、花会等名。……闱姓之赌,起自机房小民,渐而相率效尤。……每届乡会科期及岁科两试,之先设局投票,每票限写二十姓,以中姓多少为赢输,其投票之资则自一分一钱以至盈千累万,其投票之处则自省会以及各府州县……其投票之人则自播绅士夫以及农工商贾、妇孺走卒莫不凿其所有,各存幸心希图一掷,以致倾家破产、歇业潜逃,甚而服毒投缳、卖妻鬻子凡此之类,难以悉数。[2]

这种赌博方式是在乡、会、岁、科等国家考试时,从入闱应试者的姓氏中,挑选二十个来投买一票,每张票面大约为一分或是一钱,但是总彩金却可以累积到成千上万,广东省各地只要有钱都可以投买得到。邓承修将"希图一掷"的后果叙述地相当严重,但由于投票面值低,是否会造成如此惨淡的下场,有待商榷,不过赌博盛行,确实会让地方上产生流弊、人民无法安心于工作岗位之上,如此一来必会造成许多社会问题。

"闱姓"与科举制度有密切的关系,参加考试者和考试出来的结果,直接影响整个投买票者的利益。赌徒们为了控制考试,因此有"场内授卷"、"招覆顶替"等舞弊情事,甚至虚报假名,暗中以枪手代考,作弊者甚多。另外赌商从中舞弊,手法还有"扛鸡"、"擒蟹"[3]等名目,"扛鸡"即收受贿赂和运用贿赂,抬某人中举人或进士;而根据赌注的需要,把某位可能中举的人擒下去,叫做"擒蟹"。于是光绪皇帝谕旨叶大焯前往广东查明各种弊端,整顿科举考试。光绪十一年,广东学政叶大焯因患病,请贡生戴罗俊、萨庭荫校阅试卷,二人勾结票局,纯粹以"姓"取人,专取小姓,事后收取谢礼,两广总督张之洞将此案汇报朝廷。朝廷将两人革去贡生,仗一百,流三千里,叶大焯则被革去学政,总彩金七十万银元全部充为军费。[4]士人眼中神圣的科举考试,被"闱姓"破坏殆尽。

"闱姓"对于广东的吏治败坏也有相当程度的影响,其中最有名的就是广东

---

[1]　何嗣焜:《张靖达公(树声)奏议》,文海出版社,1968年,第205~210页。
[2]　《军机处档·月折包》,档号113460,同治十三年正月十二日,浙江道监察御史邓承修奏折。
[3]　《清德宗实录》(光绪八年十二月壬午日),卷一五七,第205页。
[4]　《清德宗实录》(光绪十一年十二月戊子日),卷二二二。

候补道的刘学询,"其经年闱姓,侵吞捐项,私抽经费,并有借端生事,鱼肉乡里各情"。[1]工科掌印给事中文郁就曾奏刘学询结匪充差误公一事,奏折内提到:"已革在籍候补道刘学询声名甚劣,久为乡里所不齿。……前充闱商时,欠饷吞赈、亏匿国帑数甚巨。"[2]"闱姓"赌金中,有一部分是用来打点各衙门的官吏、差役、兵丁等的,称之为规费,于是衙门官吏与闱商相互勾结,兵丁收规庇赌,甚至公然保护赌场,有所谓"奉旨赌博"之说。[3]这些情况使得广东的赌风愈演愈烈。"闱姓"极大败坏了广东的社会风气。所谓赌为盗源,赌不禁则盗不止。生活在粤洋的困苦的海上居民们,"莫不凿其所有",以致倾家荡产,在这个愈赌愈贫的循环下,终究因生活不济而入海为盗。

清朝中叶以后,鸦片与赌博流毒广东,而以下层人民受害最深,穷苦百姓辄因经济压迫,生计困难,乃铤而走险,即所谓的"搏命"者。赌风与盗炽之间的关系,何良栋在《敉盗策》中提到:

> 粤省盗风甚炽,劫掠之案层迭如山,甚至白昼操刀掳人勒赎,官役苟认真追捕,则即逃至香港借以藏身……香港赌风之盛,甲于通商各埠头。其为赌也,类皆广厦高堂曲房邃室,输赢之巨,一掷千金,达旦通宵,流连忘返门外。……苟能厉禁高悬犯者,必究举赌场,赌窟一扫而空,则盗党无所容身,不亦易于破获乎?[4]

由这段策论可知,广东赌场盛行也是滋生盗贼的原因之一。另外,道光以后广东的地方官员以贪渎为能事,吏治不修,使得广东水陆盗贼遍地。从广东赌博之中衍生出的"票艇",对广东的治安构成严重威胁,为害甚深,如朱琦以为:

> 一乡开厂,则各乡并设收票处,其带票者名曰票艇……下至游手无赖之民,亦得分润,故该乡既乐其开厂,而各乡亦乐为票艇,但该厂夜集晓散,每于附近地面雇贸匪徒数十人执持器械,或在沿岸,或驾小船,彻底巡绕,名曰护票巡拦。内四乡不逞之徒,亦复联党多人,托名截票,夜伺路口该处,绅耆习见为常,不复究诘。匪类乘机劫掠,以致酿成巨案,不可胜穷。……伏思劣绅既利其分肥,即一二守正绅士,亦因该处巡游子弟借护票巡拦等事,稍得分润,相与优容,互为回护,此票厂所以得设之由也。况其中贿赂施行,在官胥吏及营中弁兵,无不受其笼络,转为该厂耳目,甚有蠹役包揽,自行开厂者;间经告发,地方官方欲亲往查究,而消息先通,早经鼠窜,迨查验后,仍复开设如故。[5]

---

[1] 刘体智:《异辞录》卷二,中华书局,1997年,第105页。
[2] 《军机处档·月折包》,档号140683,光绪二十三年七月十九日,工科掌印给事中文郁奏折。
[3] 俞勇嫔:《清末广东"闱姓"考略》,《岭南论坛》1995年第1期,第19页。
[4] 何良栋:《敉盗策》,载《皇朝经世文编四编》,文海出版社,1972年,第722~723页。
[5] 《军机处档·月折档》,档号603000260,咸丰十年七月四日,朱琦奏折(台北故宫博物院院藏,未刊)。

由朱琦的叙述可知，广东赌博风气盛行，只要一个村子开了"票厂"，其他的村子就会设置"收票处"，让粤省各地都能买到"赌票"。"票厂"为了运送"赌票"，于是产生了护票的"票艇"，但是这些村里所雇请的护票人员，其本质皆为无赖匪徒，所以他们会借着护票的任务对往来船只进行盘查，并且有盗匪"托名截票"，乘机抢劫，因为绅耆习以为常，不加究诘，于是往往"酿成巨案"，其行径如同海盗。赌博的风行使得社会游离分子、官绅及弁兵与赌博相结合，成为广东当时的普遍现象。

（三）宗教信仰

海盗研究有一个难点，因为海盗属于秘密组织、犯罪集团，一切以秘密行动为主，又海盗多属于下层社会的贫苦百姓，受教育程度不高，无法自行书写记事，因此对于其海上犯罪劫掠、内部组织、日常生活等，很少留下文字记载。偶尔有称霸海上的海盗发布宣言，或是有海盗之间的签约照票，这些文件可能多毁于跟水师的海战之中，或是海盗被捕后官府结案后销毁。所以要研究广东与越南的海盗习俗就必须从清代奏折档案、清越官方实录、参与征讨海盗的官员笔记文集以及地方志乘等文献中找寻，由于这些官方或是半官方的数据，都是站在统治者立场来描述海盗的，所以关于海盗的信仰记载不多，若是要探讨关于海盗的宗教信仰，大概只能从中国广东、越南沿海的传统信仰以及用宗教为号召的动乱事件中，来加以了解。

中国广东与越南社会所信仰的宗教是中国传统的儒、释、道三宗。故越人亦如华人一样，既拜神仙同时也拜祖先。华南沿海主要的信仰有"雷神"、"飓风神"、"海神"、"南海神"、"南海之帝"、"伏波神"（东汉新息侯马援）、"天妃（后）"、"龙母"等与海上相关之神明。其中以天后女神为航海者、蜑户、海盗或是水师所共同信仰者。天后信仰始于福建，相传天后原为宋代福建莆田湄州林氏女，生而灵异，殁而为神，屡屡显应在海上，庇护航行，救人出险，遂为航海人所信奉。海盗若是在海上劫掠顺利，会归功于天后的保佑。咸丰年间"广艇海盗"肆掠于整个东南沿海，咸丰元年（1851年）闰八月初五日，有广艇十四艘在浙江黄花岗外一带洋面劫掠，到了九月十六日时，海盗竟然于沙埕洋面上岸，带着戏班在"山脚边九使宫庙内焚香演戏"，"又至该处天后宫内建醮"庆祝[1]，闽浙总督裕瑞认为海盗往来自如的情形，可说是胆大包天。而水师剿除海盗，也会认为是神明的垂佑，例如嘉庆六年两广总督觉罗吉庆奏报在电白洋面俘获多名海盗一事，认为"海宇乂安、鲸波绥靖"，皆是因为皇上"诚心感格"天后所致，所以飓风能帮助水师覆没盗船。[2]

---

[1]《宫中档咸丰朝奏折》，档号406001269，咸丰元年九月十八日，调任成督将军福州将军暂署闽浙总督裕瑞奏折。

[2]《宫中档嘉庆朝奏折》，档号404006377，嘉庆六年十月十二日，协办大学士署两广总督觉罗吉庆奏折。

　　另外,明代郑和在航海的过程中曾经施印《佛说摩利支天经》,其目的在于借助摩利支天具有的避敌护身之法,以祈航程平安。[1]以摩利支天菩萨为本尊的修法,称之为"摩利支天法",此法在密教中为隐形法,由于具有不可思议的隐身法力,因此极受日本武士的信仰。屈大均在《广东新语》中提到摩利支天菩萨的形象:"摩利支天菩萨,亦名天后。花冠璎珞、赤足、两手合掌,两手擎日月,两手握剑。天女二,捧盘在左右,盘一羊头,一兔头。"[2]广东肇庆府的七星岩水月宫中,立有一座斗姥(玄女)像,为崇祯十年(1637年)两广总督熊文灿花费"十余万金钱"所造,主要是为了纪念"文灿招抚郑芝龙时,使芝龙与海寇刘香大战,菩萨见形空中,香因败灭"。[3]此菩萨即为摩利支天菩萨,但熊文灿以为菩萨是助黄帝击败蚩尤的玄女,于是雕造出佛道混合之斗姥像。郑芝龙在同年四月,到肇庆府接受总督熊文灿实授南澳副将时,于七星岩上题诗:

　　　　偶缘开府抵崧台,奇石清泉洒绿苔。
　　　　群玉山头迎佛相,恍疑身已在蓬莱。[4]

因此从郑和、熊文灿、郑芝龙等人的信仰可知,摩利支天菩萨亦是航海人所崇拜的神明之一,祈求摩利支天菩萨能够守护战士,平安航行。

　　海盗冒险于海上,在一般海盗的内心之中均有渴望神明护佑的需要,不过天后信仰缺少"末日劫难"、"救世主"等观念,所以海盗集团很少以宗教为号召来反抗清廷。不过到了咸丰四年时,在太平天国与天地会的推波助澜之下,整个粤洋海盗群起进攻广东省,并且蔓延到北方的山东石岛洋面和南边的越南洋面之上,或是深入广西而与当地土匪勾结合伙,横行水陆。这次粤洋的动乱,一直要到同治年间才得以平息。粤洋海盗与天地会的关系原本就相当密切,乾隆末年以降,广东内地有天地会不断骚扰,其洋面则有海盗侵袭,海陆互通气息,让广东陷入不安的局面,再加上白莲教、太平天国的起兵动乱,这些因素都让清朝统治者大伤脑筋。两广总督那彦成就曾经提到,广东海域之患,莫大于洋盗。[5]粤洋海盗的崛起,虽然不以宗教信仰为其本源,但却与以宗教为号召的团体相互合作,因而得到全面叛乱的契机。

结　　论

　　海盗活动的背景为滋长海盗的一只看不见的手。粤洋三路因其"得天独厚"

[1] 陈信雄、陈玉女主编:《郑和下西洋国际学术研讨会》,稻乡出版社,2003年,第161～200页。
[2] 屈大均:《广东新语》卷六,第213页。
[3] 同上。
[4] 郑芝龙:《郑芝龙七星岩题名诗》,转引自《开启台湾第一人——郑芝龙》,果实出版社,2002年,第199页。
[5] 容安:《那文毅公(彦成)奏议》卷一二,第1616页。

的自然和地理条件,成为海盗的"逋逃渊薮"。又因为海上劫掠需借助季风,又使海盗成为一个季节性职业。19世纪,中国爆发了严重的人口问题,大量膨胀的人口又引发了许多的社会经济问题,而首当其冲的就是粮食短缺问题。米粮缺少,所以米价攀升,而从越南走私稻米可获巨利,因此走私稻米的商船迅速崛起。同时,海盗也将目光投向这些走私商船。另外,由于越南对中国海南商船实行优惠政策,致使其他省份的商船假冒海南商船,而这些商船也成为海盗劫掠的重要目标。一时间,从琼州海峡到越南广安的航线上充斥了大量的商船、走私船、海盗船。19世纪中期,广东洋面上有大量船上居民,其中有部分人或因高利贷无法偿还,或因赌博破产,或因受宗教影响,而走上了海盗之路。而当时的清政府,由于吏治腐败也无力阻止日益炽盛的海盗活动。

The Background behind the Rise of Piracy
in Guangdong in the Qing Dynasty

Abstract: This paper explores the rise of piracy in Guangdong and Vietnam through an analysis of the maritime geography of the region, cultural and other human factors, and the problems of economic exchange between China and Vietnam.

Keywords: Guangdong Coastal Area, Vietnam, Nguyen Dynasty, Pirates

宁海舵的测绘与研究

龚昌奇*

摘　要：宁海宝德古船研究所收藏了一柄大型海船木舵。宁海舵的尺度、工艺水平和保存之完好在国内非常少见，对研究中国船舶属具的发展具有重要的参考价值。

关键词：木舵　沙船　复原

　　中国木船舵大致可分为三大类：一是适宜深海操船的大展弦比普通舵（图一，1）；二是适合浅水海域的小展弦比普通舵（图一，2）；三是具有很强地域特点的开孔舵（图一，3）。三类舵型基本对应于福船、沙船和广船三大船型。因为是人力操舵，且海船船舵的面积较大，回舵力矩大，费时费力，难于操纵，所以，木船时代的海船鲜有平衡舵。从出土文物可以发现，平衡舵更多是在内河船上被利用。

　　由于木舵本身材质的原因，目前较少有完整舵得以存留。2013 年笔者在宝德古船研究所库房中有幸得见由宁海实业家尤飞君先生收藏的一柄大木舵。据尤先生介绍，该舵是其 2013 年在上海崇明购得的（图二），舵杆保留非常完整，舵叶仅尾端后上缘有局部破损。宁海舵仅从外型上初步可认定，属于适合浅水海域的小展弦比普通舵，即沙船舵。

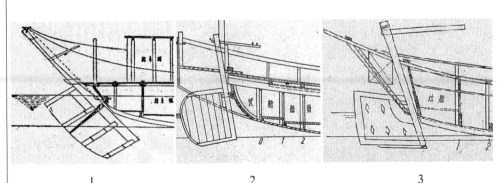

1　　　　　　　　　　　　2　　　　　　　　　　　　3

图一　中国木船舵

* 作者简介：龚昌奇，武汉理工大学交通学院副教授。

图二　宁海舵

一、宁海舵的测绘

(一)舵尺度

宁海木舵为矩形普通舵。舵杆的舵叶外形尺寸如下：

舵杆通径：	φ420 毫米
舵杆长度：	3.52 米
舵叶高度：	4.06 米
舵叶宽度：	2.3 米
舵展弦比：	1.765
舵叶有效面积：	8.07 平方米

舵叶下端为曲线形，下端舵叶随边比导边翘曲高680毫米；舵叶上端轮廓线相对于舵杆中心线倾斜70°，上端舵叶随边比导边高出约700毫米。图三显示了舵的外形。

图三　宁海舵外形

（二）舵结构

宁海木舵测绘的关键是舵结构测绘。该舵外形虽然简单，但是结构却非常讲究。工艺方式多样，有拼、嵌、榫、铆、箍、销等多种工艺。不仅保证了舵的结构强度，而且做工精细，结构合理。

箍：宁海舵给人最明显的印象是铁箍密布，铁木浑然一体。为保证舵杆的强度，整个舵杆从上至下有多达34道铁箍。凡在杆上开口、开孔、拼接、断面突变的部位，均用铁箍扎实（图四）。同时，舵杆还采用了变截面的设计，既保证了结构的合理性，满足强度要求，又节省了材料，减少了自身重量。

舵叶：为了抵抗自身弯曲应力，舵叶采用了板列垂向布置。为提高舵叶横向抗扭强度，在舵叶不同高度上，根据受力大小的不同，采用不同长度的铁条，将舵叶与舵杆箍为一体。

图四　舵杆加箍补强

榫：宁海舵的木构在许多关键部位都采用了榫铆结构，以保证木构之间的强度和稳定性。图五显示的是舵叶导边材、上缘顶材连接处，阴、阳榫接的部位及木构件结构图。舵叶顶材和底材与舵叶板之间、舵杆与舵叶顶、底材之间都采用了榫铆结构，以保证在转舵时，提高局部抗剪切的能力。

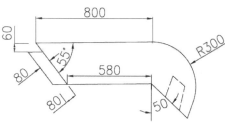

图五　舵叶导边材、上缘顶材榫接

销：宁海船舵体量较大，舵叶板因受力要求采用了垂向布置。这样的布板，对转舵时抵抗板与板连接部位的抗弯能力是不利的。对此，该舵除了各列板与顶、底材采用榫铆连接外,还在舵叶导边材外缘,贯插入三根直径50毫米的铁质长销,将边材和各舵叶列板牢牢地连成一个整体,大大提高了舵叶板的抗弯强度(图六)。

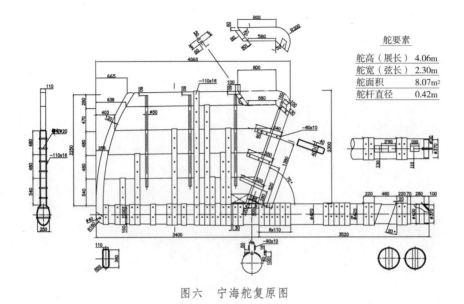

舵要素	
舵高(展长)	4.06m
舵宽(弦长)	2.30m
舵面积	8.07m²
舵杆直径	0.42m

图六　宁海舵复原图

二、宁海舵的研究

黄海位于中国大陆与朝鲜半岛之间,平均水深44米,海底平缓。渤海为中国内海,周边为陆地环抱,位于辽、冀、津、鲁之间,而平均水深仅18米。两海因河流带入大量泥沙,海底平坦,饵料丰富,是中国重要的水产基地。黄渤海水域盛产对虾、黄鱼。自古两海周边的造船业就也十分发达。为适应水浅、沙质海床、底平等特殊的海洋地理环境,黄渤海地区的船舶在长期的生产和技术发展中,逐渐形成了黄渤海地区特有的代表船型——沙船。

因为水浅、沙丘多,沙船坐底搁浅的可能性较大。所以,船底平广,宽深比较大。特别是风向潮向不同时,因底平吃水浅,受潮水影响较小,比较安全。与之相适应的是船舵展弦比小于同等面积下的其他船舵,即舵高较小。为了保证一定的面积,只能加大舵宽,保证舵面积。

沙船舵具有两个明显的特点,一是舵面面积大,二是可升降。出海时部分舵叶降到船底以下,能增加舵的效应,减少横漂,遇浅水可以把舵向上升。无论是外形还是结构特征都能证明,宁海舵是一面沙船舵。

下表列出了20世纪早期部分黄渤海地区的典型船舶舵尺度及其相关参数。其中 L/B 在 3.43～4.09 之间、B/T 在 3.71～6.14 之间、舵面积比在 16%～25% 之间。

典型黄渤海船舶舵参数

序号	船名、属地	L_{wl}	B	T	Δ	$h \times b$	A	μ（%）	L/B	B/T
1	箥船（冀）	10.18	2.6	0.7	14.11	1.12×1.06	1.19	16.7	3.92	3.71
2	鲞团网船（苏）	13.4	3.3	0.75	23.62	1.6×1.5	2.4	23.9	4.06	4.4
3	箭头子（辽）	13.65	3.34	0.62	25.21	1.6×1.2	1.92	22.7	4.09	5.39
4	黄花鱼装网船（苏）	14.75	4.3	0.7	32.95	1.87×1.54	2.88	27.9	3.43	6.14
5	瓜篓（鲁）	16.44	4.38	0.8	46.2	2.1×1.5	3.15	24.7	3.75	5.48

从此表分析、回归得到船长和排水量与舵面积比的关系，如图七所示；以及船长与舵面积的关系，如图八所示。

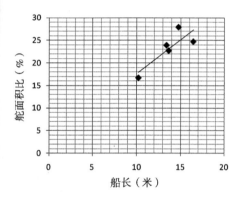 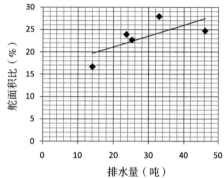

图七 舵面积比与船长及排水量关系

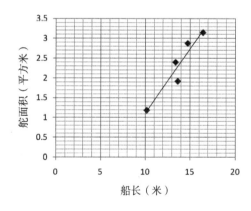

图八 舵面积与船长关系

宁海舵的面积为8.07平方米，按图八外插可知，宁海舵所适配的船长（水线长）约41米～42米，按L/B和B/T的关系，可推断出该舵适配的船舶尺度：

船长（水线长）： 41 米

船宽： 10 米

| 吃水： | 1.8 米 |
| 舵面积比： | 11% |

因为资料有限，且统计表中多为小船，所以该尺度存在一定误差。

宁波舵是迄今国内所发现的最大的沙船木舵。它身上还有许多未解之谜，如适配船舶、舵的年代等有待专家继续深入研究。

Survery and Research on the Ancient Rudder at Ninghai

Abstract: This paper analyzes the structural and technical features of the Ninghai rudder, which is stored at the Institute of Ancient Chinese Ships. It also attempts to reconstruct the original ship to which the rudder once belonged.

Keywords: Wooden Rudder, Sand Vessel, Reconstruction

中国古船建造法考述

何国卫 *

摘　要：当前船史学界对中国古代造船顺序有所谓"船壳法"和"结构法"两种学术见解。然而从船舶制造工艺角度而言，中国古船的横隔壁是满实了的横框架，其支撑船壳外板保证船舶线型的作用与肋骨相同，因此中国古船并不存在所谓的"船壳法"建造顺序，所谓"船壳法"亦很难成立。同时，把对《龙江船厂志》有关记载的误读当作中国古代造船顺序为"壳先法"的依据也是无法立论的。

关键词：造船顺序　船壳法　结构法　龙江船厂志

在船舶技术史的研究中涉及古船建造顺序时，常能见到一些关于"船壳法"和"结构法"的论述。"船壳法"也称作"壳先法"，"结构法"也称作"肋先法"。至于二者的定义，陈希育先生认为，所谓结构法即"先定龙骨，再安肋骨及框架结构，最后贴钉船底板，这称为先结构，后船板的建造法（简称结构法）"，并指出该法"一般认为属于欧洲式的造船方法"；至于船壳法，陈先生认为"即先定龙骨，后是水（笔者注：疑'船'字笔误）底板，横舱板，即所谓的船壳法"。同时陈先生指出，"结构法与船壳法的区别，很大程度上要看船壳内部是否安有肋材（或肋骨），而且是先在船体两边纵向、呈弓形状的肋骨后（原文如此）再钉上船壳板"，并认为中国造船顺序有一个"从船壳法转变为结构法"的过程。[1]

英国剑桥大学程思丽女士将"结构法"称为"架先法"，将"船壳法"称为"壳先法"，这只是称谓的不同而已，其本质一样。"架先法"，即是"先造龙骨，然后加上少量的隔梁起到定型的作用，接着是栈，最后是剩余部分的隔梁"[2]；而"壳先法"即是"先造龙骨，然后是栈（笔者注：舷侧板），最后才是隔梁（笔者注：横舱壁）"。[3]

───────────

　* 作者简介：何国卫，中国船级社武汉规范研究所高级工程师。

［1］ 相关内容详见陈希育：《中国帆船与海外贸易》，厦门大学出版社，1991 年，第 108～109 页。

［2］ 〔英〕程思丽：《海洋文化的痕迹：〈龙江船厂志〉中的"壳先"造船过程的证据》，载《国家航海》（第一辑），2011 年，第 1～8 页。

［3］ 同上。

按此所论,这两种不同造船顺序的区别取决于肋骨和船壳的安装顺序,若肋骨先于船壳安装则谓"结构法"或"架先法",船壳先于肋骨安装则谓"船壳法"或"壳先法"。该论述隐含的是,若无肋骨的船也就不存在"结构法"(或称"架先法")之说。然而笔者认为,首先要理清的问题是,上述两种建造方法是否都存在过? 从船舶制造工艺而言,其建造方法有存在的合理依据吗?

一、"结构法"与"船壳法"辨正

从船舶制造工艺而言,中国古船建造中似乎一贯采用"结构法",而非所谓"船壳法"。

(一)横框架结构是船舶形状的保证

众所周知,船舶壳板是三向空间曲面,外壳板的安装除了要保证壳板的牢固且水密的连接外,还要达到符合船型所要求的曲面形状。如何在建造中满足船舶外壳的空间曲面的成型呢? 它是依靠横向框架的周边曲线形状得以保证的,其方法应该是,先铺设龙骨或平底船的船底板,再在其上竖立装置横框架构件(包括肋骨和(或)横舱壁),该框架的周边已按船舶线型要求制成一定的曲线,然后,将各列舷侧板贴紧于横向框架边缘并用钉钉连上,从而建成有横向框架和船壳板组成的符合线型要求的船体外壳。

按船壳法先铺设龙骨或平底船的船底板再安装船壳板的建造顺序,就得在还没有横框架的情况下实现船壳板的定位和定型,即使用夹具将壳板板条逐条进行强力弯曲加工,将其弯成所需的形状并夹紧暂时定位,然后逐条拼接成船壳,这种做法不仅施工难度很大而且船壳线型也不易保证,接下来的工作是在左右船壳板之间插装舱壁和(或)肋骨,然后钉连。由此看来,"船壳法"的形状保证最后还得靠舱壁和(或)肋骨的边缘形状得以确定。

对照"结构法"的安装顺序就可明白,要达到安装船壳成型的目的,用所谓的"船壳法"似无必要,而无论是出土沉船还是现存木船,中国木船从未采用过所谓的"船壳法"。

(二)不见肋骨不能成为判定"船壳法"建造的依据

船体线型的定型和船舶横向强度是靠船体的横向框架结构得以保证的,船体横向框架可以是肋骨,也可以是横舱壁。不论是横舱壁还是肋骨其所具确保船壳线型和支撑船壳板组成船壳板架以承受外力的作用都是相同的。要指出的是,横舱壁本身就是一个横向框架,而且是一个满实的横框架,舱壁对船舶强度的作用远大于肋骨。既然如此,就不能得出没有肋骨而只有舱壁的船即采用了"船壳法"的结论。因此,用是否安有肋材(或肋骨)作为"结构法"与"船壳法"的区别就值得商榷了。正确理解舱壁和肋骨在船舶结构中的作用是问题的关键所在,不能因为中国古船在很长一段历史时期里普遍采用横舱壁结构而没有见到肋骨,就否定中国古代造船惯用的"结构法"。实际上,不论是肋骨结构还是横舱壁结构或两者兼有之,都不影响木船建造顺序。

(三)中国古船的舱壁肋骨不是船体的结构肋骨

中国古船有一种被称为"舱壁边肋骨"或"舱壁肋骨"或"抱梁肋骨"的"肋骨",这种所谓的"肋骨"是一种贴靠舱壁周边的构件。"舱壁肋骨"有设置在舱壁边缘局部位置的,例如蓬莱一号船舱壁边肋骨设在船的舭部,蓬莱二号船的舱壁边肋骨设在底部(图一);也有沿舱壁板与船壳板交线全周设置的,例如,泉州船的舱壁边肋骨就是。不论是全周的或是局部的舱壁肋骨,它们的作用原理是类同的,只是补强的范围和部位有所不同而已。它实质上起到的是加强舱壁的固定作用,即"起加固作用"[1],承受外来作用力的是舱壁,而不是这种"舱壁肋骨"。因此,"舱壁肋骨"不是船体的结构肋骨,仅是舱壁结构的附属构件而已,不能把它当作船体结构肋骨来解释。船舶结构意义上的肋骨是指独立于舱壁而设置的承受船体横向外力的受力构件,称作船体结构肋骨,它完全不同于"舱壁肋骨"。把中国古船的"舱壁肋骨"误为结构肋骨,既然有"肋骨",得出它是用"结构法"顺序建造的结论似乎合乎情理,其实不然,这是对"肋骨"的错误认知所造成的。

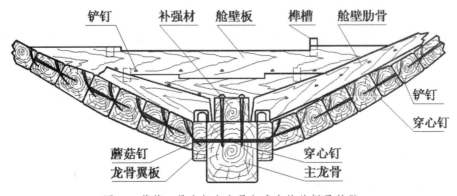

图一　蓬莱二号古船主龙骨与残存的外板及舱壁

二、"结构法"再认知

陈希育先生在《中国帆船与海外贸易》一书中,引用1984年蓬莱出土的一艘古船为证。他认为:"该船在每道舱壁的两舷舭转弯处,设有局部的肋骨。从局

---

[1]　陈希育:《中国帆船与海外贸易》,第108~109页。

部肋骨看,估计该船是先钉着船外板,再贴上肋骨,起加固作用,而不是先搭架子,包括许多整根的肋骨,再附上船板的做法。"也有学者认同此说,认为"据考证,新安沉船每道舱壁的两舷舭转弯处均设有局部肋骨,从局部肋骨看,该船是先钉好船外板,再贴加肋骨,从而起到加固作用。这与泉州宋朝古船、蓬莱元朝古船的肋骨安装顺序一样,都是采用中国古代传统的'船壳法'造船方法,即先安船壳板,后加框架结构,其造船顺序是先定龙骨,后安船外板,最后才安装横舱壁。上述古船与欧洲的'结构法'造船方法有明显不同……由此可见,新安沉船是采用中国传统的'船壳法'造船方法进行建造的"。[1] 鉴于以上论述,笔者认为需对"结构法"有进一步的认知:

(一)不应把中国古船的舱壁肋骨视作船体结构肋骨

首先要指出的是,如前所述,泉州古船和蓬莱古船的"肋骨"是"舱壁肋骨"不是结构意义上的肋骨,不能当作结构肋骨来理解。

其次,对"舱壁肋骨"的安装连接,陈希育先生认为蓬莱古船"从局部肋骨(笔者注:此实指舱壁舭部肋骨,以下也以'局部肋骨'引用)看,估计该船是先钉着船外板,再贴上肋骨,起加固作用",问题是,船外板究竟是先与哪个构件钉连的?它又是如何"再贴上肋骨"的? 如果船外板不先与舱壁钉连的话,所说的"局部肋骨"又该"贴"在何处呢? 陈先生的"估计",也应理解为船外板先与舱壁边缘钉连的意思,显然舱壁边肋骨不是船体的结构肋骨,它是后于船壳板安装的。既然作为横框架结构的横舱壁先于船壳板安装,当属"结构法"建造。

笔者分析认为,讨论时有必要强调三点,其一,中国古船的横骨架结构是由横框架构成的,肋骨是横框架,横舱壁也是横框架,而且是满实横框架,肋骨和横舱壁是不同形式的横框架结构,不能只认肋骨而排除了横舱壁;其二,不能将后于船壳板安装的舱壁周边肋骨误认为船体的结构肋骨,舱壁肋骨的存在是以必须有舱壁为前提的;其三,舱壁是先于船壳板安装上船的横框架。

(二)中国古代造船顺序不存在从"船壳法"到"结构法"的转变

陈先生还以宋代泉州古船和"一般认为是元末明初的"一艘蓬莱古船"设有局部的肋骨"为据,得出"自元末明初到明朝后期,期间历 200 年,中国造船顺序已从船壳法转变为结构法"的结论。对此,完全可以用柳孜运河六号唐船为依据作进一步的商榷。

该船"舷侧板上还保留 11 根肋骨和 3 根空梁"[2],"肋骨间距为 700～1300毫米不等……底板上未见骨架残木。……对照其他唐船,底部当有横向列板。

[1]　袁晓春:《韩国新安沉船与中国古代沉船比较研究》,载《海上丝绸之路——蓬莱》,黄海数字出版社,2014 年,第 105 页。
[2]　席龙飞:《中国造船通史》,第 149～151 页。

……由肋骨、肋板、空梁构成完整地横向骨架,以满足船体强度要求"(图二)。[1] 也就是说,柳孜运河六号唐船是有肋骨的,按有无肋骨来判定造船顺序的话,那么中国用"结构法"顺序建造船舶早在唐代就出现了,而不是"元末明初到明朝后期"了。

事实上,不论是肋骨结构还是舱壁结构或是肋骨与舱壁混合结构,它们都是横架结构,中国古船建造船侧板是后于横架构件安装的,中国古船原本就是按"结构法"顺序建造的,中国古代造船顺序根本就不存在有从"船壳法"转变为"结构法"的过程。

图二 柳孜运河六号唐船

三、"船壳法"的由来与辨析

《国家航海》(第一辑)刊登了英国剑桥大学程思丽女士撰写的一篇题为《海洋文化的痕迹:《龙江船厂志》中的'壳先'造船过程的证据》的文章(以下简称程文)。她得出中国造船"壳先"的依据是《龙江船厂志》卷二《器数》中,不仅"很具体地描述了造船的过程",而且"在我看来这一发现具有重大的意义"。因为它"准确地描述了一个'壳先'的造船过程,即先造龙骨,然后是栈,最后才是隔梁",程文将《龙江船厂志·器数》一节的记述以附录的形式一并登出,并转引了《龙江

---

[1] 席龙飞:《中国造船通史》,第149~151页。

船厂志》中"图式"的"总图二"(图三)。[1]

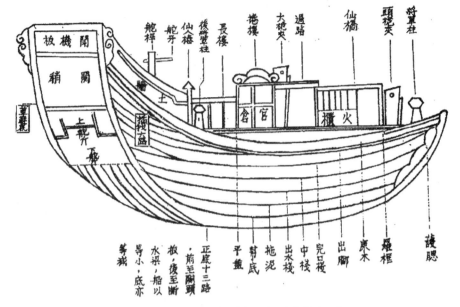

图三 《龙江船厂志》中"图式"的"总图二"

(一)对《龙江船厂志》记载的误读

实际上,程女士误读了《龙江船厂志》的记载,从而产生了中国古代造船顺序是"壳先法"的错误结论。为了讨论的需要,现将"器数"中的一段记载抄录于下:

> 语曰:"室先基,船先底。"言工有始也。底有正(大船拾叁路,小者递减,每路长短广狭,视船大小而隆杀之)、有帮(初则为帮,左右各壹路)、辅之以栈。栈必侧之,为拖泥、为出水、为中、为完口、为出脚(平铺完口之上者),皆栈名也(每栈左右各壹路,惟渔船无出脚、无中栈)。凡船必崇其尾,故有插找(用板尖,其一端插于各栈之尽处也)。中虚则不固,故托之以梁。梁必衡之,如屋梁也。[2]

程女士对此段引文有如下论述:"根据作者(笔者注,此指《龙江船厂志》作者李昭祥)的描述,船底可以分为两部分:'正'和'帮'。但问题是什么是'正',什么是'帮'?文中的注释说'底'是由十三块长板组成的,同时根据图中的信息也许可以推断'帮'是第一个栈。也有可能'正'指的是龙骨,而'帮'指的是船的底部靠近龙骨的木板,也就是蓬莱古船的龙骨翼板。'帮'下面有这样一行注释:'初

[1] (明)李昭祥撰,王亮功点校:《龙江船厂志》,江苏古籍出版社,1999年,第33页。
[2] (明)李昭祥撰,王亮功校点:《龙江船厂志》,第33页。

则为帮,左右各壹路.'根据这行注释我猜想帮底可能是龙骨两侧的列板,类似于蓬莱古船的龙骨翼板,同时帮和正似乎是一个整体。严格说来,帮并不完全等同于栈。因为接下来有一句话:'辅之以栈.'意思是栈起支持的作用。这表明帮是有别于栈的。综上所述,我猜测正底十三路包括:一条龙骨,两条龙骨翼板,以及十根栈。"笔者以为程女士将"正底"和"正"理解成两个不同概念的构件,她将"正"指为龙骨,而把"正底"看成了包括龙骨在内的全部船壳板了。这样"正底"十三路正好等于一条龙骨(即"正")、两条龙骨翼板(即"帮")以及十条栈板之总和了,这是对《龙江船厂志》的最大误读。

程文接着论述:"'栈必侧之'……这句话之后作者(笔者注,此指《龙江船厂志》作者李昭祥)列出了十根栈的名字……从里到外船底所有的栈的名称分别是拖泥、出水、中、完口及出脚。"程文还论到:"'中虚则不固,故托之以梁'……'梁'最好的英文翻译应该是'bulkheads'……'梁必衡之,如屋梁也'。"她在论及《器数》中的"语曰:'室先基,船先底。'言工有始也"时说:"在'器数'中作者首先将造船与建房做了比较:'建房需要从打地基开始,(类似的,)造船也是先从船底开始'。"程女士既然将古船"正底十三路"理解成船壳板十三路,那么按"船先底",自然而然地会有这样的猜测结论,那就是,"我发现中国古代造船的过程似乎是先造外壳而不是先造构架"的。

(二)"正底"是指平底不是整个船壳

笔者在细读程女士的论述后觉得她是误读了原文的本意,试作如下分析。

1)《器数》所记"底有正(大船拾叁路,小者递减,每路长短广狭,视船大小而隆殺之)、有帮(初则为帮,左右各壹路)"中说出了作为船"底"是有"正"和"帮"两种构件的,因此,它们的构件名称都带有船底的"底"字,正如"图式"的总图中所标出的"正底"和"帮底",不应将"正"视为龙骨,将"帮"视为龙骨翼板。"正底"就是"底有正"中的"正","正底十三路"当指"底"中的"正底"是十三路而不是船壳板为十三路。

2)"帮",即"帮底","初则为帮,左右各壹路"而"帮"又"辅之以栈",可见"帮底"是连接最边缘一路的"正底"板和最下一路的"栈板"的板,从《龙江船厂志》卷二所附总图二的侧视图上能见到的"帮底"板,笔者以为,"帮底"是连接船底板(即正底)和船侧板(即栈板)的舭板。

3)在总图上的尾部底线处引出一段文字标注:"正底十三路,前至关头板,后至断水梁,船以等小,底亦等减",应该注意的是该段文字是以"正底"开头的,而不是以"底"开头的,图上的引线直接指向船底位置,因此不能理解为"正底"就是船壳。

4)中国古船的船底有具龙骨的尖底型船和具平底的平底船,当然不论尖底还是平底,在侧视图上都为一条直线。"正底"指的是平底,"正底"有多少路则表明该平底船的船底是由多少路的板列所组成,《龙江船厂志》所记的都是平底船。

5)"正底十三路"就是由十三列长条木板组成平底,如果是由正底十三路组成船壳的话，无疑这十三路板的长度应该是一样的。众所周知，成书于嘉靖三十二年（1553年）沈启的《南船记》是《龙江船厂志》的主要资料来源，《南船记》所记载的船舶不论其"正底"是几路，其长度都是相同的，但平底板列并不一定是等厚的，例如，"预备大黄船"的"正底十三路，长六丈，阔一尺，内十路厚三寸五分，三路五寸五分"，其中间的三路就是平板龙骨板，它比两边的厚了二寸；再如，"大黄船"的"正底十一路，长六丈三尺，阔一尺，厚二寸"，这佐证了"正底"不是船壳。

6）正底路数随船的大小而不同，《龙江船厂志》已有"底有正（大船拾叁路，小者递减）"的明确记载，《南船记》不仅记有"正底"十三路、十一路的，还记有正底九路、七路的，如壹百伍拾料战船正底九路、壹百料战船正底七路。《龙江船厂志》的《器数》有记："栈必侧之，为拖泥、为出水、为中、为完口、为出脚（平铺完口之上者），皆栈名也（每栈左右各壹路，惟渔船无出脚、无中栈）。"也即，栈板左右共为十路，如果按程女士"猜测正底十三路包括：一条龙骨，两条龙骨翼板，以及十根栈"的话，当然在数值上是"吻合"了，但对"正底"不是十三路而是十一路、九路、七路的船又该如何解释呢？看来不能圆满其说。

7）因为"正底……前至关头板，后至断水梁，"而"帮底"是超过断水梁的，因此"帮底"通常比"正底"长出少许，例如，《南船记》所记"预备大黄船""正底十三路，长六丈"，"帮底二路长六丈二尺"。

栈板伸出断水梁甚多故其长度就超过正底很多，仍以"预备大黄船"为例，其"拖泥长六丈四尺，出水长六丈八尺，中栈长七丈二尺，完口长七丈六尺，出脚长八丈四尺"，栈板越高就越长，这是符合实际的情况的。

8）"正底"是指平底，这已被出土内河古船所证实，例如，梁山古船和菏泽古船都平底船，其"正底"都是九路，足见"正底"不是船壳。

小　结

尽管学界对古船建造顺序有所谓"船壳法"和"结构法"的不同见解和论述，本文从古船建造工艺分析出发，对中国古船建造顺序存在的"船壳法"认识提出不能认同之处。中国古船原本就是按"结构法"顺序建造的。中国古船横舱壁实际上是满实了的横框架，中国古船的舱壁边肋骨并不是船体的结构肋骨，因此，以古船有无肋骨来界定造船是采用"船壳法"或"结构法"的提法，是不恰当的。所谓"壳先法"是对《龙江船厂志》记载误读而产生的结果。

Disputing the "Structural Method"
of Construction in Ancient Chinese Ships

Abstract: At present, there are two academic views regarding the construction method of ancient Chinese ships -the "hell method" and "structural method." This paper raises doubts about the "structural method." For one, the bulkheads of ancient Chinese ships are integrated transverse webs that support the hull plate of the frame. Moreover, proponents of the "structural method" base their claims upon an erroneous understanding of the *Longjiang Shipyard Records*.

Keywords: Shipbuilding Methods, Hell Method, Structural Method, *Longjiang Shipyard Records*

清代沿海钓船的航运活动

松浦　章[*]

摘　要: 沙船、鸟船、福船、广船被称为清代四大海船,它们在中国沿海的航运活动为众人所知。但是除了这四大海船之外的帆船,其具体的航运活动情况在以往的研究中比较少见。本文将围绕散见于清代后期史料中的"钓船"予以论述。根据史料,钓船是从事渔业和运输的帆船之一,活动区域在浙江沿海,尤其是温州近海附近。20世纪前期的资料对"钓船"的船式进行了描述。本文将对这种钓船从清代到20世纪前半期的活动情况进行考察。

关键词: 清代　钓船　航运活动

一、绪　言

沙船[1]、鸟船[2]、福船、广船被称为清代四大海船,它们在中国沿海的航运活动为众人所知。但是除了这四大海船之外的帆船,其具体的航运活动情况在以往的研究中并不太多。

有关清代中国帆船的特征,在包世臣《中衢一勺》卷第一(上卷)的《海运南漕议并序》中有如下描述:

> 出吴淞口迤南由浙及闽粤皆为南洋,迤北由通海山东直隶及关东皆为北洋。南洋多矶岛,水深浪巨,非鸟船不行;北洋多沙碛,水浅礁硬,非沙船不行。小鸟船亦吃水丈余,沙船大者才四五尺。洋氛在闽粤,皆坐鸟船,断不能越吴淞而北,以争南粮也。沙船聚于上海,约三千五六百号,其船大者载官斛三千石,小者千五六百石。

---

　* 松浦　章(Matsuura Akira),日本关西大学亚洲研究中心主任、关西大学文学部教授。
[1]　周世德:《中国沙船考略》,载《科学史集刊》5,1964年,第34~54页。松浦　章:《清代上海沙船航运业史の研究》,关西大学出版部,2004年。松浦　章著,杨蕾、王亦铮、董科译:《清代上海沙船航运业史研究》,江苏人民出版社,2012年。
[2]　松浦　章:《清代海外贸易史の研究》,朋友书店,2002年,第264~323页。

以长江口的吴淞口为界分为南北两洋,北部岩礁等较多,船底较深的帆船航行困难,而适合平底型的海船航行,因此对平底型的沙船比较有利。与此相对,南洋海水很深,波浪较大,所以不适合平底型帆船,而适合尖底的帆船,如鸟船、福船、广船等。从这里也能看出中国沿海船式的不同。

本文将围绕散见于清代后期史料中的"钓船"予以论述。根据史料,钓船是从事渔业和运输的帆船之一,活动区域在浙江沿海,尤其是温州近海附近。20世纪前期的资料对"钓船"的船式进行了描述。日本拓务省拓务局的"南洋课"在1938年2月到4月对中国沿海的水产业进行了调查,从这个记录里可以看到浙江省渔船的情况:

> 浙江渔船皆为木造帆船,赖于风力或者人力航行,皆无钢铁制轮船。而且使用目的不尽相同,有各种各样的特殊构造,有以下几种类别……[1]

这个调查资料列出了大对船、小对船、大钓船、小钓船、流网船、大莆船、冰鲜船、舢板八种类别[2],全部都是帆船。该资料对其中的大钓船有如下记载:

> 母式延绳渔船船内搭载数只小艇(小船),出远海捕鱼。渔捞作业全部用小艇(小船)完成。母船只用来贮藏渔获物及往返渔场。此种渔船多在渔期由福建省出渔,极少有居住于浙江省的人,浙江省人中几乎没有这种渔业经营者,此处对此省略。[3]

如上,在渔猎活动时大钓船以母船的形式被使用,大钓船的经营者好像多为福建人,浙江人极少。

与此相对比,对小钓船的描述是:

> 本船式延绳渔船由福建省传来。其构造坚固,耐航力大,因此浙江人加以模仿,在各所兴起经营,全省有一千只。船长约三丈六尺。[4]

可见,小钓船多由福建制造,在构造和耐久性上有优势,所以浙江人模仿其造船法,也制造了很多钓船。1930年代,这一地区大约有小钓船1000只。船的全长约3丈6尺,由此可知钓船的长度约为10米。

此外,在该书的《浙江省渔船图》中可以看到"小钓船"的构造图。

---

[1] 拓务省拓务局:《中南支那方面に於ける水产事情》载《海外拓殖事业调查资料》第四十辑,拓务省拓务局,1938年,第213页。
[2] 拓务省拓务局:《中南支那方面に於ける水产事情》,第213～214页。
[3] 拓务省拓务局:《中南支那方面に於ける水产事情》,第214～215页。
[4] 拓务省拓务局:《中南支那方面に於ける水产事情》,第214页。

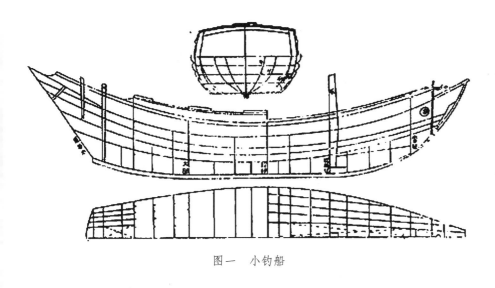

图一 小钓船

以下将对这种钓船从清代到 20 世纪前半期的活动情况进行考察。

二、清代中晚期浙江沿海的钓船

有关清代活动于中国沿海的钓船有一些记载。如《高宗实录》卷一五七乾隆六年(1742 年)十二月下条记载:

> 兵部议覆,浙江提督裴铖奏……又奏浙省水师,用头号水艍船,二号赶缯船,三号双篷船船,四号快哨船,船身俱大,浅途汊港势不能到。宁波各县有钓船一种,船身四丈,面梁六尺五寸,一橹两桨,不论风之顺逆,驾驶如飞。臣前任定海,率同官员捐备十一只,稽察巡查,甚为便利。请于水师各标营额设战船外酌派钓船二只,亦应如所请。从之。[1]

可见,在乾隆六年时,浙江省的水军兵船新采用了钓船。在当时的宁波府治下拥有很多钓船。该种船只的构造是船身长 4 丈,约有 13 米左右,船体宽 2 米多。无论顺风还是逆风,都能保持较快的速度。

《高宗实录》卷七三三乾隆三十年三月下条记载,在浙江定海钓船被用作水军兵船。

> 闽浙总督苏昌奏,浙江定海镇三营,额设头号水艍大船十四,巡船三,钓船十二。大船每年分巡统巡及运载饷米,应用有余,可裁二。巡船不若钓船

---

[1]《清实录》第 10 册,中华书局,1985 年,第 1247 页。

驾驶便利，请裁去巡船，添造钓船六，于各处沿边口岸，分防巡缉。得旨，如所议行。[1]

可见，浙江省的巡船因在航运能力方面不如钓船而被申请裁减，与此相对，钓船数量被申请增加。

《高宗实录》卷一〇八六乾隆四十四年七月上条记载：

> 谕军机大臣等：据王亶望奏，福建钓船蔡葵，在一江山洋面被宁波乌艚船数十人口称失物搜赃，殴杀一十六命，抢去钱文衣物。已将首夥各犯傅廷贵等五十三名全行拏获，现在提省审拟一折。[2]

可见，在浙江沿海福建的钓船遭到了宁波乌艚船的袭击。《宣宗实录》卷三一道光二年（1822 年）三月甲子条中也有涉及钓船的记载：

> 谕军机大臣等：庆保等覆奏巡缉海洋事宜一折。据称各船进出俱令汛口登簿查验，饬令沿海各州县随时瞭望，以杜兵船收泊内港。其港汊口岸悉派兵役驻札。按旬查点烟户门牌，并于闽浙毗连洋面互相詗察等语。近年时有海洋行劫之案，必当认真查拏，毋致养痈贻患。该督等所奏稽查巡缉各事宜，均着照所议办理，至拟于兵船之外，添雇捕鱼钓船，扮作平民诱缉之处，所谓舍本就末非实力缉捕之道。闽省出洋兵船六十五号，浙省出洋兵船九十号，声势足资联络。若复添雇鱼船于巡防未必有益，行之日久，必致有名无实，甚或宵小混迹及夹带应禁军火器物，淡水米谷出洋，转滋流弊。该督等惟当督饬闽浙两省文武员弁，不分畛域巡查防范，随时认真侦缉，以期洋面肃清，地方一律安静，将此谕令知之。[3]

作为沿海防备的巡视船，兵船的数量有所不足，因此在兵船之外，渔船和钓船也被用做巡视使用。乾隆五十六年五月初九兵部尚书兼都察院右都御史总督觉罗伍拉纳的题本中这样写道：

> 兵部尚书兼都察院右都御史总督福建浙江等处地方军务兼理粮饷盐课臣觉罗伍拉纳谨题为查参武职疏防事：据浙江按察使司按察使姜开阳详称，查得闽省柁工邓再呈报船户吕万金在太平县所辖积谷山外洋被劫一案。缘邓再系福建同安县人，有伊外甥陈阿全顶认船户吕万金之名，在籍领照置有钓船一只，雇配柁水出洋采捕。乾隆伍拾伍年拾月贰拾柒日，船至积谷南首

---

[1]《清实录》第 18 册，中华书局，1986 年，第 79 页。
[2]《清实录》第 22 册，中华书局，1986 年，第 589 页。
[3]《清实录》第 33 册，中华书局，1986 年，第 555～556 页。

外洋,忽遇匪船陆只,驶椗约匪叁拾余人,过船将船户人等赶殴下仓。惟邓再壹人钉在后仓,即将人船一并劫驶。至拾壹月初肆日,邓再饥饿,恳求盗匪将伊抛在杉板小船内,于初陆日上岸,其余人船均无下落。[1]

邓再属福建同安县人,他的外甥陈阿全用船户吕万全的名义在同安县取得船牌,并置办了一只钓船,雇佣了舵手,出海捕捞。但是乾隆五十五年十月二十七日他们在积谷南首外洋附近遭到六只海盗船的袭击。可见,这里所使用的钓船主要用来从事海洋捕捞作业。

乾隆六十年八月初六觉罗吉庆的奏疏中这样写道:

> 兵部侍郎兼都察院右副都御史巡抚浙江等处地方提督军务世袭散轶大臣骑都尉臣觉罗吉庆谨题为特参疎防文职事:据署按察使事杭嘉湖道秦瀛详称,案查临海县通详镇海县船户朱瀛洲、赵万顺在临海县圣堂门内洋被劫一案。缘朱瀛洲、赵万顺均籍隶镇海,朱瀛洲有钓船一只,领给牌照,配水手朱三才等帮驾。乾隆伍拾玖年拾贰月拾壹日,在黄严县揽装袁洪顺白油八十块,周恒元白油七十六块、靛青六十四件,于拾叁日由临海县海门关挂验出口。赵万顺自置钓船一只,领给牌照,配水手严发财在船帮驾。伍拾玖年拾贰月拾壹日,在黄严县揽装恒元号白油八十块、大小靛青五十七件,于拾肆日亦由海门关挂验出口,因风色不顺与朱瀛洲之船同泊圣堂门内洋。至拾陆日夜一更后,被匪船两只将朱瀛洲等两船带至圣堂门外过船,将船内白油等物抢劫……[2]

从以上的记录可以看到,属镇海县船籍的朱瀛洲的钓船及赵万顺的钓船,受商家和商人的委托承担货物输送。这是钓船被用于运输的明确记载。

嘉庆七年(1802年)三月十四日阮元的题本中这样写道:

> 兵部侍郎兼都察院右副都御史巡抚浙江等处地方提督军务臣阮元谨题为特参疎防文职事:据按察使司按察使阿礼布详称,案查宁海县通详船户张开太呈报在洋被劫人船衣物一案。缘张开太系镇海县人,租得钓船一只,合伙蔡士壮等十人在镇海关挂号出口,赴洋探捕。嘉庆伍年贰月初贰日夜,船至宁海县所辖武曲水西湾内洋,遇有盗船,先用乱石掷打船户,张开太畏惧,与伙伴齐太等六人跳下脚船,逃避上岸,被盗将船只衣米等物,并蔡士壮、郑思困、王成何、启柱等四人掳劫,而逸事主报县会营勘讯通详,奉批辑究详参等因……[3]

[1] "中研院史语所"藏明清史料,档案号:055520。
[2] "中研院史语所"藏明清史料,档案号:063968。
[3] "中研院史语所"藏明清史料,档案号:111009。

镇海县的张开太雇佣了一只钓船，与蔡士壮等十人合伙"赴洋探捕"，也就是出海从事渔捞活动。嘉庆五年二月初二夜，该船在宁海县所辖的武曲水西湾内洋遭到海盗船的侵袭。

道光十七年的《治浙成规》卷三《浙江省查禁运米出洋章程》对钓船的航运状况做了如下描述：

> 浙江等处承宣布政使司、浙江等处提刑按察使司、浙江分巡杭嘉湖海防道、浙江分巡宁绍台海防道、浙江分巡温处海防道为咨会事：嘉庆十四年九月十六日奉巡抚部院蒋牌开，嘉庆十四年九月初七日准江南河院吴咨前事等，因到本部院行司查照粘钞来文事，理即将咨会覆奏，江苏上海关禁，以杜米石偷漏，并浙江海宁州之长安镇地方，亦系向来偷贩出洋之薮，近年亦未必竟能禁绝一折。……又每届秋冬，有宁波象山定海一种小钓船，贩载山茹带鲞，进口沿海，投行售卖，经海盐县之黄道关，验明船照，放行卖毕，开船出口，向系责成该地塘汛员弁巡查，应再重申例禁，严饬实力查办，并于小桥头、杨家渡、圣帝殿三处添派佐杂一员，往来巡查；黄道关添派佐杂一员，会同汛弁查缉，以昭周密。

从以上的记录可以看到，宁波及象山、定海等浙江省东北沿海海域有小型的钓船航行。这些钓船运载蔬菜和海产物前往沿海各地贩卖。可见，这些钓船是在浙江省沿海从事渔捞活动和货物输送等活动的船舶。

王定安《两淮盐法志》[1]卷六三《转运门》载：

> 光绪八年三月，湖北督销局候补道程桓生禀：遵查鄂岸见在情形，自川淮分界，仅武汉、黄德四府行销南盐。此四府中向称旺销之地，而从前边界缉私甚力，州县考成甚严，今昔情形不同……从上海装入轮船，及挂洋旗之夹板船、宁波钓船，由长江径驶汉口，侵入武汉腹地。职道前禀，准在镇江关设洋扦手查验轮船夹私，并请于江汉关南关派员查验宁波钓船夹板携带之私。虽镇江关迭经报获私盐，江海关缉获者亦复不少。

可见，位于长江中游的武汉周边是盐消费量非常高的地区。这些地区本来就是淮南盐的贩卖区。由于淮南盐运入不足，所以私盐通过各种途径运来该地区。作为输送手段来说，一般是轮船、西式帆船以及宁波的钓船。宁波的钓船承担了盐由长江下游往中上游地区的运输。

《两淮盐法志》卷六四《转运门·缉私六专缉轮船钓船带私》载：

> 咸丰十一年九月，盐政曾国藩咨行总理各国事务衙门：查外洋轮船由上

---

[1]　清光绪三十一年刻本。

海驶至汉口者渐多，上下往来，一日千里。奸商往往雇民船载货，系于其后拖带以行，借免课税。盐、茶为货税大宗，饷源所赖，请照会上海洋商毋得揽带民船货物。……常有宁波钓船上有洋人运盐来境售卖，该处四远居民纷纷挑运结队而行，毫无畏忌。外委以事干盐务未便预闻，若不禀明又恐人众滋事，理合先行声明等情。查该处向非镇市又无盐店，兹宁波钓船运盐入境，在于孤僻之地售卖……查洋人在内地贩运食盐本干例禁，前因宁波钓船装载岱私连樯越卡，往往于下游江面一带肆行洒卖……惟宁波钓船，由大江沂流而上，必须经过各厘卡及各水师汛地。应请通饬一体查拏，凡系宁波钓船务须认真稽查，不准运盐上驶，傥经拏获立将人盐并解宪辕，从严惩办。并行知各国领事官，严禁洋人不得在内地贩盐，经盐政马新贻批查洋人不准在内地贩运食盐，载在条约，例禁綦严。兹据禀宁波钓船装载岱私，恃洋人为护符，竟敢驶至鄂省之石板滩等处江面肆行洒卖。

宁波的钓船将舟山群岛岱山生产的海盐运送至汉口地区进行贩卖。由此可见，宁波的钓船是既可以在海洋航行，也可以在长江航行的船只。

上海的《申报》对温州近海海盗的报道也有很多。如《申报》第 13484 号（1910 年 8 月 22 日，宣统二年七月十八日）中的《会议规复长江钓船利益》中这样写道：

弛禁长江钓船建议案，由咨议局呈请，抚院咨商江督查复等情，迭志本报现功业道董观察，据调查钓船委员王令廷杰禀称，知县驰赴宁波、镇海、定海、象山、台州、海门、温州等处。查得原有钓船约五千艘，舵工、水手近十万人，现存者约有千只，而能往长江一带贸易者，共计一百八九十艘。皆由江苏封禁，钓船无以为生，以致日形减少，查钓船营业以米木为大宗，猪只纸货次之，板炭杂木冰鲜又次之。其往长江者大半运木，前年运米而回。自镇江禁米，无货可以运回，故失业甚多，莫不日盼弛禁。如禁例一开……自可蒸蒸日上，以收沿岸贸易之利，查镇江、上海等处，能否弛禁在江苏辖境权限之内，本省未便擅主，特移商藩司颜方伯妥议详办矣。[1]

1910 年以前，在江苏省和浙江省沿海以及长江流域活动的帆船是钓船，原有超过 5000 艘的钓船，仅舵工和水手就达 10 万人。到 1910 年左右，钓船减少到 1000 艘，航行于长江流域的只有 180～190 艘。这些钓船很多是从宁波到温州的江浙钓船，运输的货品有米谷、木材、生猪、纸类以及作为燃料的木炭和木柴，还有用冰冷冻的鲜鱼等等。钓船还航行到作为米谷集散地的镇江。

---

[1]《申报》第 107 册，上海书店影印，1982 年，第 858 页。

三、民国初期浙江沿海的钓船

《申报》第 16686 号（1919 年 8 月 2 日）的报道《杭州快信》载：

> 温州江兴发钓船漏米出洋，经瓯海道尹派员会县截获。讯据船户江金沐供认不讳，将所有米石悉数枭价充公……[1]

温州钓船由于没有政府许可而秘密运输米谷，受到处罚。

《申报》第 17338 号（1921 年 5 月 31 日）的《温州钓船索赔之浚浦局覆函》载：

> 旅沪温州同乡会，因于本月二十日有温州钓船金德兴号被浚浦局小轮撞翻爰函致浚浦局要求赔偿。兹经该局海工程师函复，同乡会略称。本月二十一、六日两奉来函，为尊处钓船与本局利华小轮，于五月二十日，在洞沙洋面相撞一事。其所述各节中，有四千二百元之要求，既闻命矣。今鄙人有不能已于言者。查尊局相撞之报告，与本局当时管轮员之报告，互有不同之点。据该职员报称，谓尊处老大，值极易避险之地，而偏至于相撞，并闻尊处钓船，本非新船，无论如何，在此相撞之时，所云三千元之价，值断无此钜，因报告情形，既有不同之点，即要求之数，亦不符合。盖此数已越出于估计之外，如所云四千二百元之要求，则本局碍难允许也。即希转知云云。[2]

温州钓船"金德兴号"与属于上海浚浦局的小型轮船"利华号"在洞沙洋面发生碰撞而沉没，并因赔偿额问题而起了争执。从这段报道看温州的钓船曾在上海航行过。

《申报》第 17342 号（1921 年 6 月 4 日）的《浚浦局允赔温州钓船代价》提到了对前文所述的碰撞事件的处理结果：

> 旅沪温州同乡会前接浚浦局海工程师覆函，以温州钓船金德兴号被浚浦局利华小轮在洞沙洋面相撞一事，双方报告互有不同，该钓船老大值极易避险之地，而偏至于相撞，且船非新船，所要求四千二百元之价值，断无此钜，本局碍难允许云云。当经该同乡会转知该钓船去后，兹闻此事经浚浦局与该同乡会迭次磋商海工程师，业已允赔二千四百元之代价，双方业将允洽

---

[1] 《申报》第 159 册，第 531 页。
[2] 《申报》第 170 册，第 537 页。

当可和平了结云。[1]

有关钓船和浚浦局小型轮船碰撞沉没一事，温州钓船"金德兴号"因为不是新船，仅获得了 2400 元的赔偿。

有关进入 20 世纪之后浙江沿海钓船的事例，可以参见相关报纸。《时事公报》[2]1922 年 10 月 26 日有一篇名为《苏浙洋面盗氛猖獗之警报　掳人越货不一而足》的报道：

> 宁波外海水上警厅昨据乍浦商会代电称……又由温装载纸货之金顺康钓船，亦在该处遇盗，与盗对敌数小时，互相开枪数十响，临敌时，盗用浸湿棉被护身，顺康船则用纸捆遮挡子弹，随行随敌，当盗船围攻金顺康时，乘隙得逃之船不少，又官盐船金震丰等四艘，由浏□卸空回浙，过淞不及百里之洋面，亦见数盗船掠劫他船，遂各纷纷转舵回淞，又前数日发南风时，各钓船被劫者多至十余艘，并有掠去充作盗船者，致浙宁货船百余艘，皆停泊淞口，不敢启椗，以待护商巡船到时，方可回浙，又二十三日午刻，金祥丰、金长源、金万兴、金恒源、金财源等各钓船，由宁卸却猪只，空船抵淞。经过鸭窝沙洋面，被盗船追赶至离淞四十余里，幸皆空船，行驶较速，未被追上。

由温州始发，运载纸张的金顺康的钓船遭遇了海盗。[3]而且，与此相同的十几只钓船也遭受到海盗的袭击。

1922 年 11 月 17 日的《时事公报》上有一篇关于钓船的报道：

> 宁波钓船金祥春号，于月之四日，在离吴淞口外七八十里铜沙洋面遇盗，将全船人货悉行劫去等情，已□纪本报，兹悉该钓船为海盗掠至温台交界之海门某海滨后，即嘱该船舵工，就近通报温州某坐号，速□备银千两往赎，该坐号得悉后，一面电催船主张连生速赴温州议赎回人船办法，一面由某坐号电禀外海水警厅，业派永定警跟之至海门某港，侦查该船下落及海盗巢穴，以便截捕云。

可见，宁波钓船"金祥春号"在离吴淞口七八十里的外洋海域铜沙洋面遭遇海盗，被海盗掳至温台海域。

1922 年 12 月 4 日的《时事公报》中有一篇名为《渔民苦盗请兵之急切》的报道：

[1]　《申报》第 170 册，第 610 页。
[2]　《时事公报》，1920 年 6 月创刊于宁波，本论文据宁波大学专门史研究所所藏复写版。
[3]　松浦 章著，陈小法译：《20 世纪 20 年代的浙东沿海海盗》，载《浙江海洋文化与经济》第
　　　3 辑，海洋出版社，2009 年，第 1～19 页。

宁波外海水上警察厅,昨准定海县公署咨开。据大军山保卫团团总刘元魁呈称,海氛日炽,商民待毙,叩恳转咨速派帮船兜缉,以利交通,而维民命事,窃大羊山四面环海,非舟莫渡,近来盗匪,以羊山附近之小山为巢穴,四面环劫,寸步难行,前经呈请转咨派轮缉捕,迄今未奉酌派来羊,伙盗船三艘,两只荷叶尾,每只约载千余担钓船,一只盗匪约五六十人,于本月八日下午八时,胆敢驶至羊山南面,于潮水涨时,鸣号开枪,力图登岸,团总等率带团丁,拼命抵御,约战□小时之久,盗势不支,退往山塘停泊。

浙江沿海大羊(洋)山近海是海盗船常常出没的海域。其中有海盗船 3 只,这些船都是可以搭载 1000 余担的钓船,一艘可以搭乘 50～60 人。

1923 年 5 月 25 日的《时事公报》中有一篇名为《江浙交界海盗之猖獗　迭出掳掠人船案》的报道:

浙省钓船户金庆赉,装载沙石运沪销售。于夏历本月初六日,行经江浙交界渔山洋面,突遇海盗船数艘拦住去路。各盗持械登舟,将人船并掳。又某沙泥船主庄连生及沈理苏亦被掳去。尚有被掳舟主并伙友之三船已经释放,于昨日进淞将情告知延庆公所与蓬莱公所,请具呈江苏水警厅四区。昨日已派钧和巡舰放洋追捕,闻拟再派海鹰轮船放洋协捕云。

浙江的钓船船户金庆赉搭载砂石往上海贩卖,在江浙交界的渔山洋面遭遇了海盗侵袭。

小　　结

本文主要论述了从乾隆中期也就是 18 世纪中叶开始,以浙江沿海为主要活动区域的钓船的情况。如文中所记载的,多数的钓船主要被当作运输船和渔船来使用。1910 年以前,在江浙沿海及长江流域活动的钓船曾超过 5000 只,有舵工和水手等 10 万人。但到 1910 年时钓船减少到 1000 只左右,在长江从事航运的钓船仅 180～190 只。钓船多在温州和宁波等地的沿海进行活动,多用来运送米谷和木材,以及生猪、纸类、木炭、木柴和冰冻鲜鱼等,部分船只还去往米谷的集散地镇江。

如果总结清代到 20 世纪前期钓船的航行区域,主要有福州、温州、台州、宁波、上海等沿海海域以及长江流域。可以说,温州钓船所承担的航运任务主要是将温州产的木材、纸类以及生猪等运往上海。

（翻译:杨蕾　山东师范大学历史与社会发展学院讲师;
　　　王竹敏　成都理工大学外国语学院日语系讲师）

The Activities of Fishing Vessels(Diao Chuan) in the China East Sea during the Qing Dynasty

Abstraet: Sand ship(Sha Chuan), Bird ship(Niao Chuan), Fujian ship(Fu Chuan), Canton ship(Guang Chuan) was known as four ships so-called Junks during the Qing Dynasty. They known to everyone in China's coastal shipping activities. But in addition to these four ships sailing outside of their specific shipping activities, the results of the previous study is not too much. This article will focus on historical scattered late Qing Dynasty in the "fishing vessels(Diao Chuan)" to be discussed. According to historical data, it is engaged in one of ships sailing fishing and transportation, in coastal Zhejiang, especially near Wenzhou offshore activity area. Information on the early 20th century, "fishing vessels" junks type was described. The following will inspect these fishing vessels from the Qing Dynasty to the first half of the 20th century activities.

Keywords: Qing Dynasty, Fishing Vessels, Shipping Activities

唐朝海上交通与贸易

——以长沙窑贸易瓷为线索的考察*

王怡苹**

摘　要:唐朝是中国与西方对外贸易由"陆上丝路"转换为"海上丝路"的重要历史时期。而在中世纪的海上贸易热潮中,数量最多、影响最大、覆盖面最广的商品实属中国的瓷器。"黑石号"是罕见的唐朝古沉船,它为世人揭开了唐代海上丝路的贸易面貌、所航行的路线与海上据点。沉船上装运了约 6 万件长沙窑贸易瓷,占船内物品总量的 90%,现代定名的长沙窑虽名不见史书记载,也仅有200 多年的流行期,但开创了中国瓷的釉下彩、釉下彩绘等多项制瓷工艺,在唐朝南北的窑口中展现了融合中西文化后的贸易瓷产品,留下了难以磨灭的历史痕迹。

关键词:唐代　海上丝路　外销瓷　长沙窑

前　　言

　　唐朝(公元 618～907 年)是中国历史上国势鼎盛的时代,《通典》卷一八八《边防四》载:"大唐贞观以后,声教远被,自古未通者,崇译而至,又多于梁、隋焉。"[1]在"安史之乱"前,东西之间的贸易与文化交流多赖汉朝开通的"陆上丝绸之路"[2],天宝十四年(755 年)的"安史之乱"爆发后,当时位于边疆的吐蕃乘机控制了陇右和河西,大食则借机占据了中、西亚,使得中原与西域之间的陆路贸易因战祸连绵而"道路梗绝,往来不通"。同时期,北方亦因受到战事的波及,国内的经济重心由北开始南移,东南沿海地区受到重视且发展迅速,出现了如扬

---

　*　此篇为华侨大学哲学社会科学青年学者成长工程个人项目成果,项目编号:12SKGC—QG18。

　**　作者简介:王怡苹,华侨大学华侨华人研究院助理研究员。

[1]　(唐)杜佑:《通典》,中华书局,1998 年。

[2]　1887 年德国地理学家李希霍芬将丝绸之路的开通定于张骞出使西域的公元前 114 年,首次提出"丝绸之路"一词。

州、明州、广州等新兴的商业和贸易城市,据《大唐西域求法高僧传》记载,在公元641～689年共有60位高僧西行求法,其中从海路到印度者有38位。另外,敦煌323石窟的南壁绘制了唐初的合浦城、交州城,反映了唐代高僧利用海上交通渡海求法的盛况。

开元十年(722年)广州始设市舶使[1],成为唐朝海上对外贸易的最大口岸。唐德宗初年王虔休的《进岭南王馆市舶使院图表》言:"奉宣皇化,临而存之,除供进备物之外,并任蕃商列肆而市,交通夷夏,富庶于人。"[2]天宝年间的广州"江中有婆罗门、波斯、昆仑来船,不知其数。并载香药珍宝,积载如山。其船深六七丈"。[3]当时的广州蕃商云集,舶来品奇珍充市;扬州、明州则在唐朝与日本的经济、政治、文化交流上成为了重要门户。唐初时日本派赴的遣唐使多从山东登州上岸取陆路觐见。《新唐书》卷二二〇载"新罗梗海道,更繇明、越州朝贡"。公元702年后日本遣唐船取道南岛、南路航线往返,初期由扬州出航至长江口或从明州等海港出海,东越东海到日本南部列岛,再沿日本西海岸上溯北行到达京畿;8世纪后待季风转为顺风时,由值佳岛横渡东海直航杭州湾或长江口岸并在处州、明州、扬州等处登岸。著名的航海家张支信于唐宣宗大中元年(847年)率海员37人,6月22日由明州望海镇启航,24日即抵达日本肥前值佳岛那溜浦,历时3天创下了中日帆船史上最快的航行记录。扬州、明州等东南沿海商贸城市,自唐中后期开启了中日间贸易和各项交流的快捷航线,成为了中国海上丝路东端重要的连接站。

考古材料的发掘与学者的研究证实,唐朝的造船技术继承了前朝的成果。隋唐时的发明如沙船、水密分舱、铁锚和船底涂漆等,进一步提高了船舶制作的质量水平。贾耽的《皇华四达记》记载,唐时的"入四夷之路与关戍走集最要者"有通道七条,其中的"二曰登州海行入高丽渤海道"、"七曰广州通海夷道",详细记述了山东登州到日本,广州经越南、马来半岛、苏门答腊、印度、斯里兰卡到波斯湾沿岸各国的航线与航程,以及沿途几十个地区和国家的名称、方位、岛礁、民俗、山川等内容。另外,唐宝应、大历年间(公元762～779年)窦叔蒙著述的《海涛志》,则是现在留存的中国古代第一份潮汐学方面的专著,是唐人克服自然气候问题和优良航海技术的展现,体现了中国与西方的贸易交通重心从陆路向海路的转变。长沙窑生产的贸易瓷是唐朝海上丝路兴起的最好实证之一。

一、"黑石号"与唐朝海上贸易

目前考古发现与打捞的海底沉船多为宋或宋朝以后的,唐朝的古沉船则非

[1] (清)董浩等编:《全唐文》卷三七一,中华书局,1983年。
[2] 〔日〕真人元开著,梁明院校注:《唐大和上东征传校注》,广陵书社,2010年。转引自林萌:《关于唐、五代市舶机构问题的探讨》,《海交史研究》1982年第4期。
[3] 林梅村:《丝绸之路考古十五讲》,北京大学出版社,2006年。

常罕见。一件刻有"唐代宝历二年"纪年铭文的出水贸易瓷能否揭开埋藏了千年来的秘密呢?

　　1998 年,德国人 Tilman Walterfang 在东南亚海域潜水时,发现了沉没于距印度尼西亚勿里洞岛(Belitung Island)海岸很近的一艘古船。专家据地形分析认为,该船因撞击到海中黑色礁岩而失事。因此,古沉船被命名为"黑石号"(Batu Hitam)。经过 1998 年到 1999 年 6 月的打捞,发现了沉船内装载的约 6万多件古代贸易商品。据谢明良先生研究,出水的文物包括金、银、铜、铁、铅等金属制品,骨、木石、玻璃制品和各类的香料以及陶瓷器等。海德堡大学陈玉秀女士据器物上的纪年铭文判断,出水文物的年代多数为 9 世纪初期到中期,而"乾宁五年(898)"刻款的铭文砖证实,"黑石号"就是唐朝 9 世纪航行于东南海上的贸易船,航行的目的地应是波斯著名的国际贸易港口尸罗夫(Shiraf)。[1]

　　关于黑石号的启航时间和地点,学者普遍认同它是在唐朝晚期从对外贸易繁盛的扬州解缆启航的。这艘装载着大量中国商品的船,沿着大陆边缘的海域航行,并在季风引导下行船至苏门答腊西南方的格拉萨海峡,但不幸在唐朝时属三佛齐国古称"麻逸洞"或"麻逸同"、"麻逸栋"的勿里洞岛[2]海域触礁沉没。船舱中装运的最大宗商品是陶瓷产品,其中有湖南长沙窑(约 56500 件)、浙江越窑(约 200 件)、河北邢窑(数百件)、河南巩县窑(约 200 件)和广东窑系等瓷窑场所烧制的贸易瓷。其他文物则有精致可媲美 1970 年西安何家村唐代窖藏的金银器 30 多件。其中八棱胡人伎乐金杯高 10 厘米,比何家村出土的两件八棱胡人金杯(高分别为 5.2 和 6.4 厘米)的尺寸还略大些。另有金箔 2 公斤、18 枚银挺和 30 件青铜镜,银铤单件重达 2 公斤,铜镜中有带"乾元元年戊戌十一月九日于扬州杨子江心百炼而成"铭文的江心镜,实属罕见。除商品外,出水文物还有当时船上乘员的个人物品,有玻璃瓶、漆盘(残)、象牙制游戏器具和砚、墨(残)等。

　　黑石号沉船除了让世人窥见唐朝对外贸易的冰山一角外,还成为了学界的研究议题:唐代贾耽(729～805 年)的《古今郡国县道四夷述》、《皇华四达记》中有关于对唐代海上贸易通道的航线的考据,这一发现为海上丝路的研究提供了重要资料。该船装运了 5 万多件长沙窑釉下彩的产品,占了陶瓷产品总量的约90%,其数量为其他种类贸易瓷的 20～30 倍。这批贸易瓷上多有釉下彩绘,并饰以飞鸟、花叶、摩羯鱼纹、胡人等,与中国传统的纹饰不尽相同,可能是为了迎合国际销售市场。这若是一个惯例,那么就说明长沙窑釉下多彩瓷器的制作与纹饰设计创意在国外更受欢迎和流行。国内出土的一件越窑青瓷蟠龙罂(高37.8 厘米)上刻有"元和拾肆年四月一日造此罂,价值一千文",出土的一件青瓷盘口壶(高 47.9 厘米)上刻有"价值一千文",而长沙窑瓷壶(高 19 厘米)上刻的

---

[1]　谢明良:《记黑石号(Batu Hitam)沉船中的中国陶瓷器》,载《台湾大学美术史研究集刊》
　　　第十三期,台湾大学艺术史研究所,2002 年,第 1～59 页。
[2]　陈佳荣、陆峻岭、谢方:《古代南海地名汇释》,中华书局,1986 年,第 208 页。

为"五文"。两瓷壶大小相差不到 3 倍,价格却相差 200 多倍,足见二者在价格上的差距。另外,为什么长沙窑瓷器能成为唐代对外贸易瓷的主角之一? 为什么商船中采购的长沙窑瓷器的数量远远超过当时最有名的越窑和邢窑产品? 长沙窑瓷器是否以薄利多销、物美价廉的策略占有外贸市场? 这些疑问都值得深入研究。

二、长沙窑揉合了中西文化

(一)背景概述

现代才定名的长沙窑是一处不见经史记载的唐代民窑,如果没有 1956 年全国性的文物普查,湖南省长沙市望城县铜官镇的石渚湖一带大批彩绘瓷器的发现可能还要许久之后。1957 年,陶瓷界泰斗陈万里、冯先铭、李辉柄,划着小船沿湘江往北顺流而下,在距长沙三十余公里的湘阴与望城发现了古窑址群。古窑址群依山傍水而建,与古"岳州窑"系的"湘阴窑"相望。该窑址区面积广大,在自然地貌起伏的山丘上残存着很多窑包,在每处窑包周围又多有数座龙窑,形体逶迤壮观,极具历史意义和考古价值。古窑址群自北而南包括铜官、瓦渣坪、蓝岸嘴、长垄坡、石渚等地,面积约 30 万平方米,依山傍水而建的长沙窑由此进入了世人的视野之中。[1]根据出土遗物的器形、工艺特点,特别是器物上的文字和纪年铭文,学术界将长沙窑烧造的时间订于始于初唐,兴盛于中晚唐,衰微于五代,流行期有 200 多年之久,距今已有上千年。

9 世纪是长沙窑的兴盛时期。唐代诗人李群玉在《石渚》一诗中描述了湘浦口与洞庭湖一带烧造陶瓷的盛况:"古岸陶为器,高林尽一焚。焰红湘浦口,烟浊洞庭云。迴野煤飞乱,遥空爆响闻。地形穿凿势,恐到祝融坟。"[2]诗中的"湘浦口"就是今日石渚湖的新河与湘江交汇处,在蓝岸嘴一带。由诗句"高林尽一焚"可以体会当时巨大的市场需求量。以国内市场需求探讨,目前出土长沙窑瓷器的省份有陕西、河南、河北、湖北、安徽、江苏、广东、广西等地,但多集中于长江中游一带,长江沿岸与东南沿海地区也出土较多。[3]国内的长沙窑产品与国际订购的长沙窑贸易品有显著的差异:贸易品多有图案装饰,尤其是具有中亚、西亚特点的纹饰,如"埃及之花"等,而带装饰文字的极少。不过蓝岸嘴出土了数以百计的诗句壶,此类产品在国内也实属罕见,可能为当地人自创的产品,具有了长沙铜官特有的文化意识表达。此类以书写题记为装饰手法的瓷器,除了长沙窑以外,目前在日本(日本东京国立博物馆藏品—黄釉褐彩碗)、韩国等熟谙中国文字的国家亦有发现。[4]

---

[1]　长沙市文化局文物组:《唐代长沙铜官窑址调查》,《考古学报》1980 年第 1 期。
[2]　(唐)李群玉《石渚》,载《全唐诗》卷五六九,中华书局,1979 年。
[3]　长沙窑课题组:《长沙窑》,紫禁城出版社,1996 年。
[4]　刘静敏:《从题记论长沙窑断代之研究》,《逢甲人文社会学报》2002 年第 5 期,第 37~66 页。

这座位于中国东南腹地的古瓷窑址,在当时国内市场的销量和价格均不及青瓷,那么长沙窑的产品又如何成为唐朝贸易瓷的主角之一呢?经过对各地出土、出水文物的调查和研究可以发现,长沙窑的制作者或经销人利用了良好的自然地理条件与交通运输条件,为长沙窑的产品打开了一条国际贸易之路。唐代时铜官镇是湘江上的一个重要港口,长沙窑的大量瓷器都在此处装载上船,并沿着湘江经岳州过洞庭湖到达武昌,然后进入长江抵达扬州,并以此为集散地,等待外国商人前来选购,之后便装运出航销往世界各国。[1]而长沙窑贸易瓷的销路大致可分为两条:一条为东线,经由宁波、扬州,销往东亚的朝鲜半岛及日本群岛;另一条则先往南、再向西,销往东南亚、南亚、西亚及非洲等地。据不完全统计,国外有15个国家出土过长沙窑瓷器。由于扬州是两条线路的中转站,长沙窑瓷器上关于扬州的诗句也有不少,如"一双青鸟子,飞来五两头。借问舡轻重,附信到扬州"。"青鸟"是古代传说中的信使,"五两"是悬挂于船杆顶上的候风器,用五两(或八两)鸡毛做成,故名。从"附信到扬州"的探问实情看,捎信的人并非想问船体或船上货物的轻重,更多的是深恐小船"载不动,许多愁",以此表达自己殷切的挂念之情。在亚非的许多国家都出土有长沙窑釉下彩绘贸易瓷,说明它与当时的越州青瓷、定窑和邢窑白瓷同为中国海上丝路的重要商品。

(二)传统与创新

中国古代传统的审美观念对于色彩的追求因受礼制的规范和儒家、道家的影响,而多追求事物的内在美,这些反映到器物上,就瓷器而言,古人更重视釉的质感和色调。熊寥在《中国陶瓷美术史》中说:"青釉是一种富于冷静、幽玄情趣的色泽,它不仅适合儒家理想,而且与玄学所追摹的境界隐隐合拍。"另一方面,古人追求釉的玉质感,这又与儒家追求的君子之德不谋而合。唐朝受儒家熏陶的文人在赏瓷时,其审美标准即是如此:白瓷要类银类雪,青瓷应类冰类玉,因此"南青北白"的格局得以形成——北方是以邢窑为代表的白瓷系统,南方则为以越窑为代表的青瓷系统。

长沙窑初期的产品是以日常生活用器为主的青瓷,器形有碗、盘、杯、罐、盘口壶、灯盏等,器物多素面无花纹装饰,少数有釉下彩绘。在9世纪的兴盛时期,长沙窑生产的器物仍以生活用器为主,并以茶盏、碗、罐、执壶为多,釉色除了有青瓷外,同时还有少量的白瓷和极少的铜红釉瓷,装饰技法也趋于多样化,有刻、划、印、贴花,釉下彩、釉下彩绘,题字、题诗等;10世纪初期长沙窑逐渐衰落,前期盛行的釉下彩绘已不多见,纹样多为潦草的树木和山峦。[2]唐朝诗人刘言史在《与孟郊北野泉上煎茶》一诗中有"湘瓷泛轻花"句,"湘瓷"究竟是指岳州窑,还是长沙窑?不得而知。与刘言史几乎同时代的陆羽著有《茶经》三卷,提到

---

[1] 李军:《唐"海上丝绸之路"的兴起与长沙窑瓷器的外销》,载《中国古陶瓷研究》第九辑,紫禁城出版社,2003年,第294～301页。

[2] 权奎山、孟元召:《古代陶瓷》,文物出版社,2008年,第149～152页。

"碗：越州上，鼎州、婺州次；岳州上，寿州、洪州次"，及"越州瓷、岳瓷皆青，青则益茶"。因此学界普遍认为"湘瓷"即为"岳州窑瓷"，在唐朝的湖南，仅有岳州窑。而陆羽之言，透露了两点信息：其一，岳州瓷适合饮茶；其二，岳州瓷和越窑瓷一样，都属于青瓷的系统。据考证，早期的长沙窑瓷与岳州窑瓷如出一辙，在青瓷碗的胎质、釉色和造型上都有依据。至唐代中晚期，长沙窑开始出现异于岳州窑的改变，其品种种类、釉色、装饰等多可从中原地区找到渊源。以种类来说，在岳州窑中几乎看不到瓷枕，整个南方窑系中甚至都极为少见，而长沙窑中的瓷枕数量几乎是南方瓷窑之最，有方形枕、兽坐枕、腰形枕、元宝形枕等，这些样式都可在中原的河南地区找到母本。[1] 其成型工艺与中原也极为相似，都是用泥片粘结而成，其中一面留有出气孔。据此，有学者研究认为：755 年，安禄山在范阳发动叛乱，成为了唐朝由盛转衰的节点，从此中原陷入藩镇割据、军阀混战的长期动乱之中。据《旧唐书》记载，至德年（756～758 年）后，中原地区战乱频仍，很多百姓逃往江湘，导致荆楚以南的人口增长迅猛。南迁的人群中，自然也夹杂了大量窑工，他们也成为了长沙窑新技术发展的前提。

中原人口南下给长沙窑带来的不仅有制作陶瓷的技艺，还有诗歌文化。学者萧湘先生所著的《唐诗的弃儿》研究的便是题写在长沙窑瓷器上的诗歌。该书的后记写道："呈现在读者面前的这些诗，附于发掘出来的唐代铜官窑的破损瓷器上……这些诗，是货真价实的唐诗——唐朝人创作、摩写、烧制在瓷器上，而且未被任何后人传诵和改动过。它的不幸是随瓷器的报废，而被抛弃于荒野河滩，加之题于瓷器时，没有署题，也未署作者姓氏，初看都是没姓没名……有好事者，戏称为'唐诗的弃儿'。"[2] 萧湘先生所说的"弃儿"，便是那些随长沙窑文物出土重现于世的"瓷上诗"。比如这首诗："君生我未生，我生君已老。君恨我生迟，我恨君生早"，其讴歌的动人爱情，古乐府里没有，《全唐诗》中也没有，而是出现在一把再普通不过的茶壶上。另一首题在小瓶上："二八谁家女，临河洗旧妆。水流红粉尽，风送绮罗香。"除了爱情之外，异乡逆旅的题材，在长沙窑瓷器上也比比皆是。内容通俗而质朴，颇为动人，这些诗句，若收录于《全唐诗》或乐府诗中，应该也有机会为世人传颂。[3]

充满了创造性、趣味性的釉下多彩瓷器显然与传统的"南青北白"的单色釉瓷器不同，在 9 世纪的中国是不符合审美与流行标准的。长沙窑的纹饰装饰技法和日常用器的品种与式样之多，都是同时期其他窑口所不能及的。当地工匠（或称制作人）的创造力在罐、壶、瓷偶等上一览无遗，如器物的口、腹、系、流的部位随型变换，有多种实用、美观的式样；瓷偶玩具种类繁多，有狮、象、羊、猪、狗、鸡、鸽等，都捏塑的惟妙惟肖。许多实用的器物都会自书"器名"，如"油合"、"茶盏子"，或书定广告，如"湖南道草市石渚盂子有明（名）樊家记"。在蓝岸嘴已出

［1］　李建毛：《长沙窑研究的几个问题》，载《中国古陶瓷研究》第九辑，第 63～66 页。
［2］　萧湘：《唐诗的弃儿》，中国文联出版社，2000 年。
［3］　王怡苹：《长沙窑瓷：怒放在大唐的昙花》，《中华遗产》2011 年第 9 期，第 130 页。

土的长沙窑瓷器上，书撰了《全唐诗》中的上百首唐诗如杨师道的《南行别弟》、高适的《闺情》、白居易的《问刘十九》等，以及俚谣警语、童蒙俗谚等。这些附有题记的瓷器，除了几件是瓷盘和瓷枕外，大多为瓷壶。釉下彩题诗是在涂有白色化妆土的坯体上以釉写好诗文，然后再罩上一层透明釉入窑烧制，烧制完成的酒壶一般为淡青色釉，诗文则为黑色或深褐色字，字体有行书、楷书，也有草书。瓷壶有 10 多个品种，但题记装饰却只在形制为喇叭形口，大颈，六棱或八棱形短流，具有大圆腹的一个品种的壶上，另外亦题有"美春酒"、"美酒"、"酒醒香浓"等文字。长沙窑异于唐朝南北方窑口的创新有：(1)釉下彩的创作，丰富了中国"南青北白"的瓷器品种；(2)发明了最早的釉下彩绘，奠定了日后彩瓷的发展；(3)创制了铜红釉烧技术；(4)模印贴花技术的引进和创新[1]；(5)一器多釉彩的创新。无论是特殊的釉下彩，还是多样性的产品，长沙窑的瓷器还是无法打破中国传统的审美局限，所以从唐朝一直到近代，长沙窑创烧的陶瓷器都未曾出现于史册中。

（三）中西的文化交融

不被载入典籍，又与"南青北白"的传统喜好迥然相异的长沙窑瓷器，为何会大批量地出现在"国际商船"上呢？根据近年国内的考古发掘情况看，尽管各地都有长沙窑瓷器的出土，但数量有限，且大部分似乎都不是为国内民间需求定制的。长沙窑纹样装饰中的棕榈、椰子等南国植物，以及在热带风光陪衬下的动物，洋溢着南国的气息；还有连珠纹、葡萄纹、狮子纹、阿拉伯文字纹等西亚风格的纹饰。另外，还有奏乐人物纹、舞蹈人物纹等。在窑址出土的一件被画在穹隆状细纽的残件上，有一位金色卷发的异国少女，其额部发际处缀有三颗镶金绿宝石，颈上饰有珍珠项链，肩负一杆形鸟羽，面如满月，浓眉大眼高鼻，表情似惊似喜。另一瓷盘残片底心绘有域外的一男一女，他们依偎在一起。依三上次男先生在《唐末作为贸易陶瓷的长沙铜官窑瓷》一书中的研究，长沙窑的器形有："(1)安多耳型流和三耳、有贴花装饰的水注；(2)安双耳、以釉下彩装饰的壶；(3)单彩或二彩的釉下彩的钵、碟等三种。"这些在长沙窑遗址、宁波、扬州等处有大量出土的器形，多模仿自古代西亚的金属器。[2]

上述的装饰内容和制作工艺在同时代的其他窑口均属罕见，这不仅说明长沙窑主动接受了外销定制，甚至在定制过程中还有外商的参与。外销瓷的生产除了应用传统的制瓷技法外，还需要接受订制要求，中西文化间的交流与融合便显示在产品上。另外，长沙窑贸易瓷销售到国外后仍强力地推销中国瓷器，如在湖南省博物馆、长沙市博物馆均藏有书题"绝上"的执壶，在韩国出土的两件青釉褐彩贴花壶上，分别题有"郑家小口天下有名"、"卞家小口天下第一"。"黑石号"出水的一瓷碗上亦有"湖南道草市石渚盂子有明（名）樊家记"铭文，草市是指唐

---

[1] 袁胜文：《长沙窑模印贴花装饰研究》，载《中国古陶瓷研究》第九辑，第 225～232 页。
[2] 〔日〕三上次男著，宋念慈译：《陶瓷路》，艺术家出版社，1980 年。

朝因当地的某种特产而兴建的交易市场,盂子是这件器物的名称,而湖南道、石渚则表示地名。除了自我营销的广告攻势外,也呈现了当时属于中国的一种海上贸易文化。

结　语

"黑石号"沉入海底后不久,黄巢起义(公元 878～884 年)爆发,农民军席卷了现在的山东、河南、江苏、浙江、福建、湖北、湖南、广东、广西、陕西等地,沉重地打击了唐朝的统治,加速了唐朝的灭亡。当时的外国商人在贸易口岸的动乱中失去了货源甚至生命,中国的海外贸易遭受重创,也波及了以外销为主的长沙窑。公元 879 年,起义军攻陷潭州(长沙),长沙窑遭到致命一击。此时国运衰落,人人自危,陶工四散逃难,商业信用渐渐丧失。再往后,长沙窑陷于只顾数量不顾质量的内部竞争中,粗制滥造,口碑大大下降,迅速衰落,直至被掩埋在历史的尘埃之下。

不见史书记载的长沙窑,虽仅有两百多年的流行期,但其开创了烧制高温釉下多彩瓷器的先河,也确立了其最早烧制高温铜红釉瓷的鼻祖地位。长沙窑独特的装饰技法与工艺技巧揉合了东西方的特色,以釉下彩绘表达了一个时期的民间绘画艺术。长沙窑的文学创作亦是商品经济下新兴市民情趣的表露,是一种原汁原味的民间文学。唐朝时的国势强盛与海上对外贸易的开放,在长沙窑贸易瓷生产和销售中有充分的反映,体现了"海上丝路"的繁荣。长沙窑为国外"特别订制专门烧造"的国际贸易行为,在唐朝的南北窑口中是独树一帜的。

Study of Maritime Trade and Shipping during the Tang Dynasty through the Trade Porcelain of the Changsha Kilns

Abstract: Foreign trade during the Tang dynasty was characterized by an important transition from reliance upon the overland Silk Road toward the maritime Silk Road. Chinese ceramics had the greatest influence upon the rapid growth of maritime trade. The *Bitu Hitam* shipwreck, dating from the Tang period, contains about 60,000 pieces of trade porcelain, accounting for 90% of the total cargo. Most of them originated from the Changsha Kilns. Although no historical records exist on the kilns themselves, artifacts at the site show that they helped pioneer a number of designs, including the use of underglaze.

Keywords: Tang Dynasty, Maritime Silk Road, Trade Porcelains, Changsha Kilns

鸦片战争与日本"世界认知"的转化

——以江户时代"东西文化优劣论"的衍变为视角

魏灵学*

摘　要：西洋势力的到来与西方知识的传入，促使近世日本对于外部世界的认知不断嬗变。18世纪下半叶，日本的"东西文化优劣论"逐渐萌生，而鸦片战争作为近世以降西势东渐的一次高潮，促使这种思潮由"臆测"向"事实"演变。一方面，虽然尚没有彻底摒弃将西洋视为"夷"的传统思维，但幕府士人对于西方国家技术（器物）的优越性有了更进一步的认识。另一方面，对于东西方文化优劣的比较，开始影响幕府对外交涉的相关政策，"礼夷"、"通商"等主张相继出现，而所谓"东洋道德·西洋艺术"的言论，或可视为明治时代"和魂洋才"的先声。

关键词：西商东进　西学东传　鸦片战争　江户时代　日本的世界认知

研究综述

　　鸦片战争作为近世以降西势东渐的一次高潮，是中国乃至整个东亚历史进程中的一次"地震"。[1]正如日本学者增田涉指出的："日本以鸦片战争为契机转换了历史大方向……幕府终于不得不踏上开国之路，从而决定了日本以后的方向。"[2]鸦片战争对日本的影响，长期以来为学界所关注，并已经积累了一定的研究成果，因此对此课题的学术史进行回顾乃是研究的首要之务。

---

　　*　作者简介：魏灵学，复旦大学历史系博士研究生。

　[1]　史学界一般将鸦片战争作为中国近代史的开端，但应当注意的是，亦有学者对这种说法持怀疑态度。例如中国学者朱维铮指出：其一，所谓"两炮论"具有太过明显的"被现代化"的逻辑；其二，林则徐与魏源之前已有"西学东渐"，怎可谓是鸦片战争使中国"开眼看世界"；其三，中国前近代的历史脉络中依然隐含了"自改革"的要素。关于这一问题，参见朱维铮：《走出中世纪（增订本）》，复旦大学出版社，2008年，第1～51页；朱维铮：《重读近代史》，中西书局，2010年，第5～7页；朱维铮：《导读·晚清的"自改革"与维新梦》，载《维新旧梦录》，三联书店，2000年，第21～72页。

　[2]　增田涉：《西学东渐与中国事情："杂书"札记》，岩波书店，1979年，第23页。

鸦片战争虽然发生在中国，但却震动了整个东亚，而对日本的影响尤为显著。显然，中国的学者也注意到了这个问题。中国学界针对此课题的研究肇始于 20 世纪 80 年代。

1982 年，南昌龙发表《十九世纪四五十年代英国的对华侵略与日本开国》一文，是为开先河之作。[1] 1985 年，日本学者大谷敏夫所撰《〈海国图志〉对幕末日本的影响》一文被译介到国内学界。[2] 1986 年，王晓秋撰《鸦片战争在日本的反响》[3]，随后又于 1990 年发表《鸦片战争对日本的影响》一文，此文从"日本人关于鸦片战争的情报"、"日本人对鸦片战争的描述"、"日本人对鸦片战争的认识"、"《海国图志》的影响"四个角度出发，可以说为国内学界之后的研究指明了基本方向。[4]

继王晓秋之后，国内学界的研究主要从两个方面展开。

其一为进一步探究鸦片战争对日本文明进程的影响，代表成果有：黄维民《略论鸦片战争对近代日本民族觉醒的影响》[5]、马约生《论明治维新前夕中国在日本外部世界认识中的作用》[6]、崔昆仑《试析鸦片战争时期日本士人的中国观》[7]、李艳飞《德川幕府末期日本对海外信息的搜集》[8]、宋威《鸦片战争对中日两国的影响》[9]等。其二为进一步探讨《海国图志》一书对于幕末日本的影响，代表成果有：李存朴《魏源的〈海国图志〉与日本的"海国图志时代"》[10]、刘长庚《〈海国图志〉在中日两国不同命运探析》[11]、胡志强《〈海国图志〉与中朝日近代启蒙思想》[12]、罗立东《晚清的内忧外患与日本近代化》[13]、刘勇《十九世纪五六十年代〈海国图志〉在日本的传播和影响研究》[14]、赵坚《汉

[1]　南昌龙:《十九世纪四五十年代英国的对华侵略与日本开国》,《外国问题研究》1982 年第 1 期,第 47 页。

[2]　大谷敏夫,胡修之译:《〈海国图志〉对幕末日本的影响》,《福建论坛(文史哲版)》1985 年第 6 期,第 51 页。

[3]　王晓秋:《鸦片战争在日本的反响》,《近代史研究》1986 年第 3 期,第 20～45 页。

[4]　王晓秋:《鸦片战争对日本的影响》,《世界历史》1990 年第 5 期,第 92～100 页。

[5]　黄维民:《略论鸦片战争对近代日本民族觉醒的影响》,《西北大学学报(哲学社会科学版)》1991 年第 21 卷第 2 期,第 77～79 页。

[6]　马约生:《论明治维新前夕中国在日本外部世界认识中的作用》,《扬州大学学报(人文社会科学版)》,2003 年第 7 卷第 1 期,第 80～86 页。

[7]　崔昆仑:《试析鸦片战争时期日本士人的中国观》,《甘肃社会科学》2011 年第 2 期,第 115～118 页。

[8]　李艳飞:《德川幕府末期日本对海外信息的搜集》,东北师范大学世界史专业硕士学位论文,2011 年。

[9]　宋威:《鸦片战争对中日两国的影响》,《科技信息(人文社科)》2011 年第 18 期,第 159 页。

[10]　李存朴:《魏源的〈海国图志〉与日本的"海国图志时代"》,《安徽史学》2002 年第 2 期,第 32～35 页。

[11]　刘长庚:《〈海国图志〉在中日两国不同命运探析》,《船山学刊》2003 年第 4 期,第 82～87 页。

[12]　胡志强:《〈海国图志〉与中朝日近代启蒙思想》,延边大学世界史专业硕士学位论文,2004 年。

[13]　罗立东:《晚清的内忧外患与日本近代化》,《西南大学学报(哲学社会科学版)》2007 年第 33 卷第 3 期,第 183～188 页。

[14]　刘勇:《十九世纪五六十年代〈海国图志〉在日本的传播和影响研究》,重庆大学历史学专业硕士学位论文,2011 年。

学、汉译书籍对日本兰学的影响》[1]等。

　　不难看出，针对这一课题，国内学界的"视域"在不断扩大，即已经不再局限于"幕末日本的鸦战观察"本身，而是更为重视鸦片战争（及《海国图志》）所触发的日本各界的变动——尤其是"中国观"[2]与"海洋意识"[3]的嬗变。在前一领域（"中国观"）内，南开大学学者刘岳兵近著《幕末：中国观从臆测到实证的演化》可谓是最为突出的成果，此文从"鸦片战争前夕的海防臆测"、"鸦片战争之后的中国认识"与"'千岁丸'之行对中国观的证实"三部分展开，阐述了1838年至1864年日本各界对于鸦片战争的认识及其中国观的变化。[4]

　　日本方面，显然对这个问题关注较早，成果也较为丰硕。正如复旦大学学者葛兆光指出的："日本在面对'西洋'的时候，同时还面对着'东洋'。"[5]故日本史学界在其研究中十分重视作为"他者"的"中国"的存在，而其针对本文课题的研究亦是早于中国学界。

　　1953年，小西四郎《阿片战争对我国的影响》一文发表，是为战后[6]日本学界专论此问题的第一篇。此文最大的意义在于对幕末涉及鸦片战争的史料进行了系统的梳理与初步的研究，为后来者打开了方向。[7]

[1]　赵坚：《汉学、汉译书籍对日本兰学的影响》，《中国学术》2007年第23辑，笔者见此文于徐静波主编：《日本历史与文化研究——复旦大学日本研究中心成立20周年纪念文集》，复旦大学出版社，2010年，第93~116页。
[2]　需要特别指出的是，"日本的中国观念"这一提法本身便是模糊而宽泛的，这里出于叙述的方便直接使用了此概念。关于这一问题，参见竹内好：《现代日本思想大系9亚洲主义》，筑摩书房，1971年；古屋哲夫：《近代日本的亚洲认识》，绿荫书房，1996年；史桂芳：《近代日本人的中国观与中日关系》，社会科学文献出版社，2009年；等。
[3]　关于日本"海洋意识"这一概念的定义与范畴问题，学界有诸多的观点。(1)文化人类学者梅棹忠夫认为，日本虽然在地理位置上属于东亚，但其气候、土壤、降水等方面与西欧极其相似，整个欧亚大陆由三大部分构成，即高原地区的游牧民族、紧靠游牧民族的平原帝国与两端的西欧与日本，平原帝国需要花费大量的人力财力与物力抵抗游牧民族的入侵，有时还会被征服以至于再次进行国家机器的重构，而两端的西欧和日本则避免了被游牧民族征服的危险，并连续性地发展出具有自身特质的文化（《文明的生态史观》，中央公论社，1967年）。(2)经济史学者川胜平太则认为，古代大陆存在着"北马南船"的特征，而古代日本亦具有"西船东马"的特点，随着东亚格局（与中国关系）的变化，西日本与东日本、大陆性与海洋性不断交替，并在德川后期实现"物产自立"，从而实现了"脱亚"（《文明的海洋史观》，中央公论社，1997年）。
[4]　刘岳兵：《幕末：中国观从臆测到实证的演变》，载《南开日本研究》，世界知识出版社，2011年，第169~184页。
[5]　葛兆光：《谁的思想史？为谁写的思想史？——近年来日本学界对日本近代思想史研究及其启示》，《中国社会科学》2004年第4期，第61页。
[6]　在国内学者的日本研究著作中，经常出现"战后"、"战后初期"等字眼，并将其作为一种"固有概念"使用。这是需要商榷的，对于日本而言，所谓"战后"自然是从战败开始，但是"战后"何时终结、"战后"时期的划分等问题在日本学界存在争议。针对此问题，参见久野牧：《久野牧对话集3思想史的周边》，人文书院，1972年；皆村武一：《战后日本的形成与发展：占领与改革的比较研究》，日本经济评论社，1995年；渡边昭夫：《战后日本的形成》，日本学术振兴会，1996年。
[7]　小西四郎：《阿片战争对我国的影响》，《驹泽史学》1953年创刊号，第11~24页。

继小西四郎之后，日本学界的研究主要从三种路径展开。

其一是在研究幕末政治与思想的过程中涉及此课题，代表成果有：佐藤昌介《阿片战争与天保政局》[1]、增田涉《西学东渐与中国事情》[2]、正户千博《幕末外交诸问题与海防掛》[3]、奥田晴树《近代日本立宪政体导入的历史前提》[4]、杉渊忠基《西洋冲击下的东北亚》序言部分[5]、泷川修吾《幕末日本排外·优越主义思维方式一考》[6]、桐原健真《十九世纪东亚与"帝国"日本》[7]等。其二是以鸦片战争时期传入的情报或汉籍为核心展开的研究，代表成果有：森睦彦《作为阿片战争情报的唐风说书》[8]、春名彻：《〈乍浦集咏〉及其影响》[9]、立松昇一《中国江南港町"乍浦镇"》第四部分[10]、奥田尚所著《〈海外新话〉的南京条约》[11]、阿川修三《〈海国图志〉与日本》[12]等。其三是在针对幕末明初人物思想的研究中涉及此问题，代表成果有：和田中弘之的渡边华山研究[13]、三上一夫的佐久间象山研究[14]、源了圆的横井小楠研究[15]、清水教好的古贺侗庵研究[16]、新村容子《阿片战争的起源》第三部分《幕末日本人与阿片战争》[17]等。

[1]　佐藤昌介：《阿片战争与天保时期的政局》，《史学杂志》1960 年第 69 卷第 1 期。

[2]　增田涉：《西学东渐与中国事情："杂书"札记》，岩波书店，1979 年。

[3]　正户千博：《幕末外交诸问题与海防掛》，《驹泽史学》1986 年第 35 期，第 51 页。

[4]　奥田晴树：《近代日本立宪政体导入的历史前提》，《北陆学院短期大学纪要》1996 年第 28 期，第 253 页。关于此问题，亦参见奥田晴树：《近代史研究丛书 6·立宪政体成立史研究》，岩田书院，2004 年。

[5]　杉渊忠基：《西洋冲击下的东北亚——日本·中国·朝鲜的开国》，《亚洲大学学术文化纪要》2005 年第 8 期、第 1 页。

[6]　泷川修吾：《幕末日本排外·优越主义思维方式一考》，《法政论丛》2006 年第 42 卷第 2 期，第 19～31 页。

[7]　桐原健真：《十九世纪东亚与"帝国"日本》，《京都产业大学世界问题研究所纪要》2010 年第 25 期，第 116～128 页。

[8]　森睦彦：《作为阿片战争情报的唐风说书》，《法政史学》1968 年第 20 期，第 125～143 页，此文另收入保谷彻：《幕末维新与情报》，吉川弘文馆，2001 年。

[9]　春名彻：《〈乍浦集咏〉及其影响：阿片诗集的命运》，《调布日本文化》1993 年第 3 期，第 1～25 页。

[10]　立松昇一：《中国江南港町"乍浦镇"——从起源至今》，《人文·自然·人间科学研究》2005 年第 14 期，第 36～39 页。

[11]　奥田尚：《〈海外新话〉的南京条约》，《追手门学院大学文学部纪要》2006 年第 42 期，第 204～218 页。

[12]　阿川修三：《〈海国图志〉与日本》，《言语与文化》2010 年第 23 期，第 1～15 页；《〈海国图志〉与吉田松阴：幕末日本的西洋受容》，《中国文化》2012 年第 70 期，第 16～30 页。

[13]　田中弘之：《试论渡边华山与田原藩海防》，《驹泽史学》1987 年第 36 期，第 134～149 页。

[14]　三上一夫：《横井小楠·佐久间象山的海防论：以两者的异同为中心》，《福井工业大学研究纪要第一部》1993 年第 23 期，第 49～58 页。

[15]　源了圆：《横井小楠从攘夷论到开国论的转向》，《国际基督教大学学报 III－A·亚洲文化研究》2000 年第 26 期，第 197～224 页；《东亚三国中的〈海国图志〉与横井小楠》，《季刊日本思想史》2002 年第 60 期，第 3～34 页。

[16]　清水教好：《对外危机与幕末儒学——古贺侗庵〈海防臆测〉考》，《日本思想史研究会会报》2008 年别册，第 57～79 页。

[17]　新村容子：《关于盐谷宕阴〈阿芙蓉汇闻〉》、《佐久间象山与魏源》，载《阿片战争的起源》，汲古书院，2014 年。

综上所述，学界已有的研究大多仅仅将视野集中在鸦片战争之后日本思想的诸多"变化"，但却并未指出这些"变化"与此前相关要素的内在联系，换言之，并未将这一问题置于"近世"这一大的历史脉络中进行考察。正如日本学者荒野泰典指出的，中世日本的世界认识是"本朝·震旦·天竺"，近世则演化为"本朝·唐·西洋"，而在近世后期，随着西势东渐的强化，日本开始不经由东亚而是直接面对西洋。[1] 笔者则认为，西洋势力的到来，使得近世日本的世界认知不断嬗变：其一，西学的传入，使得"东西优劣论"于近世后期开始在日本社会思想内部酝酿、萌生；其二，鸦片战争与清国之败，使得这种"东西优劣论"由臆测向实证演化，而日本对于外部世界的认知则在这一历史背景下不断嬗变。

一、东西方世界的同步变动：
"东西文化优劣论"萌生的历史前提

16 世纪之前，西方与日本之间的交流与互动十分有限，正如日本学者松田毅一指出的："对当时的西方人而言，所谓的 Zipangu'（日本）就如同海市蜃楼一般。"[2] 然而，西势东渐态势的形成与东亚秩序的破坏，为日本融入世界提供了基本前提。在西方，"商业革命背景下的新航路开辟与宗教改革背景下的耶稣会活动，成为"西商东进"与"西教东传"的源动力"。[3] 在东方，原有的政治秩序破裂，"16、17 世纪欧洲人得以在中国海域附近渗透，完全得益于这一地区的权力关系本身发生了变动"。[4]

而西方势力登陆日本列岛则主要体现在两个方面。其一是西方商船的到来，"（勘合贸易的破坏使得）葡萄牙人得以承担中国丝绸与日本白银间的兑换买卖并成为获利者"。[5] 其二为基督教的传入，"东进之葡萄牙商人，若仅作商业行为观之，其意义甚为有限，依附于冒险商人中之基督教团之动向则使其活动多彩且复杂化"。[6]

日本天文十二年（1543 年/明嘉靖二十二年）八月二十五日，一艘驶往宁波的商船因风暴漂流到了日本九州种子岛（今鹿儿岛），鹿儿岛大龙寺禅僧南浦文

---

［1］　荒野泰典：《近世日本与东亚》，东京大学出版会，1988 年，第 1～6 页。
［2］　松田毅一：《南蛮史料的发现》，中央公论社，1964 年，第 25 页。
［3］　冯玮：《东西方社会变动的共时性》，载《东亚文明：共振与共生》，复旦大学出版社，2013 年，第 308 页。
［4］　Peter W. Klein, The China Sea and the World Economy Between the 16th and 19th Centuries: the Changing Structures of World Trade, in *Interaction in the World Economy: Perspectives from International Economic History*, edited by Carl-Ludwing, London, 1989, p.86.
［5］　L. L. Ahmed, *A Comprehensive History of the Far East*, New Dethi, 1981, p.261.
［6］　笠原一男：《体系日本史丛书 18 宗教史》，山川出版社，1979 年，第 267 页。

之(1555～1620年)记录道:

> 隅州之南有一岛,去州一十八里,名曰种子。我祖世世居焉……先是天文癸卯秋八月二十五丁酉,我西村小浦有一大船,不知自何国来,船客百余人,其形不类,其语不通,见者以为奇怪矣。其中有大明儒生一人名五峰者,今不详其姓字。时西村主宰有织部丞者,颇解文字,偶遇五峰,以杖书于沙上云:"船中之客不知何国人也,何其形之异哉。五峰即书云:此是西南蛮种之贾胡也……贾胡之长有二人,一曰牟良叔舍,一曰喜利志多侘孟太……[1]

此"铁炮传来"事件,乃是日本人与葡萄牙商人第一次在日本域内直接接触,随后,"耶稣会士也卷入了这些商人的贸易之中"。[2] 天文十六年(1547年/明嘉靖二十六年)十二月,耶稣会成员方济各·沙勿略(St Francis Xavier,1506～1552年)结识了日本漂民弥次郎,天文十七年(1548年/明嘉靖二十七年)一月二十日,他在写给罗马教会的信中表达了想要前往日本传教的意图:

> 所有去过日本的葡萄牙商人都告诉我,如果我能够去日本,我将为主做出巨大的贡献……据弥次郎说,他们是一支受理性控制的民族。[3]

天文十八年(1549年/明嘉靖二十八年)八月十五日,沙勿略与弥次郎抵达萨摩藩,掀开了日本基督教传播的序幕。[4] 而基督教在日本的传播,与地方(尤其是九州)大名的保护与支持不无关系。永禄十二年(1569年/明隆庆三年)三月十三日,怀揣"天下布武"之梦的织田信长(1534～1582年)首次会见传教士,这标志传教活动开始被逐步纳入织田政权的允许之内。[5] 正如日本学者清水弘一指出的:"正是由于信长的岐阜裁定,耶稣会未被驱逐,并得以继续在京都等地传教。"[6]

然而,武家政权对于传教士的包容,在丰臣秀吉(1537～1598年)时代画上了句号。日本学者池上裕子认为,秀吉在继承织田信长统一大业的同时,并未延续其对抗公家的一贯作风,而是积极与朝廷接近并倚仗京都方面的权威,这标志

---

[1] 《南浦文集上·铁炮记》,载《史料所见日本的步伐·近世篇》,吉川弘文馆,1986年,第21～22页。

[2] Charles R. Boxer,*The Christian Century in Japan*:1459～1650,University of California Press,1951,p.366.

[3] *The Letters and Instructions of Francis Xavier*,translated and introduced by M. Joseph Costelloe,SJ.,1992,The Institute of Jesuit Sources,St. Louis,Missourl,p.178.

[4] Mark R. Mullins,*Handbook of Christianity in Japan*,Boston:Leiden House,2003,p.6.

[5] 弗洛伊斯,松田毅一译:《日本史》卷四,中央公论社,1978年,第143～144页。

[6] 清水弘一:《织丰政权与天主教:日欧交涉的起源与展开》,岩田书院,2002年,第147页。

着"天下布武路线的转换"[1]——而秀吉与公家接近的表现之一，便是迅速改变了信长的容耶政策。天正十四年（1586年/明万历十四年）三月，秀吉在大坂亲自招待了以日本准管区长柯埃里为首的、由4位修道士与30位神学少年组成的访问团。[2]同年五月四日，秀吉所颁布的《关白殿许可状》还对耶稣会士的传教行为持一种包容姿态：

> 予准传教士在日本居住。其住宅、教所不用作兵士宿泊义务、不缴纳佛僧寺院等所需缴纳之课税。彼等在领内宣讲基督教义不受妨害。[3]

然而，次年六月十九日，秀吉颁布伴天连（宣教士）追放令[4]，宣布驱逐耶稣会士：

> 一、日本神国也，西国传来之基督邪法，万万不可接受。二、传教士令诸国郡之民归附，捣毁神社佛阁，实乃前所未闻之事，诸国郡知行，亦得遵天下之法，故需对其严加约束，不可任其妄为。三、传教士皆以其知识博取信徒，乃至破坏日本之佛法，诚不当矣。故其不可留于日本，当自今日起二十日内归国。四、黑船之仪，系贸易之事，应予区别，今后亦可进行长期贸易。五、不妨害佛法之商人，纵其来于基督之国，亦予准许。[5]

秀吉禁教的原因可谓是众说纷纭，日本学者清水弘一总结了七种观点：耶稣会野心说、（教会）天寺性质说、日本神国说、佛教僧侣策划说、葡萄牙商人失策说、教会活动过激说与丰臣政权内部大名策划说。[6]单就上文所引这一则史料而言，学界亦有不同的看法。复旦学者冯玮认为："当葡萄牙商馆中断生丝供应相威胁时，丰臣秀吉不得不做出妥协……使'定'（驱逐传教士令）无异于一纸空文。"[7]日本学者藤田达生则认为，"伴天连追放令，与之前发布的海贼禁止令一道，既从外交层面消除了切支丹大名，也对可能的军事威胁做了防备……伴天连追放令可以当之无愧地称为颁示中外的近世祖法，而德川家康在庆长年间

---

[1] 池上裕子：《织丰政权与江户幕府》，讲谈社，2002年，第132页。
[2] 柳谷武夫、村上直次郎译注：《新异国丛书4·耶稣会日本年报》，雄松堂书店，1969年，第210页。
[3] 笔者于日本文书中未见此文献，转引自弗洛伊斯：《日本史》卷一，第222页。
[4] 关于伴天连（宣教士）追放令，现存两份史料。其一为松浦家文书本，参见清水弘一：《织丰政权与天主教：日欧交涉的起源与展开》，第286页；其二为书于幕末的抄本（滋贺县五个庄町立历史博物馆保管），参见藤田达生：《伴天连追放令的发布及其背景》，论坛·朝日历史文化，http://www.sengoku.cn/bbs/archiver/tid-138532.html。
[5] 《秀吉禁教令》，载《日本史史料》，吉川弘文馆，1978年，第89页；另参见历史学研究会编：《日本史史料3近世》，岩波书店，2006年，第43页；大久保利谦等编：《史料所见日本的步伐·近世篇》，吉川弘文馆，1986年，第51页。
[6] 参见清水弘一：《天主教禁制史》，教育社，1981年，第72页。
[7] 冯玮：《日本通史》，上海社会科学出版社，2012年，第314页。

进行的禁教、迫害活动,大体不过是在认可和继承该法令的基础上进行的再禁
止、再镇压而已。"[1]

　　虽然学界对秀吉禁教令的动因以及作用尚有争议,但是,丰臣政权未能彻底
完成"商教分离的手术"则是不争的史实。英国学者贝利指出:"(事实上)传教士
们并未被驱逐出日本,10 余名传教士依然滞留在长崎并担任葡萄牙商船长崎贸
易的向导,130 余名耶稣会士仍在九州布教,精通葡语的罗德里格斯被任命为秀
吉的翻译并在大坂与长崎之间奔波。"[2]庆长十年(1605 年/明万历三十三年),
日本基督教信徒人数已经达到 75 万,占当时总人口的 4%[3];庆长十四年
(1609 年/明万历三十七年)日本的天主教大名达到了 61 人[4];截止到宽永十
六年(1639 年/明崇祯十二年/清崇德四年)德川幕府驱逐所有传教士及葡萄牙
人,耶稣会向日本派遣传教士多达 290 名[5]。

　　庆长五年(1600 年/明万历二十八年),荷兰商船"弗莱彻"号漂流到了日本,
针对此,日本学者高桥幸八郎指出,"(统一的德川)政权希冀将传教与商业分割,
而应此需要的欧洲势力,在列岛出现了"[6]——荷兰的到来,使得日本的商教
分离政策具有了现实的可行性。宽永十年(1633 年/明崇祯六年/后金天聪七
年)十二月至宽永十六年(1639 年/明崇祯十二年/清崇德四年)七月,德川家光
(1604～1651 年)连续 5 次颁布"锁国令",标志"锁国体制"的最终完成。

　　但是,所谓"锁国体制"的提法在学界是备受争议的。[7]其一,"锁国"一词
是一个"被建构的词汇",日本首次出现"锁国"乃是兰学家志筑忠雄阅读荷兰人
堪培尔所作《日本志》之第六章,并定名《锁国论》。其二,"锁国体制"作为一个缺
乏科学性的历史概念,在极大程度上掩盖了江户日本与清国、荷兰等外部世界国
家的交往,尤其是文化与经济方面的往来——"德川幕府在十七世纪前期开始确
立的对外关系方面,形成了一种基本模式,即包含政治、经济、文化各方面交往的
'通信国'关系(主要与朝鲜、琉球);与仅仅局限于经济或文化交往的"通商国"关
系(主要与清朝、荷兰),其他就被严格摒斥在官方所认可的对外交往关系的范围
之外"。[8]限于篇幅与笔者学力所限,"锁国"之争便姑且不做深论了。

---

[1]　藤田达生:《伴天连追放令的发布及其背景》,论坛・朝日历史文化,同上网址。

[2]　George Bailey Sansom, *A History of Japan*:1334－1615,Stanford University Press,
　　　1961,p.348.

[3]　阿曼多・马丁斯,松尾多希子译:《南蛮文化渡来记:日本文化与葡萄牙的冲击》,サイマ
　　　ル出版会,1971 年,第 2 页。

[4]　高濑弘一郎:《天主教的世纪:从沙勿略渡日到"锁国"》,岩波书店,1993 年,第 122 页。

[5]　五野井隆史:《日本基督教史》,吉川弘文馆,1990 年,第 2 页。

[6]　高桥幸八郎,谭秉顺译:《日本近现代史纲要》,吉林教育出版社,1988 年 10 月,第 52 页。

[7]　关于这一问题,参见荒野泰典:《近世日本与东亚》,第 1～5 页;箭内健次:《日本锁国与
　　　国际交流》,吉川弘文馆,1988 年,第 1～9 页;赵德宇:《日本"江户锁国论"质疑》,《南开
　　　学报(哲学社会科学版)》2001 年第 4 期,第 49～56 页;冯玮:《日本通史》,第 354～356
　　　页;大岛明秀:《锁国概念的检讨》,《国文研究》2010 年第 55 期,第 19～34 页。

[8]　张翔:《隔离的政治体与共生的文化圈——日本近世后期的儒学官学体制化和东亚海域
　　　的交往》,载《复旦文史专刊・世界史中的东亚海域》,中华书局,2011 年,第 154 页。

综上所述,15 世纪中叶至 17 世纪初,乃是世界格局发生剧烈变动的时期。在西方,新航路开辟与宗教改革,成为"西商东进"与"西教东传"的源动力;在东方,中国与日本政治格局的变迁,导致所谓的"东亚体系"不断松动,这使得西方势力在这一区域进行渗透成为可能;与此同时,西洋的到来,使得日本对外交涉的路径不断拓宽,从而又进一步加速了"东亚体系"的崩溃与重构。

在这种东西方世界同步变动的大背景下,西洋学问以商业与传教为媒介,源源不断流入日本,"东西文化优劣论"萌生,日本的"世界认知"亦不断嬗变。

二、"东西文化优劣论"的萌生:以西洋学问的衍变为线索

承上所述,家光的"锁国令"标志着"吉利支丹时代"的终结,然而西学东传的势头并未中断。继"南蛮学"之后,"兰学"逐渐兴盛起来,正如《解体新书》译者之一的杉田玄白(1733~1817 年)在《兰学事始》一书中写道:

> 其时有西吉兵卫传西流外科。此人初为南蛮通辞,传南蛮医术,及至南蛮船被禁入津,又为荷兰通辞,传荷兰医术。此人兼倡南蛮、荷兰两流,世称西流。[1]

在"南蛮学"向"兰学"演化的过程中,对"兰学"的草创作出突出贡献的乃是南川维千所谓"(得)施行十一"[2]的新井白石(1657~1725 年)。宝永五年(1708 年/康熙四十七年),时任将军侍读的新井白石参与了对意大利人西多蒂的审议,白石自己将这次与西多蒂的对谈称为"一生之奇会"[3]——根据此次对谈,白石撰《西洋纪闻》和《采览异言》两书,其中写道:

> 由此可知,彼方之学唯精于其形和器,即仅知所谓形而下者,至于形而上者,则尚未有所闻。[4]

新井白石的论述具有双重意义:其一,为儒学("形而上")与兰学("形而下")划界,使得两者并行不悖在理论上成为可能;其二,为基督教("邪说")与兰学("学问")划界,新井白石对于基督教颇为警惕,他曾明言:"其法盛而生反逆臣子乃必然之理势,大明三百余年而亡天下之弊端有三条,一便为行此法之故"[5]——将兰学作为"学问"与基督教区别开,乃是兰学得以在"禁教"的背景

---

[1] 杉田玄白,绪方富雄校注:《兰学事始》,岩波书店,1987 年,第 13 页。
[2] 南川金溪:《闲散余录》,《日本随笔大成》1929 年第 2 卷第 10 期,第 566 页。
[3] 《新井白石手简》,载《新井白石全集》卷五,1977 年,第 297 页。
[4] 新井白石,宫崎道生校注:《新订西洋纪闻》,平凡社,1977 年,第 16~17 页。
[5] 新井白石,宫崎道生校注:《新订西洋纪闻》,第 199 页。

下得以传播的首要前提。

兰学的展开领域并未仅仅局限于医学,其影响涉及地理学、植物学、物理学等诸多领域,限于篇幅这里不作深论,聊见下表:

江户时代兰学部分著、译名目及其初刊(写)时间

领域	人物	著作	时间
医学	野吕元丈(1693~1761年)	《阿兰陀本草和解》	宽保二年(1742年)
		《狂犬咬伤疗法》	宝历六年(1756年)
	山胁东洋(1705~1762年)	《脏志》	宝历四年(1754年)
	浅野良泽(1723~1803年)、杉田玄白(1733~1817年)桂川甫周(1751~1809年)	《解体新书》	安永三年(1774年)
	大槻玄泽(1757~1827年)	《重订解体新书》	宽政十年(1798年)
		《疡医新书》	文政八年(1825年)
		《大西微创方》	待考
	宇田川玄随(1758~1798年)	《西说内科撰要》	宽政五年(1793年)
	高野长英(1804~1850年)	《西说医原枢要》	天保三年(1832年)
	绪方洪庵(1810~1863年)	《病学通论》	嘉永二年(1849年)
天文·舆图学[1]	本木良永(1735~1794年)	《天地二球用法》	安永二年(1774年)
		《阿兰陀全世界地图书译》	宽政二年(1790年)
		《太阳穷理了解说》	宽永四年(1792年)
	西川如见(1648~1724年)	《华夷通商考》	元禄八年(1695年)
		《日本水土考》	元禄十三年(1700年)
	志筑忠雄(1760~1806年)	《万国管窥》	天明二年(1782年)
		《八圆仪及其用法之记》	宽政十年(1798年)
		《锁国论》	宽政十三年(1801年)
		《历象新书》	享和二年(1802年)
		《三角算秘传》	待考
	山村才助(1770~1807年)	《西洋杂记》	宽政十二年(1800年)
		《订正增译采览异言》	享和三年(1803年)
	伊能忠敬(1745~1818年)	《大日本沿海舆地全图》	文政四年(1821年)

---

[1] 据统计,1618~1873年,日本人关于世界史地(包括地图)的译、著总计为451种。参见开国百年记念文化事业会:《日本人的海外知识:锁国时代》,原书房,1980年,第463~476页。

元和四年(1618年)~享保四年(1719年)	38种
享保五年(1720年德川吉宗开洋书之禁)~嘉永五/六年1853年)	300种
嘉永六/七年(1854年)~庆应三/四年(1868年)	113种

生物学	大槻玄沢（1757～1827 年）	《鸠鸟拙考》	待考
		《一角鱼图说》	待考
穷理学	宇田川榕庵（1798～1846 年）	《植物启原》	天保三年（1833 年）
		《舍密开宗》	天保八年（1837 年）
	青地林宗（1775～1833 年）	《气海观澜》	文政八年（1825 年）
	古贺侗庵（1788～1847 年）	《穷理说》	天保十四年（1843 年）
学史	杉田玄白（1733～1817 年）	《兰学事始》	明和八年（1771 年）
	大槻玄沢（1757～1827 年）	《兰学阶梯》	天明八年（1788 年）

西洋学问的大规模传入，使得日本思想界的"东西方优劣论"在 18 世纪后期开始萌生。

首先，地理学知识的不断传播，加速了传统佛教的"天竺·震旦·日本"世界体系与儒教的"华·夷"世界体系的解体，正如司马江汉（1738～1818 年）在《和兰天说》中写道的：

> 支那称中华，吾邦称苇原之中津邦，则无不为中央之邦矣……若由天而定，则曰赤道线下之邦为中央。[1]

这种"无不为中央之邦"的论述并非司马江汉首创，"垂加神道"的开山祖师山崎暗斋（1618～1682 年）亦曾言"中国之名，各国自言，则我为中，四外为夷也"[2]——但是两者立论的根据是完全不同的。山崎暗斋对于世界的认识，并不具备"西洋知识"的要素，而以司马江汉为代表的兰学者，其思维工具却是具有近代科学性质的西洋知识。正如日本学者荒野泰典指出的："随着西方势力大规模东渐，对近世日本而言，其他东亚国家、地区便从历史舞台上悄然隐退，而日本开始不经由东亚，而是直接与西方面对面。"[3]

因此，随着兰学学者知识体系内"世界"的扩大，东西方文化的比较被纳入到了讨论之中。大坂町商中的一流人物、被"怀德堂"弟子称为"孔明再世"[4]的山片蟠桃（1746～1821 年）在其著《梦之代》[5]中便指出，西洋在天文、地理等技巧层面上要远胜于东方：

---

[1] 司马江汉：《和兰天说》，载《日本思想大系 64 洋学》，岩波书店，1976 年，第 449 页。

[2] 山崎暗斋：《文会笔录》，载《山崎暗斋全集（上卷）》，1936 年，第 373 页。

[3] 荒野泰典：《近世日本与东亚》，第 53 页。

[4] 王守华、卞崇道：《日本哲学史教程》，山东大学出版社，1989 年，第 182 页。

[5] 需要注意的是，《梦之代》一书于江户时代并未出版刊行，仅有族人抄本存世，但是诸如海保青陵（1755～1817 年）、桥本左内（1834～1859 年）、吉田松阴（1830～1859 年）等皆对此书有所触及。参见末中哲夫：《山片蟠桃研究》，广岛大学文学博士论文，1977 年。

欧罗巴精于天学,古今万国无双。环顾外国,具以实践而事发明,然谁能敌也……(天文历法方面)中国、印度、日本皆是井底蛙之术,比于西方之地动说,俱愚昧不堪矣。[1]

但是,在道德层面上,蟠桃则主张"尊古",他指出:

诸人之德行,则要取之于古贤,于天文、医术尊古者,不可谓不愚也。[2]

不难看出,新井白石对儒学与兰学的"划界"(见前文),依然影响着后世对于东西方文化的比较,山片蟠桃一方面在"形而下"的技术层面盛赞西洋,另一方面,在"形而上"的道德层面上依然将东方"古贤"置于首位。

如果说山片蟠桃还是在其所处的"商"的领域内讨论西洋技术,那么曾任原田番家老的渡边华山(1793～1841 年)显然已经将其上升到了"海防"("藩策")的位置。他指出:国际形势已经发生了巨大的变化,即"古之夷狄为古之夷狄,今之夷狄为今之夷狄"[3];因此,海防的政策必须做出相应的调整,"时势既今非古,故以古论今者,如胶柱鼓琴"[4];而传统的中国式的或是日本式的对外交涉的理念显然都不适用,"古来唐土御戎之论、我邦神风之说皆不足恃"[5];在此基础上,渡边华山提出了"变法"的主张,即所谓"因时变而立政法乃古今之通义"[6]。

综上所述,尽管德川政权的"锁国"标志着"吉利支丹时代"的结束,但西洋学问(兰学)以荷兰船与唐船为媒介,源源不断流入日本。其一,西洋学问(尤其是地理·舆图学)的传播,使得江户知识人世界认知的范畴不断扩大;其二,伴随着世界认知范畴的扩大,江户知识人开始有意识地对东西方文化进行比较,"东西文明优劣论"亦随之萌生。

但是,最为值得注意的一点在于:在鸦片战争之前,日本各界关于东西方文化优劣比较的论述都还只是一种"臆测"——鸦片战争与清国的败北,使得上述讨论得以进一步深化。

---

[1]　山片蟠桃:《梦之代》,载《日本思想大系 43 富永仲基·山片蟠桃》,岩波书店,1973 年,第200～201 页。

[2]　山片蟠桃:《梦之代》,载《日本思想大系 43 富永仲基·山片蟠桃》,第 203 页。

[3]　渡边华山,佐藤昌介校注:《外国事情书》,载《华山·长英论集》,岩波书店,1999 年,第60 页。

[4]　渡边华山,佐藤昌介校注:《外国事情书》,载《华山·长英论集》,第 16 页。

[5]　渡边华山,佐藤昌介校注:《外国事情书》,载《华山·长英论集》,第 102 页。

[6]　渡边华山,佐藤昌介校注:《外国事情书》,载《华山·长英论集》,第 103 页。

国家航海　第十三辑

National
Maritime Research

鸦片战争与日本「世界认知」的转化

的转化

099

三、鸦片战争:"东西文化优劣论"由臆测向实证的转化

承上所述,中英鸦片战争爆发前后,相关情报源源不断流入日本:1839 年,一份和兰风说书首次向日本透露了林则徐禁烟的相关消息;而在 1840~1844 年的唐风说书中共有 19 件关于鸦片战争,其中 1840 年 7 件、1841 年 6 件、1842 年 2 件、1843 年 3 件、1844 年 1 件。[1] 与此同时,中国的一些描写鸦片战争的书籍亦陆续传入日本,如《夷匪犯境见闻录》、《乍浦集咏》等。当时日本国内对鸦片战争进行评述的论著主要有:古贺侗庵(1788~1847 年)《海防臆测》、《鸦片酿变记》,斋藤竹堂(1815~1852 年)《鸦片始末》,盐谷宕阴(1809~1867 年)《阿芙蓉汇闻》等。

日本的鸦战认识,首先在于明确其之于日本的"殷鉴"之义:

(岭田枫江)天赐前鉴非无意,婆心记事亦微衷。呜呼! 海国要务在知彼,预备严整恃有待。[2]

(胜海舟)邻国之事亦为我国之鉴矣。欧洲势焰渐入东洋。有剥林以肤之诫。[3]

(水野邦忠)虽为邻国之事,但足为我国之戒。[4]

(吉田松阴)吾之所宜以为则者,莫若清国……道光一危,咸丰再乱,吾等若可反其道,则天下怎可危乱乎?[5]

日本诸士将清国作为"殷鉴"的表现之一,便是深入分析其战败的原因。盐谷宕阴认为"清有十败",一为"不晓夷情"(英知清,然清不知英[6]);一为"汉奸猖獗"(英夷深入意专,有汉奸为之主,或以为乡导,或以为探报,或以为因粮之计,或以为内应之策[7])。佐仓藩藩主、幕府"老中"崛田正睦则认为清国之败在于其兵法陈旧(清拘泥于古法,日本应于未败之前,率习西法[8])。

此外,就鸦片战争正义性的问题,日本各界认识到了鸦片贸易系英国出于利益而损害清国的举动,清国乃是正义的一方,幕末志士吉田松阴曾写道:

[1] 森睦彦:《作为鸦片战争情报的唐风说书》,《法政史学》1968 年第 20 期,第 127 页。

[2] 岭田枫江:《〈海外新话〉序诗》,北京大学图书馆馆藏,另见奥田尚:《岭田枫江〈海外新话〉一部分的介绍》,《亚洲观光学年报》2008 年第 9 期,第 132 页。

[3] 胜部真长等编:《胜海舟全集》卷二,劲草书房,第 43 页。

[4] 转引自小岛晋治:《太平天国革命的历史与思想》,研文出版社,1978 年,第 292~293 页。

[5] 山口县教育会编:《吉田松阴全集》卷二,岩波书店,1934 年,第 52 页。

[6] 盐谷宕阴:《宕阴存稿》卷四,山城屋政吉,1870 年,第 13 页。

[7] 盐谷宕阴:《隔靴论》,转引自刘岳兵:《幕末:中国观从臆测到实证的演变》,载《南开日本研究》,世界知识出版社,第 175 页。

[8] 王晓秋、大庭修:《中日文化交流大系:历史卷》,浙江人民出版社,1996 年,第 7 页。

唐国争乱,其一阿片也。当时食阿片者百余万,其费计二千五百万两。
阿片使体弱、富贫、才气减、精神疲惫……英夷为己益而损唐国。[1]

这种"鸦片之事,曲在英,其直在乎清"[2]的事实使日本各界认识到西方唯
利是图、以武力为终极手段的危险性,进而纷纷提出应对西洋势力的措施。"奠
定幕末鸦片论之方向"[3]的古贺侗庵便曾指出"通晓夷情"的重要性:

洞敌之长,察敌之短,知晓敌之狡谋,严加防备……则庶乎其可。[4]
本邦宽宏之政,勇武之习,万方曹仰,独于外夷情态,有所犹未晓识。[5]

在强调通晓夷情的同时,幕府内部对外交涉的思维亦不断调整,古贺侗庵主
张以礼待夷(虏之来,谕以礼辞[6]),而幕末志士横井小楠(1809～1869 年)则主
张展开国通商:

我国之超越万国、世界中被称为君子国者,乃体天地之心、重仁义故也。
由此则应接美国、俄罗斯使节,在于获得贯通天地仁义大道之条理。倘若此
条理无所贯通,和则有损国体、战则败之势,乃显见而无须多言。大凡我国
对待外夷之国是,无外乎二:即有道之国许其通信,无道之国则拒绝之。不
分有道、无道,拒绝一切乃暗于天地公共之实理,终至于失万国之信义,则必
然之理也。[7]
当今之际,惟开国通商,方合古来天地之礼。[8]

简言之,正如日本学者远山茂树指出的:"日本统治阶层从中国的鸦片战争
以来的经验中取得了教训,尽管很不充分,却能够有了对付它的余裕。"[9]而在
对鸦片战争进行观察、反思的过程中,日本各界进一步体会到东西方之间巨大的
差异性,"东西文化优劣论"逐渐延伸开来。
首先,鸦片战争的起因使得其进一步认识到东西方在价值选择上的不同,古
贺侗庵认为:

(东方)政教之体,民皆知廉耻为至重之事……西洋人趋利,如鹰鹫之趋

[1]　山口县教育会编:《吉田松阴全集》卷四,岩波书店,1934 年,第 23 页。
[2]　斋藤馨子德:《鸦片始末》,早稻田大学图书馆藏本,第 7 页。
[3]　前田勉:《近世日本的儒学与兵学》,ぺりかん社,1996 年,第 428 页。
[4]　古贺侗庵:《海防臆测》卷上,东京日高诚实出版,1880 年,其二十三。
[5]　古贺侗庵:《海防臆测》卷下,其三十七。
[6]　古贺侗庵:《海防臆测》卷下,其四十八。
[7]　横井小楠:《夷虏应对大全》,载《横井小楠译稿》,明治书院,1938 年,第 11～12 页。
[8]　横井小楠,熊达云、管宁译:《汤重南校》:《国是三论》,物资出版社,2008 年,第 143 页。
[9]　远山茂树,邹有恒译:《日本近现代史:第一卷》,商务印书馆,1992 年,第 7 页。

雀,万方必获而后已。若两国互市于他邦,必妨碍其一,使不得通,而己擅其利。[1]

其次,清国之败与日本"未尝为外夷所侮"[2],使得其自信胜于清国,正如古贺侗庵指出的:

> 支那亦为宇内最大之邦,然其骄矜甚是大疵。观于其痛斥外国,不齿为人……本邦风习之懿,远越支那,惟中古以还,与支那交通,未免少为其污染,不可不痛逸矣。[3]
>
> 西土明季以来,凭城御敌,专赖炮铳以奏捷。然其技术之精巧,似不能尚于我焉。船舰之制,觉亦逊于我。[4]

与此同时,在强调要效法西洋技术的同时,日本士人并未摒弃传统儒学,正如幕末兵学家佐久间象山(1811～1864 年)指出:

> 夫泰西学艺,术也;孔子之论道,德也;艺术譬如菜肉也,菜肉可以助食气,孰谓可以菜肉而损其味也。[5]

综上所述,以鸦片战争与清国战败为诱因,日本的"东西文化优劣论"进一步展开。首先,相关情报的传入,使得幕府对东西方的政治状况、文化情态有了更为深刻的了解;其次,清国的失利,促使"西洋器物胜于东洋"不再仅仅只是江户士人笔下的"臆测",而是日本各界不得不面对的一个"事实"。

结　语

日本学者荒野泰典指出,随着大航海时代的到来以及中国与日本海域贸易圈的扩展,日本与唐与西洋的接触持续加强,其传统的世界观不断嬗变,并最终促使其"发现东亚"。[6]据此,笔者通过对近世日本"东西文化优劣论"的简要梳理,提出了本文的暂定结论:其一,西方势力登陆日本(西商东进与西教东传),

———————

[1] 古贺侗庵:《海防臆测》卷下,其三十。
[2] 《江川坦庵全集》,转引自龙川修吾:《幕末日本排外・优越主义思维方式一考》,《法政论丛》2006 年第 42 卷第 2 期,第 20 页。
[3] 古贺侗庵:《海防臆测》卷上,其二十二。
[4] 古贺侗庵:《海防臆测》卷下,其三十八。
[5] 佐久间象山:《省偗录》,载《日本思想大系 55 渡边华山・高野长英・佐久间象山・横井小楠・桥本左内》,岩波书店,1978 年,第 235 页。
[6] 荒野泰典:《东亚的发现:世界史的成立与日本人的对应》,《史苑》2000 年第 61 卷第 1 期,第 81～109 页。

乃是东西方世界"同步变动"的结果，传统"东亚世界"[1]的崩溃为西洋商人介入中国海域的贸易提供了机遇，而西方势力的介入则进一步加速了"东亚世界"的瓦解。其二，伴随着西商东进与西教东传，"南蛮学"在日本传播开来，尽管德川政权的"锁国"标志着"吉利支丹时代"的结束，但西洋学问（兰学）以荷兰船与唐船为媒介，源源不断流入日本。其三，西洋势力的到来与西方知识的传入，促使近世日本的世界认知不断嬗变，其标志之一便在于18世纪后半叶逐渐萌发的"东西文化优劣论"。其四，18世纪末19世纪初的"东西文化优劣论"，在鸦片战争清国战败的催化下，由一种"臆测"向"事实"演变，一方面，虽然尚没有彻底摒弃将西洋视为"夷"的传统思维，但幕府士人对于西方国家技术（器物）的优越性有了更进一步的认识，另一方面，对于东西方文化优劣性的比较，开始影响幕府对外交涉的相关政策，而所谓"东洋道德与西洋艺术"的论调，或可视为明治时代"和魂洋才"的先声。

---

[1]　关于学界"东亚地区论"的演进，日本学者岸本美绪进行了系统论述：(1)日本的东洋史学界中对"东亚地区"这个概念系统地加以讨论，以及以"东亚"为单位的研究方向的确立，无疑要源于中国史专家西嶋定生的"东亚世界论"；(2)西嶋定生之后，学界对"东亚世界论"的讨论从四个方面展开，其一是针对西嶋定生偏重汉字文化圈进行批判，其二是针对传统"东亚世界论"体系内的"中国中心主义"进行批判，其三是批判作为"国家关系"的"东亚世界"，提出要在民众交流的视野内追求"跨国境的历史学"，其四是以近代史为核心的"亚洲交易贸易圈理论"。关于这一问题，参见岸本美绪：《"后十六世纪问题"与清朝》，《清史研究》2005年5月第2期，第81～92页。

The Opium War and the Transformation of Japanese Understanding about World

Abstract: With the western powers and knowledge coming, Japanese understanding about world changed. In the late 18th and early 19th century, the cultural comparison between the west and east came out in Japan, and The Opium War accelerated the process. After the Opium War, Japanese further realized technical superiority of the west, although they still regarded the western countries as "yi". At the same time, these opinions about cultural comparison between the west and east affected the Tokugawa Shogunate 's policy, and all kinds of ideas, just as "handling international affairs in the way of 'li'", "conducting commercial trade with the west" and so on, came out.

Keywords: Western Merchant Spreading to the East, Western Knowledge Spreading to the East, The Opium War, The Edo Period, Japanese Understanding about World

近代上海对外贸易与市政经费筹集：
以码头捐为中心的分析[*]

武 强^{**}

摘 要：近代上海史上的码头捐，建立在上海对外贸易不断增长的坚实基础上。码头捐随着上海港贸易额的扩张而迅速增长，并在开征后承担了公共租界工部局市政费用的相当大一部分。上海城市演变中的现代化，使市政经费其他来源的比例不断增加，故而码头捐在总数增长的同时，所占工部局市政经费的比例却开始下降。码头捐开征之后，工部局就不断与上海的其他行政机构发生矛盾，并逐渐调整了对码头捐的控制。通过以交易成本理论为基础的分析可知，因上海港贸易额的巨大进步，工部局已不可能由自身独立征收码头捐；也因对其他税源的拓展，工部局日益减少对码头捐的依赖，虽然仍保留这一税源，却已完全放弃对它的直接征收，而交由江海关完成。近代史上的上海以港口城市而闻名，但其城市建设对上海港贸易的直接依赖越来越小。上海作为中国经济中心的地位不断增强，产业结构逐步完善，城市建设经费来源日益多元化，更促使了近代上海港口和城区的逐渐疏离。

关键词：近代上海 码头捐 公共租界工部局 市政 贸易

　　码头捐（Wharfage Dues），是经济史上（以上海为代表）的一个名词，它是与近代中国对外贸易的演化和城市化的过程相一致的，又称作"货物税"、"货物捐"（Dues on Merchandize）等。在近代上海史上，它一度是城市化过程中市政费用的主要来源之一。顾名思义，它是以港口和贸易的存在为基础的，并在其他港口城市如天津、汉口、镇江等同样存在。曾有研究者对市政经费来源的土地税等项目做过初步的探讨。[1] 而学界对码头捐的研究，主要放在租界财政项下，将其

---

　* 本文系 2013 年度教育部人文社会科学研究项目"现代化视野下的近代上海港城关系研究（1842~1937）"（13YJAZH102）、2014 年河南大学省属高校基本科研业务费专项资金项目"青年科研人才种子基金"（0000A40487）的阶段性成果。

　** 作者简介：武强，河南大学黄河文明与可持续发展研究中心副教授、黄河文明传承与现代文明建设河南省协同创新中心研究人员。

［1］ 沈祖炜：《近代上海城市建设资金来源》，《档案与历史》1989 年第 6 期；方子文：《旧上海公共租界筹集市政建设资金的形式》，《上海财税》1994 年第 8 期。

作为一项市政建设收入的来源来进行探讨,尚未全面考察其对港口的代表作用,也未全面评价这一税收与近代上海城市发展的关系。[1]

笔者在整理资料的过程中发现,这一名词背后隐含着重大的背景——它的出现与演变并非仅仅是一项历史事实,更可以充分揭示以上海为舞台的近代政治—经济交互关系的复杂性。尤其是在近代上海对外贸易日益发展的大背景下,对码头捐的分析可以从一个侧面展示港口与城市变迁的深层次关系,进而从定量与定性相结合的角度,全面考察近代上海港的贸易变迁所带来的历史影响。

一、码头捐概说

光绪二年(1876 年),寓居上海的葛元熙有感于公共租界马路、路灯、下水道等公共设施的齐全,赞誉租界的管理者工部局:"衔挂司空饰美称,度支心计擅才能。众擎易举浑闲事,散罢金钱百废兴。"[2]尤其值得注意的一点,即"散罢金钱百废兴"——资金的来源,以提供市政建设费用为主要目的的码头捐就是其中的一部分。然而,就在被葛元熙着力称赞的同时,工部局却在为元亨洋行拖欠码头捐一事大伤脑筋。

元亨洋行是一家德国籍公司。早在 1873 年,德国领事即宣称:"德国政府一直没有宣布批准《土地章程》",不支持工部局对当时拖欠码头捐的载生洋行进行追讨,工部局表示十分失望。[3]自 1869 年起元亨洋行的拖欠数额在全部拒付码头捐洋行中列第五位。[4]1871 年,工部局开始通过法律顾问向包括元亨洋行在内的德意志各洋行收取欠款,但效果并不理想。1877 年 2 月,工部局正式向元亨洋行下达催款通知,提出在按常规提出正式要求无法实现的情况下,将诉之以法律,并向元亨洋行致送《土地章程》一份,说明要求缴税的依据。"应缴税款的货物系卸于洋泾浜以北租界境内,董事会认为按照章程第 9 条规定,元亨洋行有义务为该批货物缴税。"[5]元亨洋行则拒绝承认工部局的征税权力,以洋行位于法租界为由,坚持认为只有法租界公董局才有向他们征税的权力,双方遂对簿公堂。

为了确保案件的胜诉,工部局法律顾问作了大量调查工作。德国领事根据

[1] 蒯世勋编著:《上海公共租界史稿》,上海人民出版社,1980 年,第 425~430 页;陈鹏:《都市形态的历史根基:上海公共租界市政发展与都市变迁研究》,同济大学出版社,2008 年,第 89 页。

[2] (清)葛元熙撰,郑祖安标点:《沪游杂记》卷三《工部局》,上海书店出版社,2006 年,第 215 页。

[3] 上海市档案馆编:《工部局董事会会议录》第五册,1873 年 8 月 4 日,上海古籍出版社,2001 年,第 649 页。

[4] 上海市档案馆编:《工部局董事会会议录》第四册,1869 年 11 月 4 日,第 740 页。

[5] 上海市档案馆编:《工部局董事会会议录》第七册,1877 年 5 月 7 日,第 595 页。

《土地章程》第28条的含义认为,这是一件"对《土地章程》的解释引起相当怀疑的案件","倾向于或者判工部局败诉,或者认为他对此案并无审判权",工部局遂请求领事暂缓开庭,以便向董事会请示。9月24日,工部局收到法律顾问的又一封来信,称得到德国领事的保证,不用参照《土地章程》第28条关于审判权的问题,而且不管做出何种判决,断然不会削弱《土地章程》的权威。工部局遂决定:"将这场官司继续打下去,除非法律顾问找到充分理由撤诉。"[1]

9月26日,此案开审,判决的结果却令工部局大失所望:一、虽然德国领事承认《土地章程》的合法性,但又认为码头捐乃是一种属于"个人的捐税",应由居住在洋泾浜之北租界境内的商人按其营业范围加以课征,而"不能对居住在课征地区之外的个人行使",因此"开设在法租界境内的元亨洋行并非是真正的被告";二、关于卸货的地点,虽然"由于各轮船公司的缘故,曾堆放在公和祥码头",但实际上这些货物是进口到法租界仅在公共租界码头堆放数天而已,故法院判定,"原告因是败诉的一方,应负担诉讼费用"。[2]

至此,在元亨洋行一案中,工部局完全败诉,元亨等洋行所欠码头捐因估计已无法收取,相继被工部局从账册中注销。出于外交利益的考虑,德国领事并未否认《土地章程》,但对于从事商业活动的各大洋行来说,对《土地章程》的质疑并未平息。那么,规定着租界合法性的《土地章程》究竟是如何定义码头捐的? 它在码头捐的征收工作中又有着何种意义呢?

(一)码头捐的起源

1842年的《南京条约》规定,英国商人及家眷可以"寄居大清沿海之广州、福州、厦门、宁波、上海等五处港口,贸易通商无碍;且大英国君主派设领事、管事等官居住该五处城邑,专理商贾事宜"。[3]但并未规定外国人以何种方式居住于通商口岸,在当时"华洋分居"的背景下,驻上海的英国领事开始寻求所谓"居住地"。在最初的通商五口中,上海在清王朝行政体系中层级最低,只是一个县城。与广州、福州、宁波等省会、府级城市不同,上海县城内的生活条件使第一任英国领事巴富尔无法忍受,他不顾英国政府"领事只能租地办公,不能购地建房"的规定,欲至城外觅地居住;中外居民混杂所产生的纠纷,也让上海地方政府深感头疼。[4]因此,上海道台宫慕久与巴富尔经过交涉,于1845年11月29日颁布了《上海租地章程》(通称《土地章程》),其中第一款规定:"划定洋泾浜以北、李家庄以南之地,准租与英国商人"[5],形成了上海也是中国近代史上第一块租界——英租界(后与美租界合并为公共租界)。

《土地章程》(Land Regulations)或称《地皮章程》、《地产章程》,为租界制度

[1]　上海市档案馆编:《工部局董事会会议录》第七册,1877年9月24日,第613～614页。
[2]　上海市档案馆编:《工部局董事会会议录》第七册,1877年10月8日,第615～617页。
[3]　王铁崖:《中外旧约章汇编》第1辑,北京三联书店,1957年,第31页。
[4]　熊月之主编:《上海通史》卷三《晚清政治》,上海人民出版社,1999年,第20、26页。
[5]　王铁崖:《中外旧约章汇编》第1辑,第65页。

组织的根本法（Constitution），故亦称为《租界章程》[1]，英租界的划定及发展，包括 1846 年设立道路码头委员会、1854 年设立工部局，均以此为根据，码头捐的产生自然也不例外。章程第二十款规定了市政费用的部分来源，"道路、码头及修建闸门原价及其后修理费用应由先来及附近居住租主分担。后来陆续前来者以及目前尚未分担之租主亦应一律按数分担，以补缺款，能使公同使用，杜免争论；分担者应请领事官选派正直商人三名，商定应派款数"；"倘仍有缺款，分担者亦可公同决定征收卸货、上货一部税款，以资弥补"[2]，这就是码头捐的最初形态，也奠定了码头捐作为市政经费来源的地位。之后对土地章程虽然有过多次修订[3]，但对码头捐的规定，基本上以这条为准，沿革有序。1849 年 3 月英租界租地人会授权道路码头委员会征收码头上装卸货物的税收；7 月 23 日道路码头委员会发布公告，开征码头捐。[4]

洋行、马路、码头的不断出现，使市政建设成为上海尤其是租界的重要职能，并导致了对市政经费的需求。城市建设不断发展，商人和洋行可以建造自己的营业场所或住所，但公共设施却必须有专业机构来承担，这即是"道路码头委员会"和"工部局"成立的背景。如道路码头委员会在 1846 年 9 月 24 日开筑"边路"（即"界路"，今河南中路）作为英租界的西部边界[5]，此为租界的第一条马路；1847 年，又发行公债 3000 两建设公用码头，8000 两建设下水道等设施。[6]

1854 年 7 月《土地章程》第一次修订，第九款中规定："起造、修整道路、码头、沟渠、桥梁，随时扫洗净洁，并点路灯，设派更夫各费，每年初间，三国领事官传集各租主会商，或按地输税，或由码头纳饷，选派三名或多名经收，即用为以上各项支销。"[7]1869 年《土地章程》再次修订，对第九款中包括码头捐在内的各种市政经费来源做了详细的规定。码头捐的用途在于"兴造租界以内各项应办工程及常年修理之事"，包括"设立路灯、备水洒地……开通沟渠；……设立巡查街道巡捕"等；征收方面规定"租界内之人，将货物过海关，或在码头上起卸货物，下船转运，均可抽捐"，其税率则"照货之价值而定，但货价每一百两，捐不得逾一钱"。[8]经过这两次修订，本条款一直没有太大改变，"《土地章程》第九款"成为码头捐的代名词及征收的法律根据。

早期上海租界市政建设的经费，只能采取募捐或发行债券的方式来实现，码头捐开征后，财政来源才开始相对丰裕，并正式成为英租界（公共租界）市政建设

[1]　徐公肃、丘瑾璋：《上海公共租界制度》，载《上海公共租界史稿》，上海人民出版社，1980年，第 43 页。
[2]　王铁崖：《中外旧约章汇编》第 1 辑，第 68 页。
[3]　熊月之主编：《上海通史》卷三《晚清政治》，第 137～144 页。
[4]　史梅定主编，《上海租界志》编纂委员会编：《上海租界志》，上海社会科学院出版社，2001年，第 324 页。
[5]　徐公肃、丘瑾璋：《上海公共租界制度》，载《上海公共租界史稿》，第 7 页。
[6]　史梅定主编，《上海租界志》编纂委员会编：《上海租界志》，第 331 页。
[7]　王铁崖：《中外旧约章汇编》第 1 辑，第 81～82 页。
[8]　王铁崖：《中外旧约章汇编》第 1 辑，第 294 页。

费用的主要来源之一。道路码头委员会在其存在的近十年时间内,主持了英租界道路、码头等多项市政工程的建设,如在 1849 年 3 月、7 月建造 5 座石码头、铺设道路[1];1852 年 5 月填高路面、建造阴沟等工程,1852 年 6 月开始主持建造租界内沟渠系统。这些建设所需经费的来源很大部分来自码头捐。[2] 之后的工部局是上海公共租界的实际统治者,充当了公共租界市政建设的主导者,自然成为征收码头捐的主体。

公共租界鉴于上海港私人、专用码头的扩展,为增加码头捐征收的合法性,也将码头捐的使用延伸至市政建设的各个方面,如警政等服务设施,"为了上海外国租界的安定、良好程序和管理而设立了捕房及其他有关机构",为了适当维持这些机构,迫切需要筹集资金"[3],码头捐即是早期资金的主要来源。1876 年,为劝说履泰洋行缴纳码头捐,工部局称码头捐"无论从哪方面来说,都是为市政工作的正常进行所必需",当一个人或洋行"享受了当地政府的福利",就应该"支付按比例分摊的捐款"。[4] 对码头捐的性质,上海华界地方各机构已有明确认识,如清末的南市总工程局,为筹划南市地区市政经费,也提出对征收码头捐的考虑,因为"北新关码头捐一项,系于正税之外带收,充工部局筑路等用",故考虑收回南市沿浦码头捐。[5]

归根到底,码头捐作为公共租界市政建设的一项经费来源,从它一开始产生就已经被决定了,此后它一直承担这个角色;码头捐又因《土地章程》被赋予了一定意义的合法性。围绕这一捐税的征收,也有多个值得探讨的问题。

(二)码头捐征收的演变:由从量税到从价税

码头捐的产生,虽然以用于城市建设为目的,但它的基础是日益增长的上海港对外贸易。自 1845 年《土地章程》初步规定了码头捐的形态,到 19 世纪末的半个多世纪里,围绕码头捐究竟应为从量税,还是从价税,有着非常复杂的纠葛。以此为线索,能深刻反映码头捐与上海港的紧密联系,及在上海城市现代化过程中各行政机构间相互复杂关系的曲折演变。

在码头捐征收的执行过程中,征收对象当然是进出口的商品。从理论上来说,所有进出上海港的商品都要向工部局缴纳这一市政捐税。工部局成立之初,

---

[1] 《上海英租界租地人大会会议记录》(1849 年 3 月 14 日、7 月 31 日),载《上海英租界道路码头委员会史料》,《上海档案》1992 年第 5 期;《上海英租界租地人大会会议记录》(1852 年 5 月 18 日、6 月 21 日),载《上海英租界道路码头委员会史料(续)》,《上海档案》1992 年第 6 期。

[2] 《上海英租界租地人大会会议记录》(1852 年 6 月 21 日),载《上海英租界道路码头委员会史料(续)》,《上海档案》1992 年第 6 期。

[3] 上海市档案馆编:《工部局董事会会议录》第二册,1865 年 12 月 13 日,第 537 页。

[4] 上海市档案馆编:《工部局董事会会议录》第六册,1876 年 1 月 24 日,第 719 页。

[5] 《禀苏松太道蔡请划拨南市码头捐交城自治公所充地方公用文(宣统二年四月初三日)》,《上海市自治公牍乙编·请划拨南市码头捐案》,《上海市自治志》,1915 年,第 651 页。

就参考海关税率确定了码头捐的税率，早期税率的变动比较频繁，囿于史料，尚不完全明晰。但工部局受自身规模所限，出于方便起见，所征收的均是从量税。根据1863年工部局正式明确公布的税率表（表1），码头捐的从量税性质是十分清楚的。

表1　1863年工部局码头捐征收标准

商　品	税率	单位	商　品	税率	单位
茶	1分	担	丝	5分	包
棉麻织物	2分	捆	羊毛或羊毛混合制品	4分	捆
油	0.5分	担	金属	0.5分	担
谷物、糖、日本海藻	3分	50担	木材	3分	50担
木板	0.5分	50块	栋木	4分	根
纸张	3分	50捆	煤	3分	吨
船用帆布、索具等	2分	捆	其他中国和日本不可数产品	1分	捆

数据来源：《工部局董事会会议录》第一册，1863年8月21日，第691页。

关于这份较早的税率表，工部局随即就发现了其中的问题，"根据现有的收费标准以及拟议的收费标准，在草拟的一份关于可能收入比较报告表明，后者比前者少收入20%"，于是决定"按旧税率征收进出口税款"，并将税率标准再次公布于众。[1]对码头捐税率的修订是一直在进行的，比较大的一次是在1866年4月。公共租界工部局在英国领事馆召开的租地人大会上通过了码头捐的收费标准，该项修订标准经上海各洋行组织的总商会批准，"从1866年6月1日起生效，该收费标准将予以印发，以供全体侨民遵照执行"。[2]

工部局对此次修订工作一度非常满意，但在新税率正式实施一个月后，工部局对财务状况进行了审计，因无法完全统计进出口货物数量，"在预计收入中马上出现22488两的亏损数"，码头捐的损失额最大。"6月1日前无法按照新的税则征税，因此在这方面预计代偿华人应缴税额的损失为16000两"[3]，占全部亏损额的71.15%。因此，实行新的码头捐后，其各项现行税则"虽然制定得很好，如再略加修订则将更为完善"[4]，为之后的修订留出了余地。

1866年修订后的码头捐基本上已经涵盖了上海港的所有种类货物，后虽经些许改动（如1870年的修订，见表2），但基本格局没有大的变化。值得注意的是，早期码头捐的税率表中已经出现了不少从价税的情况（即税率表中标有"ad val."部分的商品）。不过，不同的包装方法，包含的商品规格（数量或重量）也有所不同，如粗丝等一担为一大包（Bales），废丝、蚕茧及茶叶等均以担（Picul）为单

---

［1］　上海市档案馆编：《工部局董事会会议录》第一册，1863年9月16日，第692页。
［2］　上海市档案馆编：《工部局董事会会议录》第二册，1866年5月31日，第560页。
［3］　上海市档案馆编：《工部局董事会会议录》第二册，1866年7月12日，第564页。
［4］　上海市档案馆编：《工部局董事会会议录》第三册，1868年4月17日，第635页。

位;毛毯(Blanket)等以大包(Bales)为单位,每一大包指 50 疋(Pieces);法兰绒
(Flannel)等以包裹(Package)为单位,每一包裹指 24 或 20 疋(Pieces)等等。

表 2　1870 年工部局修订的码头捐税率表(部分)

Description of Article	Method of Packing	Rate of Dues (t. m. c.)	Description of Article	Method of Packing	Rate of Dues (t. m. c.)
Silk, Raw	Picul.	0.35	Bunting	Bales	ad val.
Silk, Japan			Camlets, English	Bales	0.13
Silk, Floss			Camlets, Dutch	Bales	0.2
Silk, Waste	Picul.	0.05	Camlets, Imitation	Bales	0.1
Silk, Cocoons	Picul.	0.05	Canvas	Bolt	ad val.
Silk, Piece Goods	Picul.	ad val.	Cloths, Broad	Packages	0.15
Silk, Worm's Eggs in pkgs			Cloths, Habit	Packages	0.15
Silk, and Woollen Mixture			Cloths, Medium	Packages	0.15
Silk, and Cotton Mixture			Cloths, Russian	Packages	0.3
Silk, Clothing			Flannels	Packages	0.1
Silk, Caps			Lastings	Packages	0.22
Silk, Embroidery			Lastings Imitation	Packages	0.15
Tea, Black	Picul.	0.03	Lastings Crape	Packages	0.15
Tea, Green			Long Ells	Bales	0.12
Tea, Brick	Picul.	0.01	Linens	Bales	ad val.
Tea, Dust			Linens Sheeting	Bales	ad val.
Tea, Leaf			Spanish Stripes	Bales	0.24
Alpaccas	Cases	0.25	Woollens, Unclassed	Bales	ad val.
Astrachans, Imitation	Cases	ad val.	Woollens, and Cotton		
Blankets	Bales	ad val.	Mixtures, unclassed		

资料来源:*Annual Report of the Shanghai Municipal Council*(1871),上海档案馆藏,U1-1-884。原表过大,此处仅列出丝、茶及各种棉毛制品等大宗商品。

　　之后,虽然 1880~1885 年工部局因种种原因一度停征码头捐,但 1870 年的
税率一直沿用。直到 1898 年,工部局与海关税务司、上海道台等各方讨论由海
关负责直接征收码头捐,税率也有了调整,从量税的彻底改变由此而始。江海关
税务司称,1892~1901 年"海关内部办事机构的最大变动"之一,为发生在 1899
年 4 月 1 日的"码头捐组的创设"。[1]

[1]《1892~1901 年海关十年报告》,载《上海近代社会经济发展概况(1882~1931)——〈海
　　关十年报告〉译编》,上海社会科学院出版社,1985 年,第 100 页。

在此次修订码头捐征收办法的过程中,江海关税务司起了主导作用,对税率规定的影响尤其明显。其中,建议"对各种货物征收 2% 关税的办法取代按从量税计算交纳码头捐数额的办法",这种从价税率,"大约相当于 1% 市场价值的 1/20 的认可税率",而且"税法的这种改变可以避免运送货物过海关时造成的延误和不便,而这种耽搁和不便在实行从量税的手续中是必定会产生的"[1],工部局和公董局均同意了这种修改。但茶、鸦片、丝和贵重货物等,均由工部局决定税率,按照与中外商会的妥协,最终定为 3‰ 上下的税率。[2]

1899 年 3 月 20 日,码头捐各方达成协议,"对鸦片、丝、茶和金银分别按照一定的税率征税;所有应缴税的货物已付关税总额的 2%;所有免税货物缴纳申报价值的 1‰";并且还确定了码头捐收入在工部局、公董局和上海道台之间的分配比例。"道台从'本地或国内贸易'的码头捐中收取半数后减去征收全部码头捐所用去的费用总数的一半。法租界公董局得捐税总数减去道台份额之后的 25%。公共租界工部局占有其余份额,并与法租界均摊余下的另一半征收费用"。这种安排最初是临时性的,1901 年前后"改为永久性的协议,但加上了保留条件:三方中的任何一方,只要在三个月之前发出通知,就可以在任何时候中止协议"[3];并大体确定国内贸易货物缴纳的码头捐,按 2∶1∶1 的比例由道台、工部局、公董局分配;对外贸易货物缴纳的码头捐,按 3∶1 的比例由工部局、公董局分配。为了配合海关的征税,工部局与公董局每年要向海关缴纳 2500 两的征收费用,同时道台也需支付一部分,其比例按照 1∶1∶2 分摊。[4]

正如各方所达成协议中规定的,鸦片、丝、茶和贵重奢侈品等商品被单独规定了税率,仍然是从量税的形式,与关税的比例也不同,但大体仍维持在 2% 上下(表3)。

表3　1899 年修订的部分商品关税与码头捐税率(部分)

征税种类	计量单位	关　税	码头捐	码头捐与关税比率(%)
生鸦片	每担	一百两	二两	2
熟鸦片	每担	二百两	四两	2
鸦片渣	每担	五十两	一钱	0.2
丝厂缫	每担	十两	三钱二分	3.2
丝生白色	每担	十两	一钱六分	1.6
丝华产黄色	每担	七两	一钱三分五厘	1.93
丝野生	每担	二两五钱	一钱	4

---

[1]　上海市档案馆编:《工部局董事会会议录》第一四册,1899 年 1 月 25 日,第 468 页。
[2]　上海市档案馆编:《工部局董事会会议录》第一四册,1899 年 3 月 8 日,第 475 页。
[3]　《1892~1901 年海关十年报告》,载《上海近代社会经济发展概况(1882~1931)——〈海关十年报告〉译编》,第 100 页。
[4]　史梅定主编,《上海租界志》编纂委员会编:《上海租界志》,第 326 页。

征税种类	计量单位	关　税	码头捐	码头捐与关税比率（%）
丝野厂缲	每担	二两五钱	一钱二分五厘	5
丝重缲华产	每担	十两	二钱五分	2.5
丝条本重缲		五两	二钱五分	5
丝重缲本厂	每担	十两	二钱五分	2.5
丝头		一两	二分	2
丝茧炒过	每担	三两	六分	2
茶红青炒过	每担	一两二钱五分	一分五厘	1.2
茶砖	每担	六钱	一分	1.67
茶碎	每担	一两二钱五分	一分五厘	1.2
茶碎炒过		六钱	三厘	0.5
茶末炒过		一两	一分五厘	1.5
珠宝进口或出口		每一千两免税	每一千两三钱	
各种汽水货款洋均属		每打华产免税洋货五分	每打二厘五毫	5

　　资料来源：《1899 年码头捐表》，上海档案馆藏，Q202-2-62。所涉及商品仅包括鸦片、丝、茶等大宗商品。

　　1899 年之后，工部局将码头捐的征收委托于江海关，将征税范围扩展至所有进出口商品，税率也基本确定下来。码头捐的税率也由从量税正式过度为真正意义上的从价税，进而大大提高了税收额，由下文表 4 可知，1899 年的税额几乎一跃而至 1898 年的 2 倍。通过江海关、上海道台和工部局、公董局等相互的妥协，自开征初期出现的围绕码头捐征收的各种纠纷逐渐趋于减少；又因中国政府在清末后逐渐失去对地方的控制，码头捐的征收基本上由江海关与工部局共同协商解决。下文所述公共租界工部局与上海各机构的种种争端，基本源于近代前期由码头捐的征收方式，以及与码头捐相关的进出口商品的税率。

二、码头捐的数量分析

　　码头捐作为一项贸易税，是近代上海港贸易的代表；因其在工部局财政开支中的地位，也与市政经费产生了相关性。那么，码头捐到底与上海港的贸易有着怎样的联系，其相关性如何体现？在市政建设经费中的地位又有什么变迁，又反映了港口贸易与城市建设的什么关系呢？这都是本节要讨论的问题。

(一)码头捐与上海港贸易的相关性

码头捐产生之后,围绕它的征收对象及征税标准,经历了由从量税到从价税的演变,但无论针对什么对象、以何种标准征收,码头捐总是与进出口贸易相关联的。码头捐与上海港对外贸易的消长有密切联系,需以数据考察确定工部局通过码头捐与上海港的联系(即相关性)。本节主要以具体的码头捐数额与上海港的贸易数据为基础,利用相关系数做宏观的分析,再联系具体的贸易货物作微观分析。

根据江海关的贸易统计,以及工部局各年预算及统计等报表,整理出历年工部局的码头捐决算数据、上海港对外贸易额、进出上海港的船舶吨位量,这些数据相互比较,如下表所示。

表 4　工部局历年码头捐与上海港关系比较表(1869～1931)

单位:关平两(贸易额);吨(船舶吞吐量)

年份	码头捐决算额	埠际贸易额	对外贸易额	贸易总额	船舶吞吐量
1869	86034.30	86125531	90940360	177065891	
1870	100598.94	75861139	79803810	155664949	
1871	112736.43	86688431	88900771	175589202	1961775
1872	135116.15	98240707	93557921	191798628	2319068
1873	105832.80	94951833	86145054	181096887	2238216
1874	107187.92	91236010	80118878	171354888	2342142
1875	107331.01	95035641	78746908	173782549	2591171
1876	97127.50	99123067	90044381	189167448	2602530
1877	90958.08	100731443	83251407	183982850	2886644
1878	83450.78	94927448	79601155	174528603	2961582
1879	87196.97	118410010	93105602	211515612	3062682
1880	16702.75	118066230	94396341	212462571	3317298
1881	10302.25	123046717	102557995	225604712	3690241
1882	10244.50	110371839	84959429	195331268	3848426
1883	10185.00	102437757	78109463	180547220	3843496
1884	10244.50	107701283	77780456	185481739	4024498
1885	46912.42	117645955	88097273	205743228	3917178
1886	63276.37	121040543	92654632	213695175	4691376
1887	62295.17	125932001	98305384	224237385	4827185
1888	67330.20	124809539	106750959	231560498	4993835
1889	65548.82	127968419	103033096	231001515	5277172

年份	码头捐决算额	埠际贸易额	对外贸易额	贸易总额	船舶吞吐量
1890	64321.78	137298624	100528116	237826740	5443179
1891	71759.87	146127393	118985308	265112701	6252005
1892	69460.16	147186595	124073614	271260269	6540275
1893	62987.91	150474769	135586876	286061645	6529870
1894	77095.62	150660222	158489529	309149751	6907413
1895	77994.91	167706456	174769768	342476224	7403652
1896	76726.87	170476312	188313424	358789736	7564026
1897	70378.83	213791408	215733610	429525018	7969674
1898	69900.75	213084228	200683151	413767379	8205028
1899	135762.65	239248778	249549283	488798061	8937943
1900	118300.06	178460116	211024279	389484395	9432419
1901	140170.17	233870229	244613555	478483784	10781185
1902	177225.08	257892906	295577114	553470020	12041166
1903	162508.80	292352769	291235550	583588319	12342535
1904	180159.00	330549001	334099349	664648350	12181798
1905	224212.84	334387136	376542195	710929331	15579310
1906	203741.94	317783610	357393053	675176663	17372962
1907	179357.53	313362180	335042781	648404961	17636975
1908	157957.04	342269160	314143520	656412680	17812914
1909	177636.01	384643339	352723137	737366476	18414555
1910	173393.89	386761186	382458946	769220132	18554838
1911	180778.00	387424573	383719381	771143954	18512471
1912	204782.49	414811347	382249493	797060840	18642803
1913	215244.71	427280170	432567337	859847507	19580151
1914	189361.98	394132868	395182291	789315459	18950918
1915	183288.82	476430621	414155601	890586222	16849638
1916	207000.71	472253258	429765746	902019004	16819095
1917	203394.01	468575790	415478468	884054258	15716017
1918	196310.76	501380757	428809506	930190263	14049293
1919	268835.84	592537478	532726065	1125263543	18561945
1920	365297.02	577056529	592967314	1170023843	22498112
1921	374785.11	653381602	649799255	1303180857	24082274

年份	码头捐决算额	埠际贸易额	对外贸易额	贸易总额	船舶吞吐量
1922	379743.45	697571854	649870955	1347440887	27515927
1923	427364.51	793235368	704897806	1498133174	30018240
1924	489622.20	817627316	772648656	1590275972	32305419
1925	464627.49	860207735	747251181	1607458916	30284855
1926	616633.41	995556834	971942859	1967499693	33323429
1927	499299.64	857943765	798404537	1656348302	30151653
1928	602787.07	982180576	919577563	1901758139	34586406
1929	664963.03	911191073	998346546	1909537619	35869560
1930	748335.63	947839726	1005550108	1953389834	37110641
1931	645488.28	965293927	1120255027	2085548954	

数据来源: *Annual Report of the Shanghai Municipal Council*（1868～1931），上海档案馆藏，U1-1-882 至 U1-1-943；罗志如编：《统计表中之上海》，中研院社会科学研究所，1932 年。

下文要考察的是码头捐与上海港口贸易的相关性。为使计算更有可比性，由于 1899 年之前，码头捐的征收标准是从量税，故选取以重量计的船舶进出口吨位数来代表上海港贸易的演变；1899 年后，码头捐以从价税的标准，由海关代征，故可以直接根据上海港对外贸易额来观察港口与码头捐的相关性。其中，1932 年之后海关各项贸易数据统计方式有所改变，其与 1931 年之前变化极大，此处从略。

码头捐和上海港贸易之间相关程度的大小，可以用相关系数来进行分析。大体可知，贸易额中的进出口贸易总额、对外贸易、埠际贸易，三者对码头捐的影响并不是相同的，这种差别也同样可以通过相关系数表现出来。相关关系的强弱，一般以相关系数 R 表示，常用的计算公式：

$$R = \frac{\sum\limits_{i=1}^{n}\left(x_i - \bar{x}\right)\left(y_i - \bar{y}\right)}{\sqrt{\sum\limits_{i=1}^{n}\left(x_i - \bar{x}\right)^2 \sum\limits_{i=1}^{n}\left(y_i - \bar{y}\right)^2}}$$

其判断相关程度的一般标准为：

当 |R|＜0.3 时，为无相关；

当 0.3≤|R|＜0.5 时，为低度相关；

当 0.5≤|R|＜0.8，为显著相关；

当 |R|≥0.8，为高度相关。

以下笔者就以这一统计指数为工具,来分析 1869～1931 年间上海公共租界工部局码头捐数额,与上海港埠际贸易额、对外贸易额、贸易总额,以及与进出港船舶吨位的相关性。由于 1899 年之后,码头捐转交江海关代为征收,故可以此年为界分为前后两个时段。

根据相关系数的计算结果,颇有些意外,因为它显示的是:在 1869～1899 年间,码头捐与贸易额呈负相关性,而且相关系数的绝对值也相当小,这说明二者几乎没有什么关系。其结果如下(由于 1880～1885 年间,对进出口贸易征收的码头捐为 0,故除去这六年的数据直接由 1879 过渡到 1886):

$$R_{埠} = -0.219;$$
$$R_{外} = -0.062;$$
$$R_{总} = -0.137。$$
$$R_{吨} = -0.407。$$

这一结果非常出乎笔者意料,按理不应如此,因为码头捐的数额是与上海港的贸易息息相关的,惟一作为解释者,即是码头捐的增长率未能与贸易额的增长率相一致,在工部局直接以从量税征收的情况下,虽然码头捐的数额在不断增长,但并不能保证它与上海港贸易增长的一致性。

在 1869 年至 1898 年,每年道台为中国船只进出上海港所付出的补偿金为 10000 余两,基本没有太大波动(即对从事贸易的中国人不缴纳码头捐的补偿)。这是与上海港不断增长的贸易额不相对称的,因此,为更好地计算码头捐额与上海港贸易的相关性,此处除去道台补偿金的影响,则码头捐余额如下表。

表5　去除道台补偿金的工部局码头捐额(1869～1898)

年份	码头捐额	年份	码头捐额	年份	码头捐额
1869	75507.18	1879	76943.82	1889	55244.82
1870	90123.44	1880	0	1890	54094.78
1871	99684.93	1881	0	1891	61592.37
1872	124410.15	1882	0	1892	59226.16
1873	94919.80	1883	0	1893	52767.91
1874	96687.92	1884	0	1894	66588.62
1875	99831.01	1885	0	1895	67389.91
1876	86652.00	1886	53017.87	1896	66489.37
1877	80575.33	1887	52117.17	1897	59920.83
1878	73253.53	1888	57100.20	1898	59480.75

数据来源:*Annual Report of the Shanghai Municipal Council*(1868～1898),上海档案馆藏,U1-1-882 至 U1-1-911。

根据此表,除去道台补偿金后,1869~1898 年间码头捐与各类贸易额的相关系数如下:

$$R_埠 = -0.449;$$
$$R_外 = -0.622;$$
$$R_总 = -0.540。$$
$$R_吨 = -0.738。$$

经过除去干扰因素,码头捐与贸易额仍呈现负相关性,且相关系数绝对值更大。这更说明二者的增长并不一致,而这也正是导致之后工部局交出码头捐的征收权,而全部由海关来负责的原因。

1899 年之后,码头捐的征收交由海关税务司来执行,其数额迅速增长,与贸易的相关性也迅速增强,几乎属于完全相关。这也说明,海关在征收码头捐的过程中是相当尽职的。其实这也不难理解,因为除少数商品之外,均按 2% 的从价税征收,相关性会更大一些,在计算过程中也会表现得更明显。1900~1931 年的三十余年间,码头捐与贸易额相关系数如下:

$$R_埠 = 0.954;$$
$$R_外 = 0.984;$$
$$R_总 = 0.975。$$
$$R_吨 = 0.953。$$

通过以上的分析可知,码头捐与上海港贸易的大致关系如下:

首先,工部局直接征收的时期。虽然码头捐数额也在不断增长,且在市政经费中所占比例很大,但通过相关系数可以发现,这一增长趋势与贸易额的增长却呈现负相关。这也表明,一个城市的市政管理机构因无权全面管理港口的贸易,不可能使市政经费与贸易的增长相 致。

其次,海关代为征收的时期。1899 年之后,工部局的工作重心开始发生转移,由于租界的扩张,它的主要精力转向对城区的建设,对上海港的直接关注日益力所不及。它把码头捐的征收权交给江海关,是一件收益远大于损失的事情,并且一度使码头捐在财政体系中的地位有所提升。

最后,上海港的逐步发达,以码头捐为标志,显示了对城市建设日益增长的支持。无可争议的是,虽然在近代后期上海城市中的产业体系日益完善,但国人提及上海时仍然目之为最大的港口城市。这一点当然是以港口贸易额的增长为基础的,并在城市建设的深层次方面,通过码头捐的形式支持着城市建设的发展。

(二)码头捐对工部局市政经费的影响

自从码头捐开征之后,其在市政费用中所占据的比例,经历了一个由大到小逐渐变化的过程:由初期的大半,逐渐降至小半,最后只占极小的比例。其具体演变过程,本小节试做分析如下。

1. 工部局对码头捐的依赖

工部局成立之初规模并不大,所进行的各项工程也仅限于外滩城区一带。从较早的工部局收支表中可以看出当时工部局财政状况的一斑,亦可窥见码头捐的重要地位:

表6　1856年工部局收支预算表

预算收入(元)		预算支出(元)	
从西人收来税款	3500	捕房	5620
从华人收来税款	5400	营房	2522
码头捐	9000	道路和码头	3158
洋文书馆和台球俱乐部房租	375	薪金	1110
共计	18275	共计	12400

数据来源:《工部局董事会会议录》第一册,1856年7月21日,第589~590页。

此年的码头捐收入,占据了总收入的49.2%,加上1856年、1855年的盈余,除去各项应付款,尚能盈余10820元。开埠后的十多年内,工部局的收入还不是很充裕,只能量入为出;而码头捐数量与比例的可观,亦可见对外贸易对工部局公共事业的支持。

鉴于码头捐在工部局的财政开支中占有的重要地位,一旦有洋行拖欠码头捐,工部局就会很紧张。因为"如果这种义务不予更好地经常注意的话,董事会就无法应付行政机关的开支,而不注意这种情况的后果将迫使捕房力量减少,导致本租界处于极为不利的历史时期"。[1]工部局在不同的时期反复说明:"码头税是财政收入的来源之一,而且在所有财源中最具有伸缩性,需要关注和细心照料"[2];1867年初,工部局财政委员会甚至考虑缩减开支,因为"在看到像码头捐那么重要的一个项目上的惊人减少之后(构成不少于年度全部税收的四分之一),本委员会的首要责任是尽可能重新编制缩减开支又适合工部局部门效率的预算",毫无疑问,会影响如警备委员会和工务委员等部门的工作。[3]

1869~1870年度的预算比较报表中,上年未收捐税13161银两,"只能希望从码头捐取得补偿",但码头捐仅收到了506两,结果就是"恐怕工部局会受到损失"。[4]1869年,工部局财务委员会报称,1870年预算的60000银两,很大一部分"将从这一来源实现"[5],可见码头捐在工部局财政收支中的地位。1865年,

[1] 上海市档案馆编:《工部局董事会会议录》第一册,1861年12月27日,第631页。
[2] 上海市档案馆编:《工部局董事会会议录》第四册,1871年1月30日,第770页。
[3] 上海市档案馆编:《工部局董事会会议录》第三册,1867年1月14日,第545页。
[4] 上海市档案馆编:《工部局董事会会议录》第三册,1867年8月31日,第725页。
[5] 上海市档案馆编:《工部局董事会会议录》第三册,1869年11月4日,第740页。

工部局的财政状况遇到了非常窘迫的地步,"迄今为止,工部局收入的主要来源之一的码头捐下跌程度非常令人吃惊……本年度从这一税源得到的捐税将不足55000 两银子,很可能不超过 25000 两银子。出于暂时的原因,房捐和土地税也严重减少。因此你们一定知道工部局的财政状况非常危急,除非通过尽早征收拟议中的市捐以使税收有极大的增加,否则工部局无法为公众正常发挥管理职能"。[1] 在这一背景下,工部局曾考虑以"市捐"代替码头捐,其实质是对所有的进出口商品全面征收码头捐,以充实市政经费。

早在 1863 年 7 月,码头捐小组委员会已开始着手准备全面改革税收的计划,直到 1865 年 6 月,这一计划才真正形成,董事会决定调查用"市捐"代替"码头捐"的可能性。[2] 所谓"市捐","是一项对进口、出口和再出口等所有通过海关的货物征收的捐税"。它提出的原因,大体有以下几个:很多商人和洋行的逃税、道台拒绝增加华人货物的代偿金、对不同货物在抽税时的不同待遇(尤其鸦片从未缴纳过码头捐),以及对私人码头使用的增加。工部局决定由海关以对他们最方便的方式征收,"例如根据进口、出口和再出口的申请征税,这样就能够避免逃税现象,而且这种税收将只会随港口业务的多寡而浮动。所有人都将平等纳税",由于这是一项贸易税,"不居住本埠但与本埠进行交易,且其财产和经营活动得到捕房和工部局保护的人将以这种市捐的方式作出贡献",这相当于增加了上海港贸易的整体税率,这就需要得到"作为租界管理机构的租地人大会批准",以及"法公董局、道台大人和海关西人税务司的认可",但工部局对此充满信心,认为这是为了"废除不公正的强征的码头捐",并且预计"这一税源将使收入增加到 65000 两"。[3]

对于这一改变,英国代理领事、海关税务司和法租界公董局也都表示赞同,租地人大会也通过了这一措施,但道台拒绝予以批准,而且"此事已由各国缔约代表提交到北京"。[4] 为配合市捐的制定,租地人大会又于 1864 年底制定了加倍码头捐的规定,招来了普遍的反对,使征收码头捐的工作受到阻碍。无奈之下,工部局不得不"将一半码头捐还给所有在截止到 1865 年 3 月 31 日这一季度加倍缴捐的人"[5],这种让步也说明了加征捐税的难度。鉴于征收市捐的无限期推迟,工部局不得不请求主要的鸦片进口商"同意缴纳适当数量的捐税,从而帮助工部局减轻目前的负担"。[6]

如果需要变码头捐为市捐,则势必要修订《土地章程》,这就是一个很大的问题,并牵涉与中国政府的外交。争议持续到 1866 年 2 月,英国驻华公使认为,"此事应等到对《土地章程》修订总则做出决定后再说",工部局不得不考虑"根据

近代上海对外贸易与市政经费筹集:以码头捐为中心的分析

[1] 上海市档案馆编:《工部局董事会会议录》第二册,1865 年 12 月 13 日,第 536 页。
[2] 上海市档案馆编:《工部局董事会会议录》第二册,1865 年 6 月 7 日,第 504 页。
[3] 上海市档案馆编:《工部局董事会会议录》第二册,1865 年 6 月 29 日,第 508 页。
[4] 上海市档案馆编:《工部局董事会会议录》第二册,1865 年 8 月 7 日,第 510 页。
[5] 上海市档案馆编:《工部局董事会会议录》第二册,1865 年 9 月 5 日,第 515 页。
[6] 上海市档案馆编:《工部局董事会会议录》第二册,1865 年 10 月 10 日,第 517 页。

目前的《土地章程》是否有可能制定一种捐税,用以应付工部局的财政困难,并更均衡地分布捐税范围"[1],"市捐"的提议逐渐消失,工部局不得不就码头捐的征收付出更多的时间与精力。虽然在进入20世纪后,码头捐在工部局财政收入中的地位开始逐渐下降,但在19世纪码头捐的征收一直是困扰工部局的一个大问题。

2. 码头捐地位的数理分析

码头捐开征之后的数十年时间,征收数额取得了飞跃性的增长。工部局曾乐观地认为,码头捐"这项税源通过留意关注,有可能扩大成为工部局主要收入之一"[2],但与工部局整体收入预算相比较来看,就可以发现更有意义的问题。下文即通过各种数据的计量分析,来分析码头捐对工部局财政(本文指经常项目)的影响程度。

1856年,码头捐即以征收额9000元的规模占到了工部局年度预算18275元的49.2%(见表1),之后码头捐的征收额几乎逐年上升,1861年,码头捐为12000两,1862年,达到了51960两。[3]不过,码头捐在总预算、决算额中所占的比例却在不断下降。其变化趋势大致如下表所示。

表7 工部局历年预算与码头捐比较表

年份	码头捐预算（两）	总预算（两）	码头捐比例（%）	码头捐决算（两）	总决算（两）	码头捐比例（%）
1867	66000	169386	38.96	61524.57	145445.45	42.30
1868	——	——		73823.73	162710.90	45.37
1869	60200	141471	42.55	86034.30	182676.67	47.10
1870	70360	155877	45.14	100598.94	175670.32	57.27
1871	95360	181595	52.51	112736.43	205854.11	54.77
1872	110360	200236.5	55.11	135116.15	232991.81	57.99
1873	120000	219485	54.67	105832.80	214322.28	49.38
1874	95000	220075	43.17	107187.92	225184.62	47.60
1875	99000	229040	43.22	107331.01	235385.14	45.60
1876	75000	204500	36.67	97127.50	228060.35	42.59
1877	80200	211430	37.93	90958.08	229082.69	39.70
1878	80000	218000	36.70	83450.78	220000.44	37.93
1879	75200	213727	35.19	87196.97	232226.21	37.55
1880	10200	192546	5.30	16702.75	206886.22	8.07

[1] 上海市档案馆编:《工部局董事会会议录》第二册,1866年2月10日,第544页。
[2] 上海市档案馆编:《工部局董事会会议录》第三册,1867年9月9日,第615页。
[3] 《北华捷报》第五五六期,1863年2月21日,载《太平军在上海——〈北华捷报〉选译》,上海人民出版社,1983年,第476页。

年份	码头捐预算（两）	总预算（两）	码头捐比例（%）	码头捐决算（两）	总决算（两）	码头捐比例（%）
1881	0	196728	0.00	10302.25	217174.57	4.74
1882	10200	222740	4.58	10244.50	236032.60	4.34
1883	10200	274896	3.71	10185.00	267467.66	3.81
1884	10200	278552	3.66	10244.50	266259.06	3.85
1885	10200	273360	3.73	46912.42	303585.03	15.45
1886	46200	303050	15.25	63276.37	334839.14	18.90
1887	56700	327554	17.31	62295.17	344558.46	18.08
1888	55200	337184	16.37	67330.02	362236.18	18.59
1889	56700	350110	16.19	65548.82	376188.82	17.42
1890	56200	366284	15.34	64321.78	377790.89	17.03
1891	56200	381675	14.72	71759.87	404759.43	17.73
1892	58200	390890	14.89	69460.16	416487.03	16.68
1893	61200	404680	15.12	62987.91	421237.82	14.95
1894	57200	416910	13.72	77095.62	456774.74	16.88
1895	65300	455370	14.34	77994.91	482602.95	16.16
1896	65300	479570	13.62	76726.87	528283.73	14.52
1897	65300	587920	11.11	70378.83	640006.14	11.00
1898	67300	717843	9.38	69900.75	753270.05	9.28
1899	75000	799610	9.38	135762.65	917091.00	14.80
1900	125000	992730	12.59	118300.06	1045177.16	11.32
1901	110000	1003750	10.96	140170.17	1097719.71	12.77
1902	145000	1078780	13.44	177225.08	1209175.24	14.66
1903	160000	1232400	12.98	162508.8	1341570.03	12.11
1904	160000	1362750	11.74	180159.00	1505402.40	11.97
1905	180000	1617500	11.13	224212.84	1780414.82	12.59
1906	180000	1812250	9.93	203741.94	1866398.01	10.91
1907	200000	1953305	10.24	179357.53	1983431.83	9.04
1908	175000	2429920	7.20	157957.04	2403164.16	6.57
1909	160000	2469700	6.48	177636.01	2521600.33	7.04
1910	190000	2575350	7.38	173393.89	2555056.02	6.79
1911	175000	2567900	6.81	180778	2589627	6.98
1912	175000	2611450	6.70	204782.49	2734245.38	7.49

年份	码头捐预算（两）	总预算（两）	码头捐比例（%）	码头捐决算（两）	总决算（两）	码头捐比例（%）
1913	200000	2758165	7.25	215244.71	2858006.01	7.53
1914	210000	2872205	7.31	189361.98	2934381.58	6.45
1915	175000	3006460	5.82	183288.82	3051017.17	6.01
1916	185000	3277850	5.64	207000.71	3333150.76	6.21
1917	200000	3462350	5.78	203394.01	3455127.75	5.89
1918	200000	3895780	5.13	196310.76	3864576.87	5.08
1919	220000	4079890	5.39	268835.84	4419961.47	6.08
1920	350000	4742870	7.38	365297.02	4823483.03	7.57
1921	340000	5700950	5.96	374785.11	5967040.09	6.28
1922	380000	6285530	6.05	379743.45	6391200.39	5.94
1923	400000	7064770	5.66	427364.51	7203797.56	5.93
1924	450000	7822650	5.75	489622.20	8028824.09	6.10
1925	500000	8936800	5.59	464627.49	9152409.48	5.08
1926	560000	10200850	5.49	616633.41	10100856.87	6.10
1927	650000	11528850	5.64	499299.64	11161792.35	4.47
1928	500000	12615970	3.96	602787.07	12691714.42	4.75
1929	650000	13047520	4.98	664963.03	12473292.49	5.33
1930	675000	12463860	5.42	748335.63	12679207.77	5.90
1931	750000	14668300	5.11	645488.28	14795037.66	4.36
1932	600000	15744810	3.81	261112.73	15169552.83	1.72
1933	340000	16538100	2.06	345508.26	15809837.11	2.19
1934	357500.36	17449092	2.06	351610.31	17100943.12	2.06
1935	357500.36	18027313	1.98	336205.70	17098854.22	1.97
1936	357500.36	17526098	2.04	396912.08	17526097.53	2.35
1937	429000.43	17953525	2.39	390726.83	15515187.43	2.52
1938	143000.14	15849192	0.90	102059.97	17654573.73	0.58

数据来源：*Annual Report of the Shanghai Municipal Council*（1868～1938），上海档案馆藏，U1-1-882 至 U1-1-951。其中，1875 年后，工部局财政年度由 4 月 1 日～3 月 31 日调整为 1 月 1 日～12 月 31 日；1934 年之后的数据，原单位为国币元，依比率转化为关平两，1 关平两 = 1.3986 元。

根据以上表格所示，将相关数据整理成图如下（图一、二），并可观察各项指标更为直观和明显的趋势。其中 1881 年码头捐预算为 0（因 1880～1885 年取消了码头捐),但在决算中有道台的补偿金,故决算比例虽小,但仍然存在。

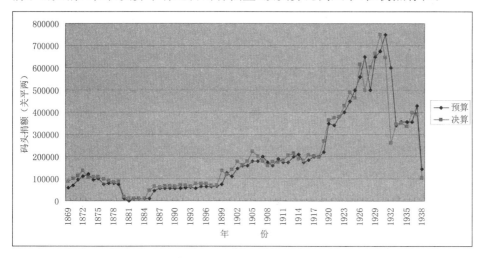

图一　上海公共租界工部局历年预、决算中码头捐数额比较图(1869～1938)

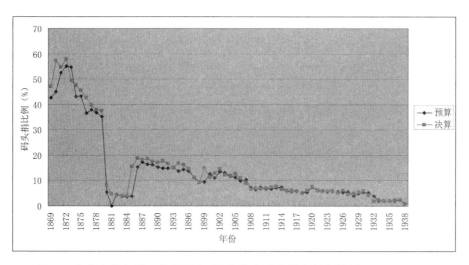

图二　上海公共租界工部局历年预、决算中码头捐比例比较图(1869～1938)

由以上图表可知,码头捐的总额在1880～1885年之间因停止征收,以致仅剩道台补偿金,使得总额、比例均出现大幅下降。但除此之外,在1931年之前除虽偶有浮动外,总趋势一直处于一种不断上升的过程之中,尤其在1920年之后的十年间,处于一种急剧上升的趋势。直到1931年之后,因"九一八"事变、"一二八"事变的发生,上海港的贸易受到影响,码头捐数额也随之急剧下降。

相比之下,码头捐在工部局年度预、决算总额中的比例变化趋势则相对简单。1872年之前,码头捐无论在数额上还是所占比例上,均在不断上升;之后,除有小幅的波动之外,整体趋势开始不断下降,1880～1885年之间更属如此;而在进入20世纪之后,与码头捐数额的迅速上升相反,所占比例则几乎呈现一种不断下降的趋势,虽偶有波动,但已不能改变总的趋势。

这表明了近代以来上海港贸易的扩张，以及上海城市性质的演变。1895 年《马关条约》之后，上海经历了一次重要的转变：由一个商业城市逐步转变为工商业城市，工业比重的不断上升、产业体系的不断完善使城市获得了发展的内在动力。于是工部局可以不断开拓新的税源，并因此而获得了更大程度的利益，至少在市政经费上变得十分宽裕，码头捐的比例遂转为下降，这时的上海城市发展开始相对独立于贸易了。若由此项码头捐指标来看，根据港口与城市相互作用的生命周期理论[1]，此后的租界城区与港口的关系日渐疏远，上海港通过码头捐对上海城市发展的支持，在短暂上升之后逐渐降低，而这是与上海港地位演变的历史趋势相一致的，也反映出对外贸易在上海城市发展中的作用：至少对租界城区发展的直接经济贡献日趋变小。

三、码头捐反映的近代上海对外贸易与市政经费的关系

码头捐的产生是以上海港贸易的发达为前提的，由近代市场经济所决定的上海港口与城市的兴起，并不能赋予码头捐完整的经济性质，从更大视野中来看它是"属于公共议程的"，"是不喜欢市场的结果并在政体中有更高议价能力实现其目标群体所关注的议题"。因此，它更像是一个政治问题："政治体制中的议价能力和交易费用的产生必定不同于经济领域，否则群体就不值得把问题转向政治领域。因此，选择的过程就是将高交易费用的议题转交政治体制的过程。"[2] 就此而言，为什么工部局会放弃码头捐的直接征收，就是因为交易费用的昂贵，不仅仅是搜集贸易信息的困难。因此，在工部局章程这一并非完全合法的制度框架之下，必须将这些关系列强的税收转向由列强自身控制的海关，虽然会使工部局自身的权力受到某些损失，但都是比较小的问题，因为列强会采取相应的支持。

根据交易费用政治学的理论框架，决定一项制度演进和达到预期效果的两个要素是："行动者的主观模型和源自具体政治制度的交易费用，这些制度构成不同政体政治交易的基础。第一个要素影响着第二个要素。也就是说，如果行动者有了正确的模型，虽然依旧存在交易费用，但是它完全不同于并且也大大低于主观模型不完全情境下的交易费用。"[3] 具体到码头捐的设立，直至成为一项正式的制度，先是在行动者之间通过博弈，达成了一致的行动主观模型，既而将码头捐纳入海关的这一具体政治制度框架之中，最大限度地消除了与各利益方的冲突，实现了对此项收入的控制；但又通过与海关这一行动者之间的博弈与

---

[1] 陈航：《港城互动的理论与实证研究》，大连海事大学博士学位论文，2009 年。

[2] 道格拉斯·C·诺思：《交易费用政治学》，载《交易费用政治学》，中国人民大学出版社，2013 年，第 8 页。

[3] 道格拉斯·C·诺思：《交易费用政治学》，载《交易费用政治学》，第 9 页。

服从，完成了码头捐合法性在条文与实施两个方面的实现。工部局与法租界公董局在征收码头捐方面的交涉与合作，可以看作是这一协调过程的实现。

公共租界与法租界的关系，是近代上海史上一个比较有趣的论题。法租界所宣扬的"不丧失自己的独立性""保持法国基本特性"的目标，又使得它具有了更丰富的特色。[1] 法租界与公共租界保持着既合作又有距离，一度合并又最终分离的关系。具体到码头捐的征收，更能明显地反映出两个租界之间的关系。

《土地章程》仅适用于公共租界，从码头捐开征时，便一直有洋行和商人为了逃税而移居法租界；法租界对于征收码头捐之事，并不热心，也不把码头捐作为主要的财政收入。工部局为了使逃税现象得到控制，曾有过与公董局合作征收码头捐的意向。1865 年，在拟将码头捐改为"市捐"的事件中，工部局就曾提出，"收得市捐的六分之一归法公董局，其余六分之五归英工部局"，因为"在本地人交易中，有一大部分是法租界的居民做的"，工部局甚至试图与法租界最大限度地一致，"为了大众的利益和两租界当局的利益，各种捐税应尽量统一，洋泾浜两岸的税率可以一致起来"。[2] 虽然这次"市捐"事件未能成功，但工部局却确信了与公董局联合的决心。通过与公董局的联系，最终于 1867 年 5 月 16 日，两个租界当局签订了关于共同征收码头捐税的《初步协议备忘录》。[3] 此协议明确规定：期限为一年，任何一方可随意拒绝续订；税率、征收方式及记账，各按现行制度执行；全部收入的四分之三归洋泾浜以北之工部局，四分之一归洋泾浜以南之公董局；两租界当局各自与中国当局商定华人码头捐之代偿款；若实际可行，自 5 月 1 日起征，每季度结账；为此而设立的机构所需费用由两租界当局按比例分摊。

协议签定之后，工部局对合作的前途相当乐观，并主动根据之前租地人大会通过的一项决议案，即"每家应在各自的管辖范围内，对所有以西人名义的进出口货物征收一种经确定的码头捐"。早在 4 月中旬，工部局"已完全执行了此项安排，并已按时地将帐目提交法租界"。[4] 公董局却并不十分积极，以至于码头捐账目尚未结算首次的季度差额，"因为公董局没有把征收的进展情况正式通知本委员会"。[5] 在经过与公董局的联合征收后，工部局财政、捐税及上诉委员会感到十分满意，因为 1867～1868 财政年度，码头捐的"收入达到了预算的总数（白银 40000 两），而且市政金库收入获得如此进一步的增加，使本委员会有理由将 1868～1869 年度的预计收入数列为白银 50000 两"。[6]

但是好景不长，仅一年之后的 1868 年 8 月 22 日，法公董局通知工部局，称

———————

[1] 参见梅朋、傅立德著，倪静兰译：《上海法租界史》，上海社会科学院出版社，1983 年，第 206 页；熊月之主编：《上海通史》卷三《晚清政治》，第 419 页。
[2] 上海市档案馆编：《工部局董事会会议录》第二册，1865 年 6 月 29 日，第 508 页。
[3] 上海市档案馆编：《工部局董事会会议录》第三册，1867 年 6 月 12 日，第 599 页。
[4] 上海市档案馆编：《工部局董事会会议录》第三册，1868 年 4 月 17 日，第 632 页。
[5] 上海市档案馆编：《工部局董事会会议录》第三册，1867 年 9 月 9 日，第 615 页。
[6] 上海市档案馆编：《工部局董事会会议录》第三册，1868 年 4 月 17 日，第 656 页。

"法公董局在实行按照 1867 年 5 月 16 日协议所建立的征收码头捐的制度中遭到失败,现决定将其放弃"。[1]工部局甚为无奈,不得不在之后近二十年内,独自承担码头捐的征收工作。虽然不少洋行未向工部局缴纳码头捐,但之后也很少见到向公董局缴纳码头捐,偶尔会见于一些诉讼案件中。如在 1873 年,太古洋行因代理轮船招商局业务,拒绝缴纳码头捐,据太古洋行在写给工部局的信中声称,因为招商局从不使用公共租界的码头或码头上装卸货物的地方来装卸货物,而且"他们由于向法公董局支付了码头税,因此从法租界获得了使用其码头的特权"。[2]

就在停征码头捐后,工部局在 1881 年致函领袖领事,"要求他重新考虑他所作出的关于不再要求道台提供拨款作为华人进出口货物税代偿金的决定",因为"尽管法公董局并不收取码头捐,但道台却总是付给他们 1 万两"。[3]但到了 1884 年底,为了重新开征码头捐,与公董局的合作显得必要起来。吸取之前单独征收而产生不利的教训,工部局首先与公董局联系此事,但法方告知,"在对码头捐问题发表意见以前,法公董局必须召开会议","法公董局并不迫切需要款项,但在作出决定以前,法公董局希望知道英租界纳税人在码头捐方面的观点"。工部局认为"除非法租界采取同样作法,否则在英租界征收码头捐将是无用之举",因此会议决定"将征码头捐一事暂时从预算中取消,而以其他方法增加收入"。[4]工部局在经历了元亨洋行一案的打击后,明显聪明了许多,开始在征收码头捐方面联系更多的力量。

这次与公董局联合征收码头捐的计划并未完全成功。1885 年,工部局得到了海关税务司的支持,决定抛开公董局,再次独自征收码头捐。1898 年,江海关税务司协助代征工部局码头捐已经有一段时间,工部局认为这一措施很有效,遂由海关税务司向道台通报,欲确定措施为固定方法。但道台表示,"要在法租界统一采取同样的办法"。工部局在试探了公董局之后,未获任何令人满意的结果。"因为法公董局似乎想要讨好他们那里的居民,让他们在一个相当长的时期内不交码头捐。"工部局总董遂亲自出马,表述工部局的看法,"即如果能采取一种统一的办法,对两个租界都有好处"。[5]

1898 年 8 月,这一新方案分别由道台和海关当局批准,并请法公董局对此进行合作。"如果法国人表示愿意讨论的话,即由财务委员会作代表,与法国人的代表及海关税务司就所得税款的最佳分配方案进行商谈。"[6]在这种利益的作用下,公董局终于同意:"新方案生效执行之后,该公董局将对其租界内的码头

[1] 上海市档案馆编:《工部局董事会会议录》第三册,1868 年 9 月 1 日,第 683 页。
[2] 上海市档案馆编:《工部局董事会会议录》第五册,1873 年 7 月 7 日,第 642~643 页。
[3] 上海市档案馆编:《工部局董事会会议录》第七册,1881 年 1 月 10 日,第 727 页。
[4] 上海市档案馆编:《工部局董事会会议录》第八册,1884 年 12 月 15 日,第 599 页。
[5] 上海市档案馆编:《工部局董事会会议录》第一三册,1898 年 4 月 6 日,第 571 页。
[6] 上海市档案馆编:《工部局董事会会议录》第一三册,1898 年 8 月 3 日,第 591 页。

上岸的所有货物征收码头捐，而不问其原居留地如何"[1]；并同意召开会议，推选代表。年底时工部局与公董局举行了会晤，邀请海关税务司参加，讨论了相关细节问题，尤其是"按照修订的办法而定的收入分配问题"[2]，为两个机构共同征收码头捐铺平了道路。1899年2月，公董局回信，确认"关于这笔捐税的征收和分配办法"，随后又赞同"按2%关税的固定税率征收码头捐的修订方案"。[3]至此，工部局与公董局关于码头捐共同征收一事，终于达成共识，虽然之后还就海关代征所收取的劳务费一事有过小小讨论，但已不影响两个机构的合作关系。

产生这一事实的主要原因，在于公董局与工部局的财政来源不同。作为法国外交部直接控制下的公董局，其财政经费主要源于法国财政部的拨款，而且由于法租界范围较小、贸易利益也不大，并不存在征收码头捐的动力。不过，公董局同样考虑到自身的利益，最终同意了联合征收码头捐的征收方式，由海关代为征收。这样做，既不损失其所谓"独立性"，又能获得一笔不小的收入。

总之，这件事情得到了相对稳妥的解决，工部局便再也不用为征收码头捐而大伤脑筋，道台也不用汲汲于华人贸易的补偿金了。于是，海关对码头捐的征收基本维持下来，直至工部局解散，没有太大变化。1931年，上海市政府收回华界城区岸线码头捐征收权，但实际的征收工作仍由海关负责。因此，在1920年代之后收回码头捐的征收权运动时，华界各机构不少人认为，码头捐自产生以来，就一直由海关征收。通过以上分析可知，这种看法并没有上溯到码头捐的源头，中间变迁的过程，要复杂得多。这也在更大程度上体现着，工部局在向海关移交码头捐征收权的同时，降低了进行市政管理的成本，为自己在更大范围内从事城市建设与城市控制创造了充足的空间与转圜余地。

结　语

上海作为一个港口城市，港口对城市发展的直接支持之一，即为码头捐——近代出现的一个新事物，开中国为市政筹资的先河，同时也证明了上海城市的繁荣兴旺与港口和贸易的相关性。

本文以公共租界工部局为线索，分析了上海港的代表——码头捐在上海城市发展中的作用。码头捐的产生在于租界以《土地章程》作为其合法性的基础。在上海开埠后的二十余年间，上海港对上海城市发展的带动作用，无论是绝对量还是相对量均非常明显。就绝对量而言，在整个历史时期，码头捐均处于增长的趋势之中，甚至最大相差近八十倍。但在进入1870年代之后，上海港与上海城市的相互影响日益明显，上海作为一个国际性商业城市的地位已经奠定，它的经

[1]　上海市档案馆编：《工部局董事会会议录》第一三册，1898年10月5日，第599页。
[2]　上海市档案馆编：《工部局董事会会议录》第一三册，1898年12月21日，第609页。
[3]　上海市档案馆编：《工部局董事会会议录》第一四册，1899年2月8日，第671页。

费来源日益多样化,码头捐在工部局市政经费中的比例(即相对量)逐渐下降。更由于各种商业团体的阻力,码头捐的征收发生了一定的困难,甚至一度被取消,反映着上海港开始逐渐远离上海城市发展的步调。19 世纪末,上海港的主要管理者——被列强势力控制的江海关接管了码头捐的征收。此后,虽然工部局每年不断取得增长的码头捐,它在预结算中的比例一度上升,但总趋势却日益下降,在 1930 年代初,更是跌落到了无足轻重的地步。

码头捐地位的变迁过程从侧面反映出上海港在上海城市发展中的地位变迁,同时也表现了近代上海城市发展过程中,由于代表着不同利益集团的多个行政机构的存在,一项经济政策的实施需要付出的代价。因为《土地章程》的合法性一直是有问题的,这一点就连英国的商人也不讳言,因此工部局在开征码头捐以至其后的税率更改、征收区域的扩张等事务中,受到的掣肘是来自多方面的。这导致了经济学中所称的"交易成本"的高昂,于是工部局逐步将这一与经济发展密切相关的政策委之于以列强为基础成立的江海关代为征收,将庞大的交易成本转由与中国政府交涉的江海关和列强来承担,工部局则在每年获得大量财政来源的同时,可以有更多的精力从事租界的城市建设。

对于华界政府而言,争取码头捐的征收权是另一件重要的事情。正如租界成立初期,受到码头捐的支持一样,包括南市、浦东等城区的发展也开始以码头捐为其主要的经济来源。因此,华界各机构从开始质疑该项捐税的征收合法权,逐步要求收回这一权利,直到南京国民政府成立后,才部分地将华界的码头捐拨付于上海城市建设之用。通过码头捐的演变也显示出,上海港对城市发展的支持具有相当明显的层次性,由租界向华界城区转移。工部局财政体系中的码头捐以对外贸易为基础,系统地反映了西方文明在租界确定其制度中的基础作用,并潜移默化影响到华界城区,这也是近代上海作为一个名副其实的港口城市的表现之一。

The Relationship between Trade
and Municipal Funds in Modern Shanghai:
An Analysis Based on the Wharfage Dues

Abstract: The Wharfage Dues of Shanghai, based upon the volume of trade at the port, became one of the most important sources for municipal construction. However, as the city grew bigger and more modern, this source of income gradually shrank in proportion to total revenues. Although modern Shanghai became famous because of its port, the growth of the city itself actually had more to do with an increasingly diversified industrial economy. A bifurcation occurred between the urban area and the port district as a result.

Keywords: Modern Shanghai, Wharfage Dues, Municipal Council of the International Settlement, Municipal Administration, Trade

国家航海　第十三辑
National
Maritime Research

近代上海对外贸易与市政经
费筹集：以码头捐为中心
的分析

129

中国近代海关的《海务报告》考论*

姚永超**

摘　要:除征税等本体业务外,中国近代海关的第二大职能任务是管理海务和港务。在长达数十年的管理工作期间,中国近代海关留下了大量的海务和港务档案。1909~1937年的海务年度报告,是反映清末与民国时期海关海务和港务工作业绩的最重要和最翔实的珍贵资料,其内容覆盖面广、连续性强、权威性高,具有较高的学术研究及工程应用等科学价值。

关键词:近代海关　海务和港务　海务报告

从1859年起,中国各通商口岸陆续建立起由外国人主管的近代化海关,西方的现代管理制度和科学技术也随之传入。譬如中国近代海关在其所负责的、包罗万象的各种业务部门内,陆续建立起严格的信息统计汇总和发布制度,曾编写和出版了大量贸易统计和贸易报告、气象报告、邮政报告、医学报告等。这些统计和报告以年报形式为主。因它们记载方法的科学性、内容的广泛性以及长时段的连续性,而向为中国经济史、环境史等各专门学科领域的研究学者所重视,甚至将它们视为研究近代中国最主要的资料宝库。[1]

除最基本的征税职能外,中国近代海关的第二大职能任务便是管理海务和港务。鸦片战争之后,西方国家为便利大型轮船前来中国沿海从事贸易,要求清政府用所征收的船钞来维护航道、提供灯塔、浮标等助航设备等,以保障航行船只的安全。1858年的《通商章程善后条约》第十款规定:"……任凭总理大臣邀请英(法、美)人帮办税务并严查漏税,判定口界,派人指泊船只及分设浮桩、号船、塔表、望楼等事,毋庸英官指荐干预。其浮桩、号船、塔表、望楼等经费,在于船钞项下拨用。"1868年4月,海关总税务司署成立了船钞部,由其主管沿海灯

---

　*　本文为2011年度国家哲学社会科学重大项目"中国旧海关内部出版物的整理与研究"和2014年度国家哲学社会科学一般项目"中国旧海关海图的整理与研究"之阶段性成果。

　**　作者简介:姚永超,上海海关学院基础部副教授。

［1］　吴松弟、方书生:《一座尚未充分利用的近代史资料宝库——中国近代海关系列出版物评述》,《史学月刊》2005年第3期。

塔建造、港内助航标识布设、内河航标设置、内河航道测量，以及引水、指泊、疏浚、港口治安、检疫、气象及水文观测等事务。从 1872 年起，船钞部遵照总税务司的指令，开始编制中国沿海及沿江灯塔、灯船、浮标、信标目录清册(List of the Lighthouses，light‑vessels，Buoys and Beacons on the Coast and Rivers of China)，每年印制一期，至 1947 年，共出版了 70 期。从 1875 年起，船钞部提交了一份有关各通商口岸附近海域灯塔、浮标、信标等引航设施建置以及航道情况的调查报告(Report on Lights，Buoys and Beacons)，同样每年印行一期。[1] 从 1909 年起，灯塔、浮标、信标及航道报告更名为海务报告(Report of the Marine Department)，并随海事机构设置和管理业务的变化，报告项目和内容较晚清时期也有了很多不同。以往学界或因其涉及领域专精，或因当时为内部出版物等原因，相比海关贸易报告来说，迄今还未对其做过全面、深入地考察和评论。最近笔者翻阅了上海海关档案室所收藏的 1909~1937 年共 27 本海务报告[2]，现把该报告的编写情况、栏目设置、内容图表及其前后变化等做一详细介绍，以便今后它能像海关贸易报告那样被广为周知和利用。

一、《海务报告》的编印概况

　　海务报告和近代海关其他内部出版物一样，都是黄色封皮和封底。封面下部标注为海关档案，应总税务司署的要求而由上海造册处或统计科(Shanghai Statistical Department)印刷，封底则是该书所归属的海关内部出版物分类系列丛书及其编号。至于书中内容，1909~1910 年的第一期海务报告，首页先是报给总税务司的一份呈函，具体为：根据海关总税务司于 1910 年 12 月 21 日发给巡工司的第 433 号、发给船钞部第 723 号令文的要求，1911 年 5 月 31 日，总营造司狄克(David C. Dick)和巡工司戴理尔(W. Ferd. Tyler)两人联合署名，在上海向北京总税务司署上报该报告。此后，1912 年的 3 月 31 日，两人又联合署名上报了第二期即 1911 年度的海务报告。不过到 1913 年的 4 月 12 号，仅剩下巡工司戴理尔一人署名上报 1912 年度的海务报告。此后直至 1926 年，各年度海务报告的首页，虽仍是致总税务司的呈函，却均为巡工司一人署名。不过呈函内容稍有变更，中间提到，关于灯塔、雾炮等助航设施的建设及维护等材料，均由总营造司提供。

---

[1]　戴一峰：《晚清海关与通商口岸城市调研》，《社会科学》2014 年第 2 期。该文对晚清中国沿海及沿江灯塔、灯船、浮标、浮标目录册及港务报告做了一些介绍，并考证港务报告自 1875~1908 年，共出版 31 期，其中 1876 年和 1881 年没有报告，1898 年的报告未印行；整体来说，港务报告提供了有关清末各通商口岸附近海域助航设施分布以及航道状况变化的翔实信息。

[2]　最初 1909、1910 两个年度，其海务报告合编为一本，于 1911 年 5 月 31 日上交，因此 1909~1937 年共 28 个年度，总数为 27 本。

关于海务报告的提交日期,似没有严格要求。比如贸易报告必须于第一季度提交上年度的报告,就海务报告来看,1915 年 10 月 13 日、1916 年 10 月 12 日、1917 年 9 月 4 日、1918 年 5 月 1 日、1919 年 10 月 3 日、1920 年 6 月 15 日、1921 年 6 月 15 日、1922 年 4 月 27 日、1923 年 6 月 1 日、1924 年 6 月 1 日、1925 年 4 月 24 日、1926 年 4 月 28 日、1927 年 5 月 5 日分别提交上年度的报告,最早 3、4 月份,最晚 10 月份,无规律可循。其间,巡工司的署名也有变化,1918 年前的署名均为戴理尔,1919～1924 年的署名为额得志(T. J. Eldridge),1926 年的署名为署理巡工司哥云(B. H. Growing),1925 和 1927 两年的署名为奚理满(H. E. Hillman)。

1926 年及其之前的 16 本海务报告,从当时海关内部出版物的归类来看,均属于海关内部出版物的第五系列即办公系列,1927 年至 1937 年的 11 本海务报告,却变更于海关内部出版物的第三大系列杂项之下。不知何故,1936 年的海关内部出版物第三大系列目录对 1927 年以后的海务报告并未收入,难免给人的印象,似乎只有 1909～1926 年即 17 个年度的海务报告。从 1927 年起,原来报告首页即巡工司上报给总税务司的函也予以省略,因此其撰写日期、报告人无从查考。1909～1927 年的海务报告篇幅,厚度约为四五十页。自 1928 年起,海务报告的内容不断增加,至于 1935、1936、1937 年度等年份的报告增厚至近五百页,其厚度较最初年份几乎为十余倍。

二、《海务报告》的栏目设置及其前后变化

1908 年前的灯塔、浮标、信标及航道报告,主要集中于以下四方面的内容:沿海危险之处灯塔的建设与维护情况,驻于不能设置灯塔之岸边灯船的购置与维护情况,通向港口之航道及河流、港内应予避开之处浮标及灯桩的设置与维护情况,清除沉船、疏浚航道和加深航道等改善航道措施的实施情况。1909～1910 年度即第一期的海务报告,则较以前的报告,内容分类更细,地域范围更广,它共有重要事件概要(Summary of Principal Events)、建设和撤销的助航设备(Aids to Navigation Established and Discontinued)、偶然或忽视而造成的灯光失效(Failure of Lights by Accident or Neglect)、汽灯浮标(Gas-lighted Buoys)、与灯台有关的新建设或计划(New Construction and Plant in Connexion with Light-stations)、灯台维修(Important Repairs to Light-stations)、与灯台和雾号有关的新授权工作(New Work Authorised in Connexion with Light-stations and Fog Signals)、雾号(Fog Signals)、中国水利问题(Conservancy Matters in China)、海务部门的海道测量(Hydrographic Surveys by the Marine Department,1909 and 1910)、沉船和伤亡(Wrecks and Casualties during 1909 and 1910)、移去沉船(Wrecks Removed)、1901～1910 年沉船地图(Wreck Charts for Decennial Period 1901－10)、雾号表(Fog-gun Signal Table,1909 and 1910）、恶劣天气表（Thick Weather Table，1909 and 1910）、耗费表（Consumption Table，1909 and 1910）16 个栏目。

其中，重要事件概要即把一年内全国范围的重点海务工作予以扼要叙述，重点包括助航设施变化、航道测量、水利工程的进展以及重大沉船事故等。建设和撤销的助航设备，则分各口岸一一详述它们的建设或变动。偶然或忽视而造成的灯光失效，也是分口岸来逐一详述灯光、信标、浮标、雾号等助航设备的故障日期、地点及原因等。汽灯浮标则讲述其在全国某口岸的安装和应用。与灯台有关的新建设或计划、灯台维修和与灯台和雾号有关的新授权工作三个栏目，则分地点、分情况论述各有关工作。中国水利问题记述了松花江、辽河、海河、黄浦江、珠江等内河的大坝建设、航道疏浚等工程。海道测量则以表格的形式，记载了海道测量的日期、地点、测量船和测量人员等情况。沉船和伤亡一项，也是以列表的形式记载了失事船只的名称、国籍、日期、事发区域、造成原因及损失等情况。雾号表是沿海各地雾号使用日期和地点的统计表。恶劣天气表则把沿海各地一年十二个月中恶劣天气日数、持续天数及小时等予以统计和汇总。消费表主要指的是各灯台油料等消耗物资统计。

1909 年后的各年度海务报告，除建设和撤销的助航设备、汽灯浮标、与灯台有关的新建设或计划、与灯台和雾号有关的新授权工作、中国水利问题、沉船和伤亡、移去沉船、雾号表、恶劣天气表、耗费表等 10 个栏目未有变化外，其余栏目设置均有调整。如 1912 年在重要事件概要栏目内又增设了 General（综论）内容。1915 年把重要事件概要改为了综论栏目，还增设了进行中或完成的年度工作（Work in Hand and Close of the Year）一栏，同时去除了雾号、灯台维修两栏目。1917 至 1919 年，又把海道测量及海图绘制综论放到了首栏，而海道测量表栏目仍有保留，因此该内容有所重复。

1920 年是海务报告栏目大调整的一年，经过合并及精简，该年共调整为 14 个栏目，并明确标出各栏目序号，此后除 1928～1930 年把第 8 栏目维护综论（General Maintence）删除，新增扬子江水位表（Yangtsz water-mark Tables）为第 14 栏目外，1931 和 1932 年又新增温度、气压和降雨的计量（Thermometer and Barometer Readings and Rainfall）、河流和海潮的计量（Tide and River Gauge Readings）两栏目外，直至 1933 年其他栏目及排序无大的变动，说明海务报告的体例经过十年的经验总结，已逐渐成熟和固定下来。1920 年度报告设置的 14 个栏目，依次分别为：1. 海道测量和海图（Hydrography，Cartography and Surveys）；2. 综论（General）；3. 建设和撤销的助航设备（Aids to Navigation Established and Discontinued）；4. 汽灯浮标（Gas-lighted Buoys）；5. 灯台和灯船的新建设或计划（New Construction and Plant in Connexion with Light-stations and Light-vessles）；6. 进行中或完成的年度工作（Work in Hand and Close of the Year）；7. 新授权工作（New Work Authorised）；8. 维护综论（General Maintenance）；9. 中国水利问题（Conservancy Matters in China during 1920）；10. 沉船和伤亡（Wrecks and Other Casualties in Chinese Waters during 1920）；11. 移去沉船（Wrecks Removed）；12. 雾号表（Fog-gun Signal Table）；13. 恶劣天气表（Thick Weather Table）；14. 消耗表（Consumption Table）。

由于海道测量、海图制作和发行工作的调整，1933 年的海务报告把该栏目从首栏的位置移除，同时也不再有第二栏的综论栏目，直接分口岸论述其海务情况。1934 至 1937 年的海务报告，虽然又增加上了综论内容，但仅把其作为序言部分，不再计入栏目项内，各分口岸的海务内容篇幅相当大，几乎占到全书的一半规模以上。从 1935 年开始，又新增设了地图和里程表（Maps and Distance Tables）、航空公司（Air Lines）、邮政代码（Post Signals）等新栏目，图表内容也为之大增。

从栏目设计及篇幅内容来看，海务报告的编制大致可分为 1909～1919、1920～1932、1933～1937 年三个时期。1909～1919 年为海务报告编纂的创始和探索时期，栏目经常精简、合并和调整。1920 年后为成熟期，编写体例逐渐固定。1933 年后则根据时局变化，篇幅大增，栏目又有新变动。这里还要指出的是，虽然有 10 个栏目从 1909～1937 年始终没有变动，但各栏目内容的分量却在不断增加。例如由于航运的发达，沿海航运事故不断增多，因此沉船和伤亡由最初一页表格增至数页或十余页内容，有的年份为节省篇幅故，仅统计了重要沉船事故，小事故则忽略不计。

三、《海务报告》所附图表和附录

除正文栏目外，在海务报告文字论述中间，还插附有大量的图片、图表、地图以及附录等内容，研究价值也相当高。从有附图表等内容的报告来看，以 1909～1916 年以及 1926 年后的居多。1909～1916 年所附图表还无固定内容，大多是根据栏目所述内容需要而配以图片和地图。如 1909～1910 年第一期报告附有 1906 和 1911 年的黄浦江疏浚地图、1901～1910 年中国沿海沉船地图；1911 年附有长江灯艇图、大沽灯船图、遮浪（Chiliang）灯塔设计图、小龟山（Steep islands）登岛图、小龟山灯塔设计图、小龟山雾号房图、雾号机器引擎图；1912 年附有下三星（Elgar）灯塔设计图、1905～1912 年镇江港口及长江岸线变化图、1861～1912 年镇江港口变迁图；1913 年附有沙尾山（Shaweishan）灯塔设计图、冬瓜山（Shroud）灯塔设计图；1915 年附有辽河疏浚工程委员会协议和规章；1916 年附有黄浦江神庙土地出售条款等。

从 1926 年起，开始固定附上长江沿线各口岸城市水位表。另外，还附有各港口航道交通图、航空图及各省水道图、水陆里程表等。下面以 1937 年度的海务报告为例，根据所附内容性质，笔者整理出了一个表格，所附图表和附录详见如下：

表1 1937年中国近代海关海务报告所附图表目录

编号	名　　称	译名	原书页码
1	Map of Pakhoi Anchorage	北海锚地图	18
2	Map of Hoihow Harbour	海口港图	24
3	Map of Kongmoon(Pakkai Anchorage)	江门锚地图	28
4	Map of Samshui Harbour	三水港图	33
5	Map of Wuchow Harbour	梧州港图	38
6	Map of Canton Harbour	广州港图	50
7	Map of Whampoa Anchorage	黄埔锚地图	53
8	Map of Swatow Harbour	汕头港图	64
9	Map of Amoy Harbour	厦门港图	74
10	Map of Port of Santuao	三都澳港图	80
11	Map of Nantai Harbour	南台港图	83
12	Map of Pagoda Anchorage	罗心塔锚地图	83
13	Map of Wenchow Anchorage	温州锚地图	92
14	Map of Chinhai Harbour	镇海港图	96
15	Map of Ningpo Anchorage	宁波锚地图	104
16	Map Showing Shanghai Harbour Berthing Arrangements	上海港浮筒系泊地图	120
17	plates(1 to 9) Showing Types of Buoys and Mooring Used in Shanghai Harbour	上海港所用系泊浮标类型图版	120
18	Map of Chinkiang Harbour	镇江港图	159
19	Map of Nanking Harbour	南京港图	162
20	Map of Wuhu Harbour	芜湖港图	175
21	Map of Kiukiang Harbour	九江港图	190
22	Map of Hankow Harbour	汉口港图	204
23	Map of Chengling Harbour	城陵港图	227
24	Map of Changsha Harbour	长沙港图	227
25	Map of Shashi Harbour	沙市港图	231
26	Map of Yichang Harbour	宜昌港图	232
27	Map of Wanhsien Harbour	万县港图	237
28	Map of Chungking Harbour	重庆港图	243
29	Map of Tsingtao Harbour	青岛港图	248

编号	名　　称	译名	原书页码
30	Map of Weihaiwei Harbour	威海卫港图	257
31	Map of Chefoo Harbour	芝罘港图	259
32	Map of Lungkow Harbour	龙口港图	263
33	Map of the Entrance to the Haiho	海河入口处图	266
34	Map of Tientsin Harbour	天津港图	279
35	Map of Chinwangtao Harbour	秦皇岛港图	298
36	Average Daily Water-marks at Samshui, Wuchow and Nanning	三水、梧州和南宁日均水位表	431
37	Average Daily Water-marks and Draught-limiting Depths to Wuhu	芜湖日均水位和吃水深度限制表	431
38	Average Daily Water-marks and Draught-limiting Depths to Kiukiang	九江日均水位和吃水深度限制表	431
39	Average Daily Water-marks and Draught-limiting Depths to Hankow	汉口日均水位和吃水深度限制表	431
40	Average Daily Water-marks and Draught-limiting Depths to Yochow	岳州日均水位和吃水深度限制表	431
41	Average Daily Water-marks and Draught-limiting Depths to Changsha	长沙日均水位和吃水深度限制表	431
42	Average Daily Water-marks and Draught-limiting Depths to Shashi	沙市日均水位和吃水深度限制表	431
43	Average Daily Water-marks and Draught-limiting Depths to Ichang	宜昌日均水位和吃水深度限制表	431
44	Average Daily Water-levels at Ichang, Wanhsien, and Chungking, and Average Periods of Operation, Within Advisory Limits, for Different Lengths of Vessels	宜昌、万县和重庆日均水位及公告中所提对不同长度船只航行的限制	431
45	Lower Yangtsz River: Dates of Sounding and/or Surveying Channels	长江下游航道测量日期表	431
46	Middle Yangtsz River: Dates of Sounding Channels	长江中游航道测量日期表	431
47	Monthly Rainfall at kiukiang: Average for 32 Years(1905 - 36) and Totals for 1931, 1935, and 1937	九江平均 32 年及 1931、1935、1937 年度的月降雨量	431

编号	名　　称	译名	原书页码
48	Monthly Rainfall at Wuhu：Average for 21 Years（1915－35）and Totals for 1936	芜湖平均 21 年及 1936 年度的月降雨量	431
49	Monthly Rainfall at Hankow：Average for 37 Years（1900－36）and Totals for 1931，1936，and 1937	汉口平均 37 年及 1931、1936、1937 年度的月降雨量	431
50	Monthly Rainfall at Changsha：Average for 24 Years（1913－36）and Totals for 1931，1936，and 1937	长沙平均 24 年及 1931、1936、1937 年度的月降雨量	431
51	Monthly Rainfall at Ichang：Average for 37 Years（1900－36）and Totals for 1931，1936，and 1937	宜昌平均 37 年及 1931、1936、1937 年度的月降雨量	431

资料来源：笔者据 1937 年度中国近代海关的《海务报告》整理而得。

从上表可见，港口航道及锚地图，高达 35 幅，涉及北海、海口、江门、三水、梧州、广州、黄埔、汕头、厦门、三都澳、南台、罗心塔、温州、镇海、宁波、上海、镇江、南京、芜湖、九江、汉口、城陵、长沙、宜昌、万县、重庆、青岛、威海卫、芝罘（烟台）、龙口、海河、天津、秦皇岛等 33 处地方；日均水位图表，共涉及三水、梧州、南宁、芜湖、九江、岳州、汉口、长沙、沙市、宜昌等 10 处地方；月降雨量及长时段统计图表，有九江、芜湖、汉口、长沙和宜昌等地。另外还有长江中游、下游航道测量图表，宜昌、万县和重庆日均水位表等。

四、《海务报告》的利用价值

1909～1937 年即长达 27 年度的《海务报告》，基本上是反映清末与民国时期中国海关海事部门工作业绩的最重要和最翔实的档案资料，对拓宽和加深中国近代海关史以及港口史、航运史、中外交通史的研究等，均有重要意义。

中国近代海关史的研究，以往多集中于其税务本体部门。因海务和港务是近代海关所兼管的特殊业务，1949 年之后它从海关划归于交通和航政专门部门管理，因而人们对近代海关所负责的海务部门的关注相对薄弱。在对海关海务较少的关注中，且又集中于从政治角度解读引水、航政等主权的收回，而像海务报告这样的业务资料，迄今还未引起研究者的重视。例如随着对外贸易的发达，沿海航运日益发展，在海关贸易报告中仅能看到航运船只、航运吨数等量的增长和发展，但在航运发展的背后，还伴随着许许多多、轻重程度不一的航运事故。只有把贸易报告和海务报告二者放在一起阅读，我们才能对近代中国对外贸易和交通形成整体性和深刻性的认识。此外,对于海务报告中所反映的助航设备、海道测量及沉船事故等连续性的信息,还可以尝试运用现代地理信息系统 GIS 技术,予以事实复原和时空特征分析,从而对近代海关所从事的海事业务绩效做出合理和科学性的评价。

近代海关海务报告涉及内容多、地域广、时段长,因此也是反映中国近代海洋及内河自然环境和社会经济信息的重要文献宝库,罕有其他政府部门档案资料可以相比。例如雾号和天气表、潮汐情况表、各港口海道交通图等,均是在近代科学性方法和不间断性工作的基础之上,才形成的长时段珍贵资料。在有关部门进行三峡大坝工程论证时,近代海关长江沿线口岸城市的水位统计表就曾是工程建设的重要参考资料。此外,各港口航道交通图蕴含了各通商港口岸壁、码头、水深、潮流、浅滩等等丰富信息,这些信息对今天的港口工程建设直接有益。

综上所述,以往由于内容的专业性和保管的封闭性等原因,中国近代海关的海务报告长期深藏高阁。据悉,目前复旦大学吴松弟教授整理的《美国哈佛大学图书馆藏未刊中国旧海关史料》大型丛书已经出版。[1] 另外,他还将和中国海关学会合作,拟再整理和出版《中国海关档案馆藏未刊中国旧海关史料》系列丛书,届时海务报告将会非常方便和完整性地查阅。随着近年来中国近代海关内部出版物的不断深入挖掘和影印出版的提速,笔者希望此文能够抛砖引玉,以便有更多的学者来关注和利用海务报告。

---

[1] 吴松弟整理:《美国哈佛大学图书馆藏未刊中国旧海关史料(1860~1949)》,广西师范大学出版社,2014 年。

The Study of *Marine Department Annual Reports* of China Maritime Customs（1909～1937）

Abstract：In addition to the collection of duties，the China Maritime Customs managed marine and port affairs. In the course of its business，the customs left behind many records of high value for academic research and applied sciences. This article examines the annual reports from the marine department during the Republic of China period，from 1909 to 1937.

Keywords：China Maritime Customs，Marine and Port Affairs，*Report of the Marine Department*

郑芝龙研究何以成为可能？

——1920 年代以来两岸学界的郑芝龙研究述评

余福海[*]

摘　要:1920 年代以来,两岸学术界对郑芝龙进行了相当丰富的研究。近年来相关史料,尤其是海外史料的陆续整理出版,为进一步提升郑芝龙研究的水准和层次提供了契机。梳理 1920 年代以来两岸学界的郑芝龙研究成果,分析相关研究的特点和不足,并对今后一个时期的郑芝龙研究做出展望,对郑芝龙研究成长为一个独立的研究主题至关重要。

关键词:郑芝龙研究　两岸学界　学术史

中国学者对郑芝龙的关注实际自明清之际就已经开始。明人曹履泰《靖海纪略》、陈燕翼《思文大纪》、夏琳《闽海纪要》、史惇《恸余杂记》等诸多史籍中都有专门条目,乃至通篇内容记述郑芝龙史事。清初,对郑芝龙史事的考论仍见之于明遗民的篇什。这是民初两岸学界开展郑芝龙研究的基础。1895 年以后,中国台湾被日本占据,两岸的学术界暂时走向了各自独立发展的道路。但是,两岸学界在现代学术层面上的郑芝龙研究也差不多同时起步,均于 1920 年代开始了相关的学术探索。

一、1920 年代以来大陆学界的相关研究述评

大陆学界的郑芝龙研究大约自 1929 年发轫。1929 年,陈谷川即开始从日文史料入手探究郑芝龙父子的史事。[1] 但是,除了这篇学术论文之外,其他关于郑芝龙的作品多是以平民读物的身份出现,没有太多严肃性的学术著作。比如谢国桢《郑芝龙》一书就是以讲故事的方式介绍郑芝龙的生平事迹,杨越《明亡

---

　[*]　作者简介:余福海,北京大学历史系硕士研究生。

[1]　参见陈谷川:《郑芝龙与郑成功:日本史料上之所见》,《南洋研究》1929 年第 5 期,第 189～192 页。

野史》系明代李逊之著《明亡野史》的增订本,该书增加了唐王、鲁王、永历三朝纪年,郑芝龙、郑成功、郑鸿逵等人物传记或编年史。[1] 这些读物和学术作品大多具有针砭民国时期国家贫弱、外患频仍的用意。

　　新中国成立之后的前三十年,基本上没有专门研究郑芝龙的著述,直到1981 年才开始出现。郑芝龙的海上活动和对外关系是 20 世纪八九十年代大陆学者们关注的焦点。郑芝龙海上活动的相关研究,如方裕谨《郑芝龙海上活动片段》(上、下两文分别刊于《历史档案》的 1981 年第 4 期和 1982 年第 1 期)、徐健竹《郑芝龙、颜思齐、李旦的关系及其开发台湾考》(《明史研究论丛》1985 年总第三辑)。郑芝龙的对外关系研究,主要侧重于对日关系研究,如吴凤斌《郑芝龙、郑成功父子侨居日本考略》(《中外关系史论丛》1986 年总第 2 辑)、周铮《郑芝龙题款的日本地图卷》(《文物》1988 年第 11 期)。

　　进入新世纪之后,现代化和全球化浪潮对相关研究的影响日益加深。20 世纪的头十年,这一时期的研究虽然转向传统政治史的研究路数,侧重研究郑芝龙与隆武帝之间的关系、郑芝龙在清初明郑和谈中的作用等明清易代的政治史问题,但立论多有新意。如徐晓望《论隆武帝与郑芝龙》(《福建论坛》2002 年第 3期)认为隆武帝在郑芝龙同士大夫的权力斗争中最终支持士大夫是导致郑芝龙叛降清朝的重要原因。孙福喜、丁海燕《郑芝龙投明降清原因析论》(《内蒙古师大学报》2001 年第 4 期)注意到郑芝龙降清与个人的异域生活经历有相当大的关系。这一时期也有一些学者侧重研究郑芝龙与澳门之间的关系,如金国平、吴志良《郑芝龙与澳门——兼谈郑氏家族的澳门黑人》(《海交史研究》2002 年第 2期)、陈支平《从新发现的〈郑氏族谱〉看明末郑芝龙家族的海上活动及其与广东澳门的关系》(《明史研究》2007 年总第 10 辑)。也有学者注意到早在郑芝龙之前,就有大陆籍海盗前往台湾开拓。[2] 近来有学者认为牛津大学博德利图书馆藏《雪尔登中国地图》即郑芝龙航海所用地图,也有学者认为黄道周与郑芝龙的个人恩怨是隆武朝廷覆亡的重要原因。[3] 2013 年,张培忠《海权战略:郑芝龙、郑成功海商集团纪事》(北京三联书店,2013 年)主要从海权战略的视角讨论了明末清初郑芝龙、郑成功父子缔造的海商集团在地理大发现、贸易大发展、海权大碰撞构筑的历史场域中纵横捭阖的斗争。大陆学术界的郑芝龙研究总的来说,成果虽然难说丰沛,但是与现实交相辉映,立论和视角已经颇有新意。

[1]　参见谢国桢:《郑芝龙》,中华平民教育促进会,1930 年;(清)杨越:《明亡野史》,人文书店,1944 年。

[2]　徐晓望:《郑芝龙之前开拓台湾的海盗袁进与李忠》,《闽台文化交流》2006 年第 1 期。

[3]　林梅村:《〈郑芝龙航海图〉考——牛津大学博德利图书馆藏〈雪尔登中国地图〉名实辩》,《文物》2013 年第 9 期;郑晨寅:《论黄道周、郑芝龙之关系与南明隆武朝之覆亡》,《福建师范大学学报》2015 年第 1 期。

二、1920 年代以来台湾学界的相关研究述评

台湾学界研究郑芝龙的历史同样可追溯至 1920 年代。1920 年,连横刊行《台湾通史》,在连氏此著中,探讨了郑芝龙据台湾并迁徙内地饥民入台的问题,是为台湾学界郑芝龙研究之始。1930 年代又有杨云萍的加入。二战后初期,方豪、毛一波、黄典权、陈汉光等也相继加入明郑研究中。这一时期台湾学界的明郑研究较少受到政治因素干扰,对相关史实、人物的评价相对公正。

蒋介石败退台湾之后,明郑研究强调“反清复明”的历史也符合当时执政当局“反共复国”的情结,并成为当时的一门“显学”,尤其是对郑成功、郑经、郑克塽三世的研究蔚然成风。特别是 1950 年,在台湾省文献委员会举办“郑成功诞辰纪念展览会”,并出版郑成功诞辰纪念特辑后,更吸引许多研究者投入此领域之研究,如赖永祥、曹永和、黄玉斋。明郑研究在 1962 年“郑成功登台三百周年纪念”期间达到高峰。与郑成功研究相比,郑芝龙研究显得寥寥无几。郑芝龙研究较不受重视,主要是因其投降清朝为传统的忠君爱国思想所不容,台湾当局在宣传时也将其视为负面角色。台湾学界研究郑芝龙四世时也往往将郑芝龙、郑克塽作为负面的历史背景材料一笔带过。近年来,中外文新史料和研究成果不断发表,治台湾早期史的学者也因此渐渐关注郑芝龙对台湾的开拓之功,逐渐体认到郑芝龙在台湾史甚至中国海洋史的开创性和重要性。

下面本文主要对 1920 年代迄今台湾学者的相关成果进行细致梳理。

(一)郑芝龙史事的考订和补充

郑芝龙与台湾关系的研究方面。连横《台湾通史》载郑芝龙与颜思齐据台湾事、郑芝龙招徕闽地饥民入台事甚详,书中云:“郑芝龙为海寇时以台湾为巢穴,崇祯间,熊文灿抚闽,值大旱,谋于郑芝龙,乃招饥民数万人,人给银三两,三人与一牛,载至台湾,令其垦田筑屋。秋成所获,倍于中土,以是来者岁多。”连氏在字里行间中对郑芝龙开拓台湾之功赞赏有加,郑芝龙对台湾开发的贡献在民国时期显然得到了肯定。惟蒋介石控制台湾后,其开拓之功基于政治上的原因被台湾当局和台湾学界选择性无视,郑芝龙对台湾的贡献因此在很长一段时间内没有得到重视。20 世纪 70 年代,在蒋经国时期相对开明的政治环境下,开始有学者正面评价郑芝龙对台湾开发的贡献。1979 年,崔云斌著《唐山过台湾:根》中就评价郑芝龙说:“颜思齐、郑芝龙虽不是台湾最早的开拓者,然而在台湾开拓史的功劳上,他们两人的功绩是永远不可埋没的。”[1]此后,对郑芝龙的正面评价越来越多。比如说,2002 年,台湾旅美学者汤锦台出版《开启台湾第一人郑芝龙》,他运用新的中外史料为郑芝龙立传。他高度评价郑芝龙的开拓之功,盛赞郑芝龙:

---

[1] 崔云斌:《唐山过台湾:根》,黄河出版社,1979 年,第 30 页。

开拓的视野，使他在国际的海洋霸权舞台中，占得了长达两三千公里的海上贸易版图。他是开台的传奇英雄，也是挑战西方势力的海上霸主，在十七世纪，他是最充满个人魅力，也是最令人难忘的伟大人物。后世之人常以他的海盗出身和降清之举，论述他的成败得失，但却忽略了郑芝龙背后代表的，当时正开始成长的闽南海上商业资本力量。郑芝龙以强大的船队为后盾，以整个闽南地区和外围地区为生产、供应基地，以台湾为转运站，货物运销到北至九州岛、南达巴达维亚的广大区域，交易对象包括了日本人、荷兰人、西班牙人和南洋各国商民。就是在这个强大的海上商业—军事集团操作下，汉人移民或往来台湾成为常态，逐渐将台湾变成以汉人为主体的社会，且让台湾成为对日、菲、印的转口贸易中继站，这个当初由郑芝龙一手建立的海上版图，一直延续到今日。郑芝龙一生的事迹，体现了十七世纪汉人与欧洲人在东亚的商业和军事竞逐，更涵盖了闽南汉人对台湾的开拓和由此带来的一系列改变。[1]

2003 年，黄阿有《颜思齐、郑芝龙入垦台湾研究》（《台湾文献》2003 年总第 54 期）也持此立场。至此，台湾学界对郑芝龙的评价已经是非常积极、正面了。

郑芝龙与南明政局的研究方面。1990 年，陈捷先《明清史》一书将郑芝龙史事列入南明史的重要内容。陈捷先认为郑芝龙在隆武政权中专权擅国，致使“比福王不知贤能不少倍”的隆武帝不能有所作为。[2] 2004 年，黄玉斋在其《明郑与南明》一书中，考订了郑军将领郑鸿逵和郑彩助弘光朝对抗清军，郑芝龙与黄道周拥立弘光帝，弘光帝封郑芝龙为南安伯、封郑鸿逵为靖西伯、封郑成功为国姓等一系列的史事。[3] 2005 年 6 月，何炳仲著文《南明人物郑彩早年史事考》考订出郑芝龙的部下郑彩与郑芝龙并无族亲关系，郑彩籍贯是福建同安县高浦而非郑芝龙籍隶之南安，这可订《清史稿》记载两人系族亲之误。[4] 郑芝龙与李旦关系的研究方面，以毛一波《郑芝龙史料中的李旦和颜思齐》（《台湾文献》1963 年第 1 期）、苏同炳《李旦与郑芝龙》（《台湾文献》1991 年第 3～4 期）最有代表性。

郑芝龙与荷兰人关系的研究方面。曹永和大概是最早注意荷兰人在台湾贸易的兴衰同郑芝龙父子的关系。他在《荷兰与西班牙占据时期的台湾》中指出，“荷兰人在台湾的贸易，其所受控制闽海的最大海商郑氏的影响，实甚巨大”，并具体梳理了郑芝龙父子的海上贸易和军事活动对荷兰人贸易活动的影响。[5]有些研究则比较强调荷兰占据台湾的殖民性，以及郑芝龙进行涉外交往的正统

[1]　汤锦台：《开启台湾第一人郑芝龙》，果实出版社，2002 年，第 236～244 页。
[2]　陈捷先：《明清史》，三民书局，1990 年，第 209 页。
[3]　黄玉斋：《明郑与南明》，海峡学术出版社，2004 年。
[4]　何炳仲：《南明人物郑彩早年史事考》，《台湾源流》2005 年总第 31 期，第 36～47 页。
[5]　曹永和：《荷兰与西班牙占据时期的台湾》，载《台湾文化论集》，1954 年；也可参见氏著《台湾早期历史研究》，联经出版有限公司，1979 年，第 25～44 页。

合法性。如郑喜夫《郑芝龙灭海寇刘香始末考》(《台湾文献》1967 年第 3 期)、杨绪贤《郑芝龙与荷兰之关系》(《台湾文献》1976 年第 3 期)、苏同炳《由崇祯六年的料罗海战讨论当时的闽海情势及荷郑关系》(《台北文献》1977 年直字 42)等文。1990 年代末,林伟盛大量采用第一手史料,并整合前人研究成果,比较重视郑芝龙与荷兰人之间亦友亦敌的关系。他的作品《一六三三年的料罗湾海战——郑芝龙与荷兰人之战》(《台湾风物》1995 年第 4 期),利用中、荷文史料分析了明朝官方、郑芝龙、海盗刘香与荷人彼此之间,基于自身利益所做的合纵连横。李隆生大作《晚明海外贸易数量研究:兼论江南丝绸产业与白银流入的影响》讨论了郑芝龙与荷兰人之间的贸易关系和贸易活动对中国白银流入的影响。[1]

郑芝龙与日本关系的研究方面。1969 年,李嘉《平户与明末海盗郑芝龙》(《中华日报》1969 年 6 月 13 日)考察了郑芝龙在平户进行的贸易活动。1998 年,林伟盛在其博士论文《荷据时期东印度公司在台湾的贸易》(台湾大学历史学研究所 1998 年博士论文)中考察了荷兰、日本、中国之间经由郑芝龙作为中介开展的贸易活动。2006 年,戴宝村在其《台湾政治史》一书考证出:郑芝龙拥立唐王之后,面对清兵南下,曾修书向日本借兵求援。1645 年底,德川幕府召开秘密会议,也曾有意出兵。[2] 刘芳薇在校释《台湾三字经校释》中提出:"樟脑为台湾特产,当郑芝龙时,即有制脑以售日本之记载。但其详莫可考矣。"[3]

郑芝龙与西班牙的关系研究方面。早期研究者是赖永祥。赖氏撰文考察了自郑芝龙开始,明郑透过贸易与天主教传教士这两种方式与菲律宾的西班牙人建立关系,如氏著《明郑征菲企图》(《台湾风物》1954 年第 1 期)、《明郑与天主教之关系》(《南瀛文献》1955 年第 3~4 期)。1990 年代末,李毓中《明郑与西班牙帝国:郑氏家族与菲律宾关系初探》使用近来新发现的明郑西班牙文史料,论述郑芝龙、郑成功、郑经及郑克塽四个时期,与西班牙帝国所进行的贸易活动,以及他们与天主教的关系。[4]

郑芝龙的海上霸权研究方面,以翁佳音、曹永和的研究为代表。1990 年代,翁佳音《十七世纪福佬海商》(《中国海洋发展史论文集(第七辑)》上册,"中研院社科所",1999 年)运用中外文献比对福佬海商的"籍贯"或"地缘"、"方言群",分析十七世纪福建海商集团势力的交替,而指出以郑芝龙为首的三邑帮势力乃借由与荷人的适度合作关系,进而取代十七世纪初期力量强大的漳州海商集团。2005 年,他著文《十七世纪东亚大海商亨万(Hambuan)事迹初考》探讨了郑芝龙安海帮同晚明海商亨万为代表的厦门帮之间的竞争合作关系。[5] 2000 年,曹

[1] 参见李隆生:《晚明海外贸易数量研究:兼论江南丝绸产业与白银流入的影响》,秀威资讯科技股份有限公司,2005 年。

[2] 戴宝村:《台湾政治史》,五南图书出版股份有限公司,2006 年,第 42 页。

[3] 王石鹏著,刘芳薇校释:《台湾三字经校释》,台湾书房出版有限公司,2007 年,第 166 页。

[4] 李毓中:《明郑与西班牙帝国:郑氏家族与菲律宾关系初探》,《汉学研究》1998 年第 2 期,第 29~59 页。

[5] 翁佳音:《十七世纪东亚大海商亨万(Hambuan)事迹初考》,《故宫学术季刊》2005 年第 4 期,第 83~102 页。

永和撰文《环中国海域交通史上的台湾和日本》考察了郑芝龙海上霸权的兴起及其与荷兰人的关系变迁,该文云:

> 1623 年郑芝龙作为李旦的部下随其渡海到台湾,1624 年初春,郑芝龙受雇为荷兰人的通译。1625 年 8 月 12 日,李旦死于日本平户,李旦建立起来的在台以郑芝龙为代理、在福建以许心素为主要沟通管道,兼之结合荷兰人的中日贸易网络计划随之化为乌有。郑芝龙便在荷兰人的支援下,成为袭击劫掠前往马尼拉的中国商船的海盗首领,1625 至 1626 年间,郑芝龙离开荷兰人支援的海盗船行列,转而投身于中国大陆沿海制海权的争夺中。他虽劫掠中国沿海各地,却也伺机想接受招安,担任取缔沿海走私贸易的适当军职,并利用这个地位打败竞争对手,来保障旗下走私贸易活动,并以此作为上升管道。这一时期的荷兰当局,有时以协助消灭海贼为饵,希望以此取得中国方面允许自由贸易;有时却与海贼配合,以武力要挟自由贸易权。因此,时而支持郑芝龙,时而支持郑芝龙的竞争对手。郑芝龙打败敌手之后,众海盗集团统合到郑氏麾下,以郑芝龙为首,郑氏家族为核心,并吸收统合归顺的海上群盗,构成了以武力为后盾的强大贸易集团,其旗下拥有强大的船队,进而掌握了中国大陆东南海岸的制海权。于是活跃在日本近海以外的东亚海域的和平贸易商人,特别是为避荷人针对前往马尼拉商船所采取的捕拿行为,便向郑芝龙交纳保护费,以期在郑氏的保护下从事贸易活动。明朝正式通商口岸海澄的地位,也随之被郑氏的根据地厦门所取代,在当地俨然形成一个海上王国。就台湾的荷兰人而言,郑氏不只是其中国商品的最主要供应者,更是他们在东亚海域上有力的竞争对手。[1]

卢正恒的硕士论文《官与贼之间:郑芝龙霸权及“郑部”》(台湾清华大学 2012 年硕士论文)在明代海盗的脉络下重新探讨“郑芝龙为何得以掘起”这一议题。与前辈学者认为俞咨皋拥有比郑芝龙更好的机会建立海权不同,卢正恒从中左所战役和明廷内争等角度分析了郑芝龙而非俞咨皋最终建立了海上霸权的主要原因。同年,赵元良的硕士论文《郑芝龙与十七世纪的东亚国际贸易》(中兴大学历史学系 2012 年硕士论文)着重研究郑芝龙进行海上贸易时的管理组织、外销货品来源及船税,从事海外贸易的地区、货品以及贸易利润,通过对贸易地区、进出口货品以及贸易额及贸易利润的估算,完整地展现郑芝龙海商集团在明末时的贸易状况,选题和观点有一定新意。

关于郑芝龙降清诸问题的研究方面。2000 年,曹永和撰文指出,郑芝龙将其早先在海上活动所蓄积的资本用于购买土地,成为福建的大地主且宦游官界中,结果本是海上豪杰的郑芝龙,为守护其陆上的利益,遂走上了降清的一条险途。[2]

---

[1] 曹永和:《台湾早期历史研究续集》,联经出版事业公司,2000 年,第 26 页。
[2] 曹永和:《台湾早期历史研究续集》,第 27 页。

在对郑芝龙降清的原因和认识上,卢正恒认为,郑成功以及"郑部"将领在南方的作战,加上朝中政局变化,郑芝龙最终在多尔衮被整肃以来的清廷政争中沦为失败方,导致了郑芝龙政治生涯和人生命运的终结。[1]

其他问题的考证方面。郑芝龙宗教信仰的研究方面,1955年,赖永祥著文《明郑与天主教之关系》提出,郑芝龙早年曾受洗入天主教,但后来放弃了天主教信仰。[2] 方豪在生前所著遗稿中认为,郑芝龙不仅受洗,且与教会维持关系,奉行教会仪式,在北京时,与安文思(Gabriel de Magalhaes)、利类思(Ludovicus Buglio)二神父亦有深交,但或非一虔守教规的教徒。[3] 郑芝龙与同时期其他海盗关系的考证,参见郑喜夫《郑芝龙灭海寇刘香始末考》、苏同炳《郑芝龙与李魁奇》(《台湾文献》1974年第3期)、《李旦与郑芝龙》(《台湾文献》1991年第3~4期)、《"十八芝"考》(《台湾文献》1993年第4期)。在明清之际的战争中,郑芝龙家族大量运用西洋火炮,黄一农在这一领域的研究堪称经典。他于2010年著文《明清之际红夷大炮在东南沿海的流布及其影响》(《"中研院史语所"集刊》,第81本第4分,2010年12月)认为,郑芝龙家族在西洋火炮流布东南沿海的过程中,表现极为突出,其所掌控的海上集团对火器的依赖甚深,火炮水准亦颇精。郑芝龙家族为维护海贸的丰厚利益而长期积累建立的船队与火炮,不仅较清军较有优势,亦不逊于当时出现在亚洲海域的欧洲各国。郑芝龙和郑成功父子遂能两败荷兰于金门和台南,郑成功、郑经和郑克塽且均曾起意欲攻打被西班牙殖民的吕宋;甚至,郑经在面对清、荷两海陆强权的联手攻击时,还能苦撑不坠。他大胆推断,倘非明郑发生多起重大叛降事件,以及郑家内部残酷的权力斗争,郑氏海上政权应有可能对抗清朝更长更久。倘若郑芝龙听从郑成功之劝不降,以他丰富的战斗经验和人脉网络,肯定会对清朝政权造成重大威胁。

(二)西文史料的整理和翻译

与郑芝龙研究相关的外文史料的译介工作,要归功于台湾史学者。二战以来,台湾史学者曹永和、江树生、郑维中、李毓中、陈宗仁、方真真、邱馨慧等人专注于爬梳荷兰、法国、西班牙等国的东方殖民公司档案和公司人员的书信集、日志等,将其中与台湾和中国大陆海洋贸易有关的文献予以译介。这项工作大概自曹永和任台大图书馆馆员时就开始了。1937年夏季,"台北帝国大学"教授移川子之藏赴荷兰海牙档案馆,拍摄台湾荷治时期资料照片约二万五千张,携回后整理装订成约二百册之台湾史料,并编制目录。其后聘请专家将一部分抄写,分订二十四大册,名为 *O. L. Compagnie Kamer Åmsterdam Overgekomene Papieren*。这些档案的原始照片战后存于台大人类学系,而请人重抄的档案散于台大图书馆,后来曹永和任职台大图书馆时再加以装订成为24册,曹永和还

────────────────

[1] 卢正恒:《官与贼之间:郑芝龙霸权及"郑部"》,台湾清华大学硕士论文,2012年。
[2] 赖永祥:《明郑与天主教之关系》,《南瀛文献》1955年第3期,第1~4页。
[3] 方豪:《台湾早期史纲》,台湾学生书局,1994年,第156页。

把这些原始档案中的手写古荷兰文照片，以印刷体古荷兰文抄写下来，使这些资料免于失散。曹永和还有意识地利用和介绍这些文献。1961年3月，曹永和在《从荷兰文献谈郑成功之研究》（《台湾文献》1961年第1期）中就曾引用荷兰文文献讨论郑芝龙同荷兰人之间的关系。当然，此文的研究中心在于郑成功而非郑芝龙。大规模地翻译荷兰文有关史料，则是以1970年《巴达维亚城日记》第一、二册的翻译为标志。一系列的翻译整理计划持续开展，由荷文史料扩展到西班牙、法文等多种文献的搜集和整理。时至今天，相关的研究成果仍在整理、出版，也仍然有大量的外文文献等待两岸学者整理、译介和利用。

一些学者也开始对这些西文史料进行介绍。2000年，暨南国际大学助理教授林伟盛撰文《荷兰东印度公司档案有关台湾史料介绍》（《汉学研究通讯》2000年第3期）介绍荷兰东印度公司档案中的台湾史料，其中很多西文文献与郑芝龙的海上活动相关，有助于郑芝龙相关史事的研究。他注意到，东印度公司在亚洲大约有25个商馆，为了发展其亚洲区间贸易，对于每个商馆的信息必须熟悉，因此各地文书中也有讨论台湾问题的。比如，其中的日本商馆文书（Nederlands Factorij in Japan）中就有公司长官与福建军门（巡抚）郑芝龙的信件。他还介绍说J. E. Heerse《东印度外交文书集》中有一些郑芝龙与荷兰人的订约。

一些学者不仅仅是对海外史料做介绍，也主持或参与翻译了与郑芝龙研究相关的一些重要外文文献。

1.《巴达维亚城日记》

村上直次郎原译，郭辉中译，王诗琅、王世庆校订：《巴达维亚城日记》第一、二册，台湾省文献委员会印行，1970年；村上直次郎原译，中村孝志译注，程大学中译：《巴达维亚城日记》第三册，台湾省文献委员会印行，1980年。

此日记记载起于1624年至1807年。从1887年起，荷兰的殖民地史学家开始对《巴达维亚城日记》注释出版。到1931年为止，1624年到1682年出版的《巴达维亚城日记》共31册。二战之前，日本史家、"台北帝国大学"教授村上直次郎很早就关注荷兰档案文献中的台湾史料。早在1897年就撰文讨论新港文书。他后来任职"台北帝大"，受当局的委托搜集有关西文台湾史料，便首先将《巴达维亚城日记》有关台湾部分摘译成日文，收于《台湾史料杂纂》第3卷。1935年9月他退休回日本，对此手稿稍加整理，1937年东京日兰交通史料研究会出版上、中两册《抄译バタヴィア城日记》，然而下册一直没有出版。1966年，村上直次郎以九十八高龄过世，门人在其遗物中找到第3册译稿。1975年，他的门生中村孝志合并前两册，并增补校注，重刊于东京平凡社丛书《东洋文库》。台湾方面则由台湾省文献会派员将战前未经过中村孝志校注的两册翻译成中文，于1970年出版中译本。第3册则是直接将中村孝志校注《东洋文库》版翻译成中文，于1980年出版（参见林伟盛：《荷兰东印度公司档案有关台湾史料介绍》，《汉学研究通讯》2000年第3期）。书中有大量关于郑芝龙的海上贸易史料，书中记载如：崇祯四年（1631年）郑芝龙的两艘商船从日本长崎载货物返航泉州安海；崇祯十二年驶往长崎的郑芝龙商船多达数十艘；崇祯十三年两艘郑芝龙商船满载黄白生丝及纱绫、绸缎等货物,运往日本。此书对了解郑芝龙同荷兰、日本之间进行的贸易活动帮助很大。

2.《热兰遮城日志》

江树生译注,1999~2010 年。

1624 年至 1662 年荷兰占据台湾时期,以热兰遮城(遗址在安平古堡)为统治中心。在热兰遮城书写的日志,是荷兰人在台湾书写的众多文件中数量最多,也最有连续性的文件。这份日志的读者原为荷兰东印度公司的高层主管,目的在于为长官书信作证。当时日志的原本均留在台湾,于北风季节抄写日志的抄本,附于长官书信,寄往巴达维亚,转送荷兰本国。抄写时,可能有些省略,抄本并非原本的全部内容。日志原本今已不知下落,可能是郑成功驱逐荷兰人时,已被荷兰人自行销毁。日志在最初写作时,没有形成定制,1629 年起才开始成为例行公事。因此,荷文本《热兰遮城日志》从 1629 年编起。

荷文本《热兰遮城日志》分编四册。第一册:1629~1641,于 1986 年在海牙出版,列为荷兰国家史料出版丛书第 195 号;第二册:1641~1648,于 1995 年出版,为荷兰国家出版史料丛书第 229 号;第三册:1648~1655,于 1996 年出版,为荷兰国家出版史料丛书第 233 号(江树生:《译者序》,江树生译注:《热兰遮城日志》第一册,台南市政府,1999 年,第 3~5 页)。第四册则于 2000 年出版。中文本第 1~4 册,已分别于 1999 年、2002 年、2004 年、2010 年由台南市政府出版发行。

这本书涉及郑芝龙的内容很多,这些史料主要是郑芝龙与荷兰人进行海洋贸易的内容,主要存于第一册和第二册之中,尤以第一册居多。书中说到这样一则事情:1628 年夏天,"福尔摩沙"长官彼得·纳茨(Pieter Nuyts)于 10 月 10 日同郑芝龙签订有效期三年的贸易契约,按照契约,郑芝龙每年要以固定价格在大员供应 1400 担生丝,5000 担白糖,1000 担姜糖,4000 匹白色缩面和 1000 匹红色缩面。荷兰东印度公司则为此支付 2000 担胡椒,其余用银子来支付。但这个约定没有取得预期效果,郑芝龙的部将李魁奇率四百多艘戎克船脱离官方的管辖,以致贸易陷入困境。但是,荷兰总督 Coen 顾虑到惩罚郑芝龙会对公司造成不利的后果,放弃了按照规定惩罚郑芝龙的打算。(Leonard Blusse:江树生译注:《热兰遮城日志》第一册《荷文本原序》,1999 年,第 12 页)这类记载比比皆是,它们细致地记载了郑芝龙同荷兰人进行海外贸易的情况,具有重要的史料价值。

3.《荷兰人在福尔摩沙》

程绍刚译注,联经出版事业公司,2000 年。

为了在荷兰更有效地掌握东印度公司在亚洲的活动,东印度公司的最高领导机构董事会在一项指令中规定,东印度总督与评议会(或统称"东印度高级政府")必须定期就东印度公司在亚洲的活动提交报告。这个报告便被称为《东印度事务报告》,有关台湾的记录是这份《报告》中相当重要的一部分。《东印度事务报告》是关于荷兰时代台湾史唯一既系统又详细的史料。《东印度事务报告》

曾出版过荷兰文的版本，据柯尔哈斯估计，该版只收录了《报告》原件的十六分之一，译者核对原档，发现其中有关台湾部分的报告，有三分之二被删掉了。鉴于东印度公司的荷兰文史料未获充分利用，程绍刚特别从《东印度事务报告》原档案中，完整抄录 1624 至 1662 年间有关台湾的部分，由荷兰文直接译成中文，并加上必要的注释，以供研究者参考利用。

　　该书中的郑芝龙史料也是比较丰富的，史料价值很高。试举一例，《东印度事务报告》收录之库恩(Jan Pietersz. Coen)1628 年 1 月 6 日的报告主要谈到了许心素和福建巡抚、都督联合荷兰人围剿 Beren 湾的郑芝龙势力，郑芝龙派出两艘火船，突围而出(第 78、79 页)。书中还谈到，1627～1629 年间出任荷兰东印度公司驻"福尔摩沙"长官的纳茨由于东印度公司同中国的贸易未见起色，亲自前往中国沿海，蛮横地将已成厦门重要官员的郑芝龙(荷兰人称之为"一官")扣押起来，并迫使郑芝龙同荷兰人签订贸易协定。然而，巴达维亚高级长官却认为这一协定"与一官就供应丝、糖等货以高价达成协议"，而且"几乎将储存的所有现金预付给一官，计 f.50,325，致使大员现在没有资金"，因此有害无益。[1] 书中还记载了：为消灭刘香，郑芝龙加紧组织一支强大的舰队，并寻求荷兰人的援助之事。[2] 书中对郑芝龙的记载一直延续到 1647 年。是书如此记载 1647 年隆武帝政权覆亡之后，闽地人民迁入台湾的史事；1647 年，郑芝龙陷入清朝的圈套而被押往北京，郑芝龙的追随者遂向清朝宣战，加之，中国东南部发生饥荒，使得涌入台湾的难民激增。这波移民浪潮对东印度公司较为有利，荷兰人不但可以从中国人在"福尔摩沙"从事的农业种植及其他行业中取利，而且人头税也明显增长。1648 年，在台成年男子的人数增至 2 万。荷兰人因害怕在台统治会受严重威胁，殷勤地要求巴达维亚增兵。[3] 此书对研究郑芝龙的海上活动价值亦较高。

4.《荷兰台湾长官致巴达维亚总督书信集》

江树生主译，南天书局，2007 年。

　　台湾历史博物馆与台湾文献馆合作进行的"荷兰时期大员(台湾)长官致巴达维亚城总督书信整理翻译"计划，将 17 世纪荷兰联合东印度公司档案中的来台十三任长官呈报给巴达维亚城总督之书信进行抄写、整理与中文译注。2007年由南天书局出版，共分 2 册，第 1 册为司令官雷尔松及第一、二任台湾长官于公元 1622～1626 年间之书信档案。第 2 册即为荷兰联合东印度公司派驻台湾的第三任长官纳茨于 1627～1629 年间之书信档案。郑芝龙曾任雷尔松翻译，纳茨也曾扣押过郑芝龙，书中还有大量明朝私商同荷兰人进行贸易的史料，因此这份书信集对研究郑芝龙同荷兰人的关系问题以及这一时期的中荷贸易非常重要。

----

[1]　程绍刚译注：《荷兰人在福尔摩沙》，联经出版事业公司，2000 年，第 93～94 页。
[2]　程绍刚译注：《荷兰人在福尔摩沙》，第 119 页。
[3]　程绍刚译注：《荷兰人在福尔摩沙》，导论，第 XXXI 页。

5.《台湾与西班牙关系史料汇编》

李毓中译注、主编,台湾文献馆,2008~2013 年。

此书为"台湾早期历史中与西班牙相关之档案史料搜录整理翻译计划"的研究成果,搜录了 16、17 世纪西班牙有关台湾之史料档案,将古抄本手写体整理为印刷体并翻译为中文,依年代及主题编辑出版为"台湾与西班牙关系史料汇编"系列专书。目前第 I 册、第 III 册分别于 2008 年、2013 年出版,可惜第 II 册因故尚未出版。第 I 册主要翻译了 1617 年以前西班牙档案中与台湾有关的部分档案文献。郑芝龙崛起在此之后,因此第 I 册中并未及见郑芝龙的身影。第 III 册的主要内容为西班牙占领北台湾初期之相关史料之译介,涵盖了西班牙据台时期约 1632 年至 1635 年的传教士纪录、司法审判等主题。郑芝龙通过贸易和天主教士传教这两种方式同西班牙人建立联系,陆续出版的"台湾与西班牙关系史料汇编"系列专书中或许也可以觅见这一踪迹。

6.《西班牙人在台湾史料汇编》

José E. Borao,Spaniards in Taiwan,SMC Publishing,2001~2002。

鲍晓欧(José E. Borao)为西班牙人,现为台大外文系教授。由于他长期在台湾从事教学和研究工作,故将其研究列入台湾学者研究范围。事实上该书也不完全是西班牙文的史料而已,在第 1 册有 13 件,第 2 册当中有 37 件荷兰档案,而荷兰文的抄写者为韩家宝(Heyns Pol),用以补充西班牙档案所不足的部分。鲍晓欧长期关注西班牙在台湾(1626~1662)的这段历史,他为了搜集与台湾有关的西班牙文献,花费多年时间,走访旧日西班牙王国的据点,如古巴、菲律宾的马尼拉,西班牙国内主要的档案馆、国家图书馆均有其足迹,其收集所得,后出版成书,即《西班牙人在台湾史料汇编》两册,蒐罗详尽,堪称是此一研究领域必备的案头书,屡为学界称道和引用。第 1 册出版于 2001 年,收录 1582 年到 1641 年间 125 件史料,第 2 册出版于 2002 年,收录 1642 到 1682 年间共 210 件史料。鲍晓鸥将这 325 件史料分成 6 段来编排。2 册各有 3 段;第 1 段是"接触与相关的消息"(1582~1626),第 2 段"丰收时期"(1627~1635),第 3 段"消退"(1636~1643),第 4 段"战败以及后续的影响"(1642~1644),第 5 段"Hurtado de Corcuera 在 1644 年因失去台湾而受审判",第 6 段"与明郑王朝的关系"(1645~1682),此段中有的档案与郑芝龙父子有关。

此书首次刊出了明末清初意大利籍多明我会神父李科罗(Victorio Ricci)写给他教区的一份报告,原藏于马尼拉。李科罗是利玛窦家族的后人,在思明州(厦门)传教,他与郑成功、郑经父子都有交往,对郑家从郑芝龙到郑经三代的情况非常熟悉,曾经在郑成功收复台湾后,受郑成功之托前往菲律宾送交致西班牙总督的信。在李科罗这份给教区的报告中,提到郑芝龙到日本之前,曾由澳门前往马尼拉住过一段日子,他在李旦的介绍下娶了日本女子,生有两个儿子,由此也澄清了史学界通常认为他在日本只生郑成功一子,田川七左卫门非其儿子的定论。

7. 其他零星史料

1970 年，方豪《中国天主教史人物传》出版，书中即收录有郑芝龙赠毕方济神父诗（现藏罗马耶稣会院）一首。[1] 2005 年，吕理正、魏德文《经纬福尔摩沙：16～19 世纪西方绘制台湾相关地图》（南天书局，2005 年）此书中收录的西方人绘制的图像中，有一些与郑芝龙相关。比如书中收录的 1727 年的地图中，就有"一官（郑芝龙）与国姓爷（郑成功）"的图像。2008 年，鲍晓鸥《西班牙人的台湾体验：1626～1642》（那瓜译，南天书局，2008 年）中附录了他摘录自 1649 年的一封信件，他把这则材料题为《方济会士李安堂（Antonio Caballero）对一官的观察》，这则材料主要记述了郑芝龙被清廷带往北方之初，郑成功起事和郑芝龙同方济会士之间往来的事情。[2]

（三）海外研究著述的译介

大陆及海外学者研究著作的翻译工作，近年来也为台湾学界所关注。大陆学者杨彦杰的著作《荷据时代台湾史》（江西人民出版社"台湾历史研究丛书"之一，1992 年由联经出版事业公司于 2000 年 10 月出版繁体字本。该书是大陆第一部全面研究荷据时代台湾史的学术著作，杨彦杰充分利用了日译本《巴达维亚城日记》，参考了中国大陆和台湾以及日本、荷兰和美国学者的相关研究成果。但该书没有利用海牙国立综合档案馆所藏荷兰东印度公司原始档案，甚惜。该书第二章第二节讨论了荷兰人同郑芝龙的关系，利用了日译本《巴达维亚城日记》，在当时的大陆学界是比较前沿的做法。杨彦杰的这部著作也因大量使用新史料、研究水准较高而在台湾被视为大陆学界研究荷兰时代台湾史的重要著作。大陆学者周建昌撰的《郑芝龙降清新论》，认为郑芝龙降清并非郑芝龙本意，完全是由郑芝龙被执造成的。他论证说，清军将领贝勒博洛再一次致函于他并空许以"闽粤总督"后，被官职和失败冲昏了头脑的郑芝龙，才以"长途计"准备"全军归诚"。但在与其兄弟儿子商量讨论之后，最后他还是决定"俟吾单骑往会贝勒，看他如何相待，再做商量"，并非真意降清。如果郑芝龙真意投清，清政府想来也不会一再派军去洗劫郑芝龙根基安平，而清军占领安平并逼死了郑成功生母翁氏后撤回泉州，原因是郑家军船只塞海，早有准备。这篇文章也引起台湾《远望》杂志的注意，并对其进行摘录刊登。[3]

村上直次郎、岩生成一、中村孝志、永积洋子等人是日据时期到战后日本对荷据时期台湾史研究的重要学者。2001 年，许贤瑶编选他们的相关著作而成《荷兰时代台湾史论文集》一书（佛光人文社会学院，2001）。这几位学者在学术上一脉相传并受过多种语言的训练，而且重视从档案入手，建构历史事

［1］　参见宗教文化出版社据香港公教真理学会、台中光启出版社 1970 年版出版之简体字本，2007 年，第 141～142 页。

［2］　鲍晓鸥编，那瓜译：《西班牙人的台湾体验：1626～1642》，南天书局，2008 年，第 399～400 页。

［3］　参见周建昌：《郑芝龙降清新论》，《远望》2000 年总第 136～147 期，第 58～62 页。

实。[1]书中最早的文章是 1931 年村上直次郎的《基隆的红毛城址》，晚者为永积洋子的《荷兰的台湾贸易》。该书中还收集有岩生成一发表于 1936 年的经典文章《明末侨寓日本支那人甲必丹李旦考》和发表于 1985 年的论文《明末侨寓日本支那贸易商一官 Aagustin 李国助之活动——〈明末侨寓日本支那人甲必丹李旦考〉补考》，前文考订出 Captain China 就是李旦，郑芝龙未必为李旦之子。后文则考定出一官 Aagustin 即李国助而非郑芝龙，李国助在李旦死后，同郑芝龙势同水火，但是，福建海防当局却强迫他协助郑芝龙讨伐刘香。这一论文集的编译对介绍日本学界的郑芝龙研究帮助很大。

2006 年，李毓中、吴孟真将 1930 年代西班牙传教士荷西·马利亚·阿瓦列斯（José Maria álvarez）撰写的 *Formosa：Geográfica e Históricamente Considerada* 一书中有关台湾早期史的章节翻译出版，书名作《西班牙人在台湾（1626～1642）》（台湾文献馆，2006 年）。同年，郑维中写了一本非常有趣的书，叫做《制作福尔摩沙——追寻西洋古书中的台湾身影》（如果出版社，2006 年），他主要通过明末清初时期西欧人士所撰的与台湾相关之古籍，探讨那一时期台湾在西方人眼中的印象是怎样的，又是如何形成和变迁的。从一定程度上说，这本书也为我们了解明末清初与台湾相关的西欧古籍提供了一个非常有意思的入门读本。对郑芝龙研究来说，也是如此。具体来说，书中提到，在法兰克福出版的新闻刊物《欧洲每日大事记》第八册中记载了欧洲人对郑芝龙同荷兰人、清朝关系，以及郑成功从荷兰人手中夺取台湾岛的理解和认识。

2007 年，美国学者欧阳泰（Tonio Andrade）在其博士论文 *Commerce，Culture，and Conflict：Taiwan under European Rule*，1624～1662（Ph. D. disseratation，Yale University，Rough，Draft）基础上改编，由郑维中译成中文出版，此书即《福尔摩沙如何变成台湾府？》（远流出版事业股份有限公司，2007 年）。书中在第二章《辗转卡位》中有一节《众海盗》，就讨论了郑芝龙同荷兰人之间的微妙关系，而且他指出："他跟公司的关系大部分都是真挚友善的，但对跟台湾相关的事务，他还是秘密的留了一手。""他对台湾的关注则未减，他的儿子也继承了此一观点，最终给荷兰人造成毁灭性的后果。"[2]此书在全球化视野中勾勒了明末清初时期西班牙人、荷兰人和中国海商势力、中国大陆政权以台湾为中心进行的贸易往来和军事争夺过程，在结语中的讨论论及当下台湾的社会文化和政治思潮同荷兰时期"荷汉共构殖民活动"的关系。

（四）中日文史料的搜集和挖掘

在中文文献的发掘方面，台湾学者也着力匪浅。首先，必须提到的是自 1957 年至 1972 年历时 15 年时间台湾主持修纂的"台湾文献史料丛刊"，其中收

---

[1]　林伟盛：《荷兰时代台湾史论文集》序，载《荷兰时代台湾史论文集》，佛光人文社会学院，2001 年，第 1 页。

[2]　〔美〕欧阳泰著，郑维中译：《福尔摩沙如何变成台湾府？》，远流出版事业股份有限公司，2007 年，第 107 页。

录了大量明郑史料。记载郑芝龙史事较多的文献主要集中在第 6 辑,这些文献是《台湾割据志》、《郑氏关系文书》附录之《石井本宗族谱》、《台湾郑氏纪事》、《台湾郑氏始末》、《靖海志》、《明史纪事本末》卷七六《郑芝龙受抚》、《行朝录》一则《日本乞师记》、《靖海纪略》等。其中《台湾割据志》、《台湾郑氏纪事》为日本江户时期著名史学家川口长孺所撰之汉文古籍。《台湾割据志》叙事至雍正元年,《台湾郑氏纪事》叙事至康熙三十九年,两书均叙述了郑芝龙四世纵横海上的史事。《石井本宗族谱》为郑芝龙家族之族谱。《台湾郑氏始末》、《靖海志》则站在清朝立场叙述了郑芝龙四世,尤其是郑成功三世纵横海上,最终归入清朝版图的过程。而谷应泰《明史纪事本末》卷七六《郑芝龙受抚》、曹履泰《靖海纪略》则叙明末郑芝龙为朝廷招抚之史事。黄宗羲《行朝录》一则《日本乞师记》则叙述了南明隆武时期郑芝龙向日本乞师抗清之事。这些文献的挖掘、整理曾对明郑研究起到很大推动。

此外,江日升的《台湾外记》一书,对郑氏四代描述极为详细,然而有论者以为其为史料,有论者以其为历史小说。台湾学界有关该书的考证相当多,举要如下:相信《台湾外记》为史料的有杨云萍《〈台湾外记〉考》(《台湾风物》1955 年第 1 期)、陈大道《改名换姓从军去,遗事常存稗史中——谈〈台湾外记〉的作者问题》(《台湾文献》1990 年第 2 期);反对者如苏同炳《〈台湾外记〉六、七两卷纠谬》(《台湾文献》1975 年第 3 期)、《〈台湾外记〉关于郑芝龙早期史事研究》(《史联杂志》1997 年总第 30、31 期)。另外,杨崇森于 2006 年著文《介绍一本奇书:〈闽都别记〉》,认为《闽都别记》此书描述内容包括:台湾之开辟、郑芝龙来台经略、郑成功逐荷人取台湾、郑经取厦、金未果而据台湾、施琅破澎湖降郑氏等信息,阅读该书对了解台湾乃至整个中国社会与历史典故、诗文、人物都有不少帮助。《明清台湾档案汇编》收录有与郑芝龙相关的明清档案,其中尤以清档为多。

在日文资料的搜集和挖掘方面,成果不多。值得一提的是何廷瑞主编的《日本平户岛上有关郑成功父子之资料》(何廷瑞主编,淡江学院,1977 年)。此书是一个介绍郑芝龙、郑成功在日本遗迹的小册子,仅有 17 页。作者何廷瑞为了寻访郑芝龙、郑成功在日本的遗迹,先后于 1975、1976 年两次奔赴日本长崎调研。书中主要写了现存于平户岛上的儿诞石史迹、郑氏遗迹碑、郑成功庙、郑成功铜像、郑氏故宅址、郑氏遗器皿、郑氏遗印、郑氏父子遗爱之竹柏树、郑成功手植椎树等郑氏父子文物。

台北"故宫博物院"在 2003 年 1 月 24 日至 5 月 14 日举办了"福尔摩沙:十七世纪的台湾、荷兰与东亚"特展,从海内外三十多家公私立博物馆和个人借来珍贵文物数百件,展示了十七世纪的台湾风貌。展览的重要一环是"海禁下的民间活力",以郑芝龙的海上生涯为线索,主要展出了《郑成功和郑芝龙之画像》(19世纪/195 x 45.3 厘米/卷轴/台湾博物馆馆藏)、《澳门图》(约翰·芬伯翁/约 1640 年/油画/73 x 103 厘米/荷兰海牙国家档案馆藏)、《金门图》、《厦门图》等珍贵文物。此展的图册已经于 2005 年出版(石守谦主编:《福尔摩沙:十七世纪的台湾、荷兰与东亚》,台北故宫博物院,2005 年),也可以作为史料加以重视。

三、1920 年以来两岸郑芝龙研究的总体评价和展望

　　1920 年代以来,大陆学界的相关研究可以说是和现实紧密辉映,立论也渐有新意,但是在中西文史料的挖掘和利用上,功夫明显欠缺,这就导致了大陆学界的郑芝龙研究成果不富、难以创新的现状。反观台湾学界的相关研究史,民国时期台湾学界的郑芝龙研究成果不富,专门的研究寥寥可数。这一时期的郑芝龙研究以连横《台湾通史》为代表,虽讨论郑芝龙史事的文字不多,然而持论甚正,对郑芝龙开拓台湾之功评价相对积极。蒋介石政权转进台湾之后至 1970 年代,台湾当局为同大陆对抗,大肆渲染郑成功家族三世抗清史事,极力贬抑郑芝龙,视其为明朝贰臣和民族败类的代表,故此一时期的郑芝龙研究成果不多,对其评价亦以负面居多。1980 年代以来,郑芝龙史事的研究亦逐渐摆脱政治因素的干扰,对郑芝龙的评价亦渐趋积极。同时,与郑芝龙相关的中西史料,特别是西班牙、荷兰等国相关的档案文献相继得到整理、介绍和翻译,也吸引部分台湾史学者加入这一领域的研究中,遂使这一领域的研究产出较往昔为多,在郑芝龙的海上霸权、海外关系、经营台湾、降清史事等问题的研究方面,都取得了不俗的成绩,学术水准也大为提升。

　　实际上,目前对于两岸学界来说,郑芝龙研究仍有较大空间。由于仍有相当多的海外相关档案文献处于发掘、整理、翻译当中,两岸学界不同领域的学者之间尚未实现有效的沟通合作,这就决定了今后两岸学界的郑芝龙研究将充满更多可能性。

　　一方面来说,相关荷兰、西班牙档案文献的整理翻译仍在进行中,很多相关档案文献尚待发掘。荷兰驻日本商馆的档案文献比如《平户荷兰馆日志》、《长崎荷兰商船日志》对郑芝龙史事都有记载。据《长崎荷兰商船日志》记载:从 1641～1643 年间,郑芝龙将大量生丝、各类纺织品、黑白砂糖及麝香、土茯等药物运往日本。《平户荷兰馆日志》对郑芝龙在长崎与中国大陆之间的贸易活动记载甚多。然而这些史料现在仍未得到系统的整理、翻译。西班牙档案文献中的台湾相关档案文献,李毓中专门进行过挖掘、整理和翻译工作,目前看到的是他于 2008 年出版的《台湾与西班牙关系史料汇编 I》(台湾文献馆印行,2008 年)。然而该册史料汇编的年代下限仅至 1617 年。但是,众所周知,台湾在荷兰时期、明郑时期均同西班牙人有关密切的接触。试举一例,17 世纪 20 年代,荷兰人便曾利用郑芝龙来执行在台湾海峡截击往马尼拉与西班牙人通商的中式帆船的海盗任务。西班牙档案文献中与郑芝龙相关的文献史料如能发掘并加以整理、翻译,对郑芝龙研究将是极大的促进。当然,海外的一些重要研究著述,如 Xing Hang 的 *Profits，Power，and Legitimacy：The Zheng Maritime Empire in Seventeenth-century Maritime East Asia*（American Historical Association，2013）和 *Between Trade and Legitimacy，Maritime and Continent：The Zheng*

Organization in Seventeenth-century East Asia（University of California at Berkeley，2010）现在仍然需要持续性的关注，并及时迅速地加以译介。

　　另一方面来说，这一研究领域的进一步开拓赖于研究资源的进一步整合。目前来说，研究郑芝龙者主要分为三个群体：一为明史学者，尤其是治南明史的学者，一为台湾史学者，还有一派为中西交流史的学者。明史学者和台湾史学者、中西交流史学者之间的研究风格迥异，彼此之间的沟通合作也比较有限，这种研究资源分散的状况限制了台湾郑芝龙研究整体水平的提升，不利于这一研究领域的长远发展。治台湾史、中西交流史的学者进行相关研究比较注重运用西文档案，一般来说西文功底极佳，海外关系丰富，即便是未出版的西文档案文献也能设法利用。这种传统自曹永和、方豪两位先生开始，传承至今，颇为难得。台湾史相关学者对荷西等国档案的译、注、编，整体时间及主题范围亦涵盖甚广、史料性质浓厚，虽不宜单一当作郑芝龙研究之成果来看待，但是对于推进郑芝龙研究大有裨益。

　　然而，治台湾史、中西交流史的学者两者之间，治学取向又有细微差别。比如，由于自身的专业要求，中西交流史学者对中国历史发展中的重要问题进行回应的"问题意识"明显要比台湾史学者要强一些。台湾史学者的研究关怀一般过于强调台湾历史研究，台湾主体性贯穿研究始终，而少有鲜有著述回应中国史研究中的历史问题。这具体表现在研究中往往比较注重研究与台湾史相关的史事和问题，对郑芝龙史事中涉及大陆历史发展者则投入精力不多。目前台湾民众比较关注岛内事务而较少主动关心大陆史事，上述趋势也随之日益严重。郑芝龙相关中文史料较为分散，郑芝龙在晚明时期的海上活动多系于西方殖民者保存下来的海洋文献，清朝官方文献中的郑芝龙史事记载则为数不多。但是，明史学者，尤其是治南明史的学者对西文史料重视程度显然远远不够，这就很不利于其研究的深入。

　　可喜的是，目前为止，郑芝龙已经慢慢形成一个独立的研究主题，已经开始摆脱附属在郑成功研究之下，或者说附属在台湾荷西、延平王国时期研究之下的尴尬地位，逐渐成长为一门相对通显的学问。对两岸学界的郑芝龙研究来说，目前最关键的是整合中西文史料和尚待发掘的韩国、越南等地的相关汉籍文献，加强跨学科之间的沟通合作，整合现有研究资源，在研究中努力将其置于整个东亚、东南亚季风带这一大的区域范围下，以大航海时代的眼光来处理和回应中国明清之际海盗史、闽商贸易史和国际关系史的重大历史问题，从根本上提升郑芝龙研究的研究水准和学术视野。尤其是对于大陆学界来说，借鉴吸收台湾学界的相关研究成果，也是当务之急。本文将其学术史加以整理，或也有助于学界将郑芝龙研究独立成为一个研究主题的努力。

The Evolution of Research on Zheng Zhilong
A Review of Cross-strait Academic Research
on Zheng Zhilong since the 1920s

Abstract: Since the 1920s, scholars Cross-strait have greatly pushed forward our understanding of Zheng Zhilong's life, achievements, and historical significance. Recent contributions from overseas have provided additional opportunities to improve the quality and level of domestic academic research. By tracing the evolution of scholarship on Zheng Zhilong, this paper highlights the crucial importance of positioning his research as an independent topic of inquiry.

Keywords: Research on Zheng Zhilong, Cross-strait Academia, Academic History

明代《福建海防图》台湾地名考

周运中*

摘　要：本文首次考证了明代《福建海防图》上的台湾地名，指出这幅地图画出了台湾从北到南的 22 处重要地名，不仅完整画出从基隆到鹅銮鼻的台湾岛西海岸，还包括台湾北方三岛中的花瓶屿与钓鱼岛列岛中的黄尾屿。这证明台湾在明朝时不仅属于福建管辖，而且明代中国人非常了解台湾，中国人最早绘制出完整的台湾地图。以前有人认为明代中国人从未绘制过完整的台湾地图，根据《福建海防图》可知，这个观点完全错误。这幅地图还画出了北港、魍港，解决了前人对这二港位置的争论。

关键词：台湾　福建　海防　魍港　北港

　　长期以来，很多学者根据他们看到的一些中国及西方地图提出，17 世纪之前的台湾被误绘为好几个岛，认为明代中国对台湾地理的认识始终模糊不清，误以为明代中国没有任何一幅地图清晰地描绘出台湾。有些人甚至根据这种错误的认识得出台湾不属于明朝的错误结论。[1] 有人说西班牙人或荷兰人首先画出了完整的台湾岛，其实他们没有看到中国科学院图书馆所藏的万历年间的《福建海防图》，这幅图把台湾从基隆到鹅銮鼻的西部海岸画成一个绵延的完整岛屿，而且有 20 个地名均匀地分布在台湾西海岸，另有 2 个地名在化瓶屿与黄尾屿。因为这幅图长期以来没有完整公布，所以不为世人所知，本文首次完整考证这幅珍贵地图中的台湾地名。

　　《中国古代地图集》第二册《明代分册》截取公布了《福建海防图》的部分内容。附录的文字介绍说，此图纸本彩绘，长 580 厘米，宽 41 厘米，作者不详。此图开头注明："南系前左，而北系后右。"即此图上东下西，左南右北。海澄县为嘉靖四十五年（1566 年）置，图上文字又论及万历二十年（1592 年）、二十五年之事，

---

　　*　作者简介：周运中，厦门大学历史学系助理教授。

　[1]　周婉窈：《山在瑶波碧浪中——总论明人的台湾认识》，《台大历史学报》2007 年第 40 期。周婉窈：《明清文献中"台湾非明版图"例证》，载《郑钦仁教授荣退纪念论文集》，稻乡出版社，1999 年，第 267～293 页。

故该图可能是万历中后期为防御倭寇所绘。[1] 这幅明代《福建海防图》画出了台湾和吕宋，极为珍贵。但是第76图的琉球国，实为今冲绳，《中国古代地图集》文字说明误以为此琉球国是今台湾。所谓开头注明，其实是图上对南澳岛的标注，最后说："故南澳游信地，南系前左，而北系后右，重在防南。"所以南系前左、北系后右不是指全图方向，但是全图确是上东下西，左南右北。姜勇、孙靖国对此图也有介绍，孙靖国在《舆图指要》中公布了此图全本[2]，使我们能够了解到此图全貌。关于此图的吕宋、冲绳部分，笔者另有专文，本文专论台湾部分。

此图是明代最详细的福建海图，北到浙江省南麂岛，南到闽广交界，而且完整地画出了分属闽广二省的南澳岛。该图在海防要地附有详细文字说明，介绍此地的战争史及防守方略，甚至在重要海港标注可以停泊多少海船及躲避某个方向的暴风，还标注到周围海港的距离，因此这幅图的可信度很高。这幅地图也画出了北港、魍港，一举解决了北港与魍港是否为一地的争论，而且解决了北港位置的难题。

一、台湾中北部地名

（一）黄麻屿、花瓶屿

《明代海防图》在台湾岛、冲绳岛之间画出6个小岛，靠近台湾岛的两个标名黄麻屿、花瓶屿（图一）。黄麻屿即钓鱼岛附近的黄尾屿，花瓶屿即花瓶屿。嘉靖十三年（1534年）出使琉球的陈侃说："过钓鱼屿，过黄毛屿，过赤屿，目不暇接。"[3]嘉靖四十年出使琉球的郭汝霖说："三十日过黄茅，闰五月一日过钓鱼屿，三日至赤屿焉。赤屿者，界琉球地方山也。"[4]黄茅即黄毛，也即黄尾屿，赤屿即赤尾屿。

图一　《福建海防图》中的黄麻屿、花瓶屿

[1]　曹婉如等编:《中国古代地图集:明代》，文物出版社，1995年，第74、75、76图。
[2]　孙靖国:《舆图指要:中国科学院图书馆藏中国古地图叙录》，中国地图出版社，2012年，第327～333页。
[3]　（明）陈侃:《使琉球录》，载《续修四库全书》第742册，上海古籍出版社，2002年，第506页。
[4]　（明）郭汝霖:《重编使琉球录》，载《四库全书存目丛书》史部第49册，齐鲁书社，2009年，第667页。

（二）鸡笼、鸡笼港、淡水

该图在台湾岛北部标出鸡笼、鸡笼港（图二），并清楚显示出一个巨大的海湾。其南隔山，又有淡水，在一个较小的河口。北部的鸡笼可能是在基隆港口和平岛（社寮岛）上的原住民鸡笼社[1]，鸡笼港即今基隆港，淡水是今台北的淡水河口。

（三）芝巴山里

该图在淡水河口南岸标出芝巴山里，但是山里不合体例，此名应是芝巴里山（见图二）。此地在原住民的芝芭里社，即今桃园县中坜市西北的芝芭里。芝巴里山应是指附近山地，但是芝芭里远离山地，所以此处的山可能是泛指原住民地区，也有可能指桃园的台地群。

图二　《福建海防图》中的鸡笼、鸡笼港、淡水、芝巴山里

（四）新港

淡水河口向南是一个巨大的海湾，再南在海岬标有新港（图三），再南是一个较小的海湾。新港即原住民的新港社，在今苗栗县后龙镇新民里，今仍有西社、东社地名留存。[2]后龙溪口正是突出的海岸，其南北海岸凹陷，即图上南北的海湾。

（五）崩山

在新港南部海湾之南有崩山（见图三），即清代文献的崩山八社。清黄叔璥的《台海使槎录》卷六说崩山八社是："大甲东社、大甲西社、宛里、南日、猫盂、房里、双寮、吞霄。"大甲东社在今台中外埔乡，大甲西社在今台中大安乡，宛里在今苑里镇，南日在今苑里镇旧社里，猫盂在今苑里镇中正里，房里在今苑里镇房里，双寮在今台中大甲镇建兴里，吞霄在今苗栗通宵镇。[3]

［1］　翁佳音：《大台北古地图考释》，稻乡出版社，2006 年，第 149～152 页。
［2］　戴天来：《台湾地名辞书》卷三《苗栗县》第五章《后龙镇》，台湾文献馆，2006 年，第 141 页。
［3］　詹素娟、张素玢：《台湾原住民史：平埔族史篇（北）》，台湾省文献委员会，2001 年，第 240～245 页。

图三　《福建海防图》中的新港、崩山

(六)牛山

崩山之南,隔两个海湾有牛山(图四)。牛山地名不见于台湾文献,而图上平潭岛东部的牛山岛恰好没有标名,所以这个牛山是今平潭县牛山岛之名的错位。因为此图来源不同,拼接时发生错位,把福建地名误画到台湾岛。不过图上台湾岛的地名错位仅此一例,其他都没有错位。

(七)三林、二林

牛山之南是三林(见图四),再南隔一个河口,有二林。三林、二林都在今彰化县二林镇,二林即今二林。三林在今二林镇西北五里,《康熙台湾舆图》画出二林、三林,而且在图上说明三林距离二林五里。

图四　《福建海防图》中的牛山、三林、海坛

(八)湾头

二林之南的海湾南部标出湾头(图五),此名待考。因为清代浊水溪在今二林镇东北入海,不是现在的浊水溪。所以现在浊水溪口附近原来可能有一个港湾,即图上湾头位置。现在云林县西北部沿海的麦寮乡有大湾村,不知是否与图上的湾头有关。

(九)小渔屿

湾头再南,隔有河口,有小渔屿(见图五)。但是图上没有画出岛屿,这个小渔屿应在今云林县西南部,现在已经成陆。从云林县向南,海岸出现较大沙洲,所以出现小渔屿之名。这个名字也是汉族人命名的,应是福建人在台湾捕鱼时的居住之所。

图五　《福建海防图》中的二林、湾头、小鱼屿、南日山

二、北港、大线头、魍港

(一)北港

小渔屿向南,隔三个小海湾,有北港(图六)。应是今云林县南部的北港镇,但不是现在的北港镇中心。北港是晚明台湾著名渔场,文献记载很多,前人也有很多研究,但是前人对北港的具体位置还有很多争议。李献璋认为北港(笨港)在清代才成为聚落[1],现在看来肯定不对。因为此说缺乏证据,他的理由不过是明代笨港史料缺乏。有人认为北港在今云林县南部,但是没有明确证据。《福

[1]　李献璋:《笨港聚落的成立及其妈祖祠祀的发展与信仰实态》,载《妈祖信仰的研究》,泰山文物社,1979年,第597~598页。

建海防图》的北港之南是大线头、魍港，而大线头的位置很明确，可以证明北港确实在云林县南部，而且北港不是魍港，一举解决了前人的争论。

图六　《福建海防图》的北港、大线头、魍港

北港应在今云林县南部北港镇到嘉义县北部六脚乡一带，但不在现在的北港镇中心。今北港镇原来是笨港北街，后来简称为北港。笨港街原来在溪南的今嘉义县境内，乾隆十五年（1750年）的洪水把笨港街分为南北两块，嘉庆八年的洪水又冲毁南街，笨南港居民迁往南新港，即今新港。原来的南港称为旧南港，在今北港镇南岸。乾隆二十一年到二十四年的《台湾全图》画出了笨港前街、笨港后街、笨港北街。[1]

（二）大线头

闽南语的线、汕同音[suaã]，汕即沙洲，汕是根据线的读音造出的形声字，因为海岸的沙洲形似线条而称为线（见图六）。这篇沙洲就在布袋镇西南的好美寮附近，现在还很突出。所以好美寮不是魍港，而是大线头。

（三）魍港、马沙沟

在北港、大线头不远处有魍港（图七）。魍港作为明代汉族人在台湾岛最早开辟的聚落，自然有极其重要的地位。可是关于魍港的具体位置，现在还没有准确的结论。

图七　《福建海防图》的魍港、马沙沟、加老湾

[1]　洪英圣：《画说乾隆台湾舆图》，联经出版事业公司，2002年，第30页。

曹永和引伊能嘉矩之说,认为魍港即蚊港,即塭港,在八奖溪出海口,约在今新虎尾溪口的蚊港庄。[1] 和田清认为其在当时的开发程度还不及蚊港,总之都在台湾南部。早期的汉族势力不可能到达虎尾溪,而且塭是养鱼之所,当时汉族人只是在渔期来台湾捕鱼,还不可能开辟鱼塭,所以魍港不可能是塭港。

中村孝志依卢嘉兴之说,认为魍港在今嘉义县布袋镇好美寮,陈国栋认同此说。他依照曹永和之说,认为荷兰人以德国里计算海上距离,一德里相当于7407.41 米。《巴达维亚城日记》1636 年 4 月条说 Vavoralangh 村在 Wangkan 北部六、七里处[2],按 Vavoralangh 即虎尾溪流域的原住民虎尾人居地,六、七里的位置正是今嘉义县和台南市之间的八掌溪入海口处。

《热兰遮城日志》译者江树生认为,魍港在今嘉义县东石乡,一说在布袋镇好美寮。[3] 东石不在八掌溪流域,所以此说不确,但是好美寮之说也不对。

有学者指出嘉庆十年蔡牵起事,福建水师副将仍然修建了青峰阙炮台,一说是东石的塭港,一说在台南的北门乡。[4]

万历中后期的魍港已经衰落,可是一幅 1646 年英国出版的中国东南海图中,没画当时荷兰人的统治核心区域大员湾,却画出了一个巨大的海湾,直对澎湖岛,标注 Wankan,即魍港,此地既然在澎湖岛之东,位置确实是魍港。但是今台南市区的大员湾比魍港更大,而且不应该不画,所以此图有误。此图出自英国人 Robert Dudley(1573～1649 年)编辑的《海之秘密》(图八,1),可能改绘自荷兰人的地图,所以有误。[5] 所以此图不能表明当时的魍港比大员湾重要,但是确实说明魍港曾经有重要影响。

从荷兰出版商 Pieter van der Aa 于 1719 年初版、1727 年再版《由波斯到东印度环游见闻实录》的一幅台湾地图中(图八,2),我们可以看到魍港堡垒(Fort van Wanckam)在一条大河的海口南岸,此河从东北向西南流,南面就是大员湾,间隔一些沙洲[6],所以魍港溪无疑是今八掌溪。河口北岸没画沙洲,沙洲都在南岸,即今八掌溪和急水溪之间。因为八掌溪南面有急水溪、将军溪,所以沙洲很多。这些沙洲是汉族人在魍港最早居住的基础,但也是船只航行的威胁。据荷兰人记载,1630 年 6 月两艘中国船只从漳州河口来大员湾,一艘在魍港搁浅,一艘在魍港遇到风浪漂流到北线尾的海堡(Ronduyt Zeeburch)北部。[7]

[1] 曹永和:《明代台湾渔业志略》,载《台湾早期历史研究》,联经出版事业公司,1979 年。

[2] 陈国栋:《东亚海域一千年:历史上的海洋中国与对外贸易》,山东画报出版社,2006 年,第 130～131 页。

[3] 江树生译注:《热兰遮城日志》第一册,台南市政府,2002 年,第 28 页。

[4] 戴震宇:《台湾的城门与炮台》,远足文化事业股份有限公司,2001 年,第 85 页。

[5] 吕理政、魏德文主编:《经纬福尔摩沙:16～19 世纪西方人绘制台湾相关地图》,台湾历史博物馆、南天书局有限公司,2006 年,第 72～73 页。

[6] 吕理政、魏德文主编:《经纬福尔摩沙:16～19 世纪西方人绘制台湾相关地图》,第 84～85 页。

[7] 江树生译注:《热兰遮城日志》第一册,第 28 页。

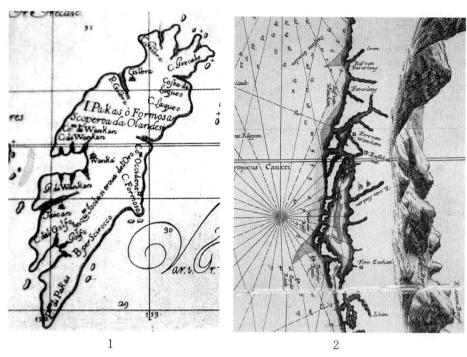

图八　《海之秘密》、《由波斯到东印度环游见闻实录》中的台湾地图

魍港堡的前身应即林凤、林道乾的基地,所以魍港应该在今盐水区一带。当时的八掌溪口不是现在的海口,而在今嘉义市义竹乡和台南市盐水区之间,所以有学者认为魍港在今布袋镇,这是不对的。康熙五十五年出版的《诸罗县志》卷首《山川总图》的八掌溪入海口北面有大槺榔庄(图九),当时还在海边[1],即今嘉义县义竹乡的槺榔港村,说明此地之西当时还是大海,而布袋镇都在这一后成陆地区,好美寮的东部还有盐场,好美寮的语源可能是下尾寮,闽台地区习惯把地名中的尾字雅化为美,即最低的海滨村庄,所以当时还没成陆,不可能是魍港所在。

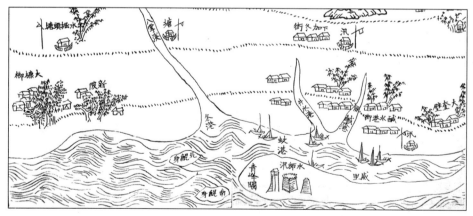

图九　《诸罗县志》卷首《山川总图》

[1]　(清)周钟瑄:《诸罗县志》,载《台湾史料集成·清代台湾方志汇刊》第 12 册,远流出版事
　　业股份有限公司,2005 年,第 38 页。

魁港确实是蚊港,读音很近,《指南正法》的《东洋山形水势》说:

> 澎湖暗澳有妈祖宫,山无尖峰,屿多。乙辰五更取蚊港,蚊港亦叫台湾,
> 系是北港。身上去淡水,上是圭笼头。下打狗子。

从针路来看,在澎湖岛乙辰(112°)五更的地方正是今八掌溪口。但是向达注释说北港、蚊港、魁港、笨港是一地[1],这是误解,魁港、蚊港是一地,笨港在今云林县南部北港溪,笨港是北港。永历十八年(1664年)明郑的《台湾军备图》,现藏台北故宫博物院,图上在麻豆番社之北画出蚊港,注明:"此处可泊船。"[2]说明蚊港在今台南西北部,就是魁港。

陈国栋之文引前人之说,根据《巴达维亚城日记》1642年1月说荷兰人从笨港经过魁港和萧垄社,回到大员湾,则笨港在魁港北部。其实《热兰遮城日志》记载,1639年12月20日荷兰的队长Johan van Linga带领20个士兵,经过魁港、笨港去Vavorolang,荷兰人把魁港写作Wankan,笨港写作Poncan,完全区分。[3]《巴达维亚城日志》1636年2月说到的魁港在Vavorolang南面7里,二林(Girim)在大员北20~25里,二林即今彰化县二林镇,大员即热兰遮城,前人认为Vavorolang在今云林县褒忠乡附近,如此我们可以推算魁港位置在今八掌溪流域。《热兰遮城日志》1637年5月22日记载,荷兰人从去过Vavorolang的中国人那里听说,从魁港去Vavorolang,要经过五、六条还不认识的河流,陆路要走两天[4],则魁港不可能在北港溪流域。因为云林县的北港溪本来就是虎尾溪的支流,中间不可能还有五六条河流,而且陆路要走两天。

荷兰牧师François Valentyn(1666~1727)的《新旧东印度志》于1724~1726年出版,其中有一幅《福尔摩沙与渔翁岛图》(图一〇),此图的大员湾北部紧邻Canaal van Wankan,即魁港海峡,其北部有Ponikas溪,此河是今北港溪。[5]此图虽然制作精美,但不免有误,图上其实没有八掌溪,魁港海峡东部的大河是从东南向西北入海,即今急水溪。此溪靠近荷兰人的统治中心,所以反而掩盖了八掌溪。图上的急水溪名为Mattamir河,可能是麻豆溪。其南部的将军溪很小,当时更短小,所以急水溪南部当时就是麻豆社(在今台南市麻豆区)。

魁港即蚊港,康熙《诸罗县志》卷首地图绘出蚊港,在八掌溪口,其东南还有井水港、咸水港,咸水港南有咸水港街,即今台南市盐水区,其北有井水港村,今盐水区南有番子寮村,又名欢雅,即闽南语番仔的谐音,此地既然是原住民村落,但是居然不见于康熙《诸罗县志》地图,但是图上的咸水港街南面有个大奎壁村,

---

[1] 向达整理:《两种海道针经》,中华书局,2000年,第138页。
[2] 高贤治、黄光瀛:《纵览台江:大员四百年地舆图》,台江公园管理处,2012年,第52~53页。
[3] 江树生译注:《热兰遮城日志》第一册,第464页。
[4] 江树生译注:《热兰遮城日志》第一册,第316~317页。
[5] 吕理政、魏德文主编:《经纬福尔摩沙:16~19世纪西方人绘制台湾相关地图》,第82~83页。

图一〇　《福尔摩沙与渔翁岛图》局部

此村应即番子寮的原地名,所以《诸罗县志》卷二《街市》说:

> 咸水港街,属大奎壁庄,商贾辏集,由茅港尾至笨港,市镇此为最大。

咸水港街原为大奎壁庄地,现在的盐水区在乾隆四十六年建有奎壁书院。在清代中期,此地还很繁荣,有"一府二鹿三艋钾四月津"之说,月津、月港即盐水港别名[1],林衡道采集的传说表明盐水镇旧名大龟肉[2],此名即和奎壁有关,因为奎壁即《隋书》所说的句鼊(蠵龟)。这个大奎壁,传说正是林道乾的活动之地,《诸罗县志》卷十二《外纪》说:

> 陈小厓《外纪》:明海寇林道乾为俞都督大猷所追,穷窜台湾,势蹙。恐不能据,以酒食绐诸番,醉而杀之,有阖社无噍类者,取血调灰以固船,乃航于遥海。大奎壁劈破瓮(诸罗地),是其故穴。或云到昆仑,不知所终。郡志:道乾遁占城,今尚有遗种。

[1]　赵文荣:《南瀛内海志》,2006 年,第 26~27 页。
[2]　林衡道口述,杨鸿博整理:《鲲岛探源(四)》,稻田出版有限公司,1996 年,第 726 页。

这里说林道乾在大奎璧村杀害原住民，可能表明林道乾和这里的原住民有冲突，但是他的主要目的一定是夺取远航的物资，而不太可能是要原住民的血。这说明林道乾活动的魍港就在八掌溪入海口附近，这里有丰富的渔业资源，所以成为汉族渔民的活动区。魍港最大宗的出产是乌鱼。1633 年 12 月 31 日，有两艘中国船从魍港来到热兰遮城，缴纳 1000 条乌鱼为什一税。[1] 乌鱼也是后来北港开发的基础。魍港还有其他水产，《诸罗县志》同篇说：

> 红虾，夏肥，膏贯脊至尾，清脆悦口，色亦佳，宜丸，宜脯，大者作对，陈小厓拟之"霞肤雪肉"，良然。
> 茅港尾、蚊港多蟳，大而肥美，膏踰于肉，色如朱。

蚊港（魍港）南面不远就是急水溪，光绪五年（1880 年）出版的《台湾舆图》的《嘉义县图》的急水溪入海口是红虾港，即今台南市学甲区的红虾港村，其西即北门区的南鲲身村，原为海中沙洲，如同台南市外侧原有一鲲身到七鲲身，在八掌溪入海口，原有南鲲身、北鲲身、青鲲身，南鲲身与青鲲身之间还有北门屿，康熙《诸罗县志》卷七《水师防汛》说：

> 蚊港，在县治西南六十里，港口为青峰阙、猴树港、咸水港、茅港尾、铁线桥、麻豆港等处出入所必由，港在青峰阙之内……内分北门屿，在蚊港青峰阙之南，有小港，可停泊取汲之所。南隔马沙沟沙线六里……马沙沟，与北门屿斜对，沙线水浅，止可取汲，南隔青鲲身沙线三里……青鲲身，南隔鹿耳门水程二十余里，止可取汲。

康熙二十三年设蚊港汛，光绪《台湾舆图》的《嘉义县图》（图一一）将其标在八掌溪口，但是有学者在转绘为现代地图时，误把此地画在嘉义县东石乡南部的朴子溪口[2]，其实原图的蚊港汛紧邻番仔寮，其

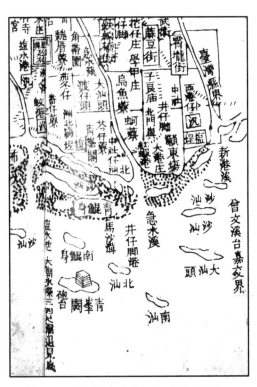

图一一　光绪《台湾舆图·嘉义县图》

---

［1］　江树生译注：《热兰遮城日志》第一册，第 80 页。
［2］　黄清琦：《台湾舆图暨解说图研究》，台湾历史博物馆，2010 年，第 66 页。

外是青鲲身、南鲲身、青峰阙，此图把这三个岛和马沙沟画成东西平行，这是不对的。其实《诸罗县志》卷首的地图显示，南鲲身南面是青峰阙，而青峰阙南面是北门屿，即今北门区所在，北门屿南面是马沙沟，即今将军溪口的马沙沟，再南才是青鲲身，这一条沙洲连为南北一线。所以清代的麻豆港也由蚊港出入，但是在明朝，麻豆溪等还是直接入海。根据两图，猴树港即今朴子溪入海口，铁线桥溪即今急水溪。

青峰阙的炮台是荷兰人所建，《诸罗县志》卷十二《古迹》说：

> 青峰阙炮台，在蚊港口，荷兰时筑，今圮。

卷七《水师防汛》说：

> 青峰阙炮台，在青峰阙港口之南，港外有南北二鲲身沙线，港水东入蚊港，为县治以南第一扼要之地。荷兰时筑，制略如城，中有井，今圮。故址半淹于海，故所遗炮为咸水沙壅，手按之皆如虀粉，不堪用矣。

青峰阙在南鲲身东南，后被海沙淤积，在今南鲲身和北门之间。据日本人的调查，北门屿盐埕庄西邻之地是青峰阙炮台旧址。[1] 但是北门屿位置靠南，所以青峰阙炮台似应在其北。《诸罗县志》的青峰阙炮台在蚊港外的沙洲最北端，再北是南鲲身，所以青峰阙炮台应在北门屿北部。青峰阙的名字来自青鲲身。

值得注意的是光绪《台湾舆图》的《嘉义县图》在蚊港汛之南有洲北场盐埕庄，其旁是青峰阁，两地被画在港湾内侧，和海中的青峰阙不在一起，这应是绘图错误，青峰阁就是青峰阙，读音接近，盐埕庄应即今北门区的旧埕。图上的北门屿居然被画到了急水溪南岸的内陆，北门屿西部的井仔脚今天还在海滨，居然也被画在内陆，而且急水溪口又有一个井仔脚港。南鲲身西部的蚵寮，图上也被画在内陆。这三个地名在图上的相对位置无误，是整体误植。而学甲西部的中洲应即图上的中社仔汕，学甲西南的苓子寮应即图上的苓仔寮，两地居然被画在急水溪北岸。

青峰阙的炮台其实就是荷兰人在魍港所筑的城堡，《热兰遮城日志》记载，1634 年 3 月 30 日，荷兰人在热兰遮城的长官和议会决定阻止刘香到魍港，防止刘香等海盗给商人造成恐慌，从而给荷兰人的公司造成更大的损失。5 月 13 日，有海盗在笨港抢劫，所以荷兰人派三艘船去寻找这些海盗，听说魍港湾开始变深，准备勘测是否能在魍港建设堡垒，以防西班牙人南侵。11 月 9 日荷兰人决定给麻豆社、萧垅社人发放执照，以免他们骚扰在魍港烧石灰、捕鱼与在赤嵌耕地的中国人，因为这些人是为荷兰人服务的。

魍港是石灰产地，所以在今北门区之东还有个灰窑港村，此地应和魍港的石

---

[1]　卞凤奎译：《南部台湾志》，博扬文化事业有限公司，2010 年，第 613 页。

灰业有关,可能就是那个石灰岛。在荷兰人到魍港之前,魍港就有很多中国人,所以荷兰人才要中国人离开。是中国人最早开辟了魍港,他们在魍港的渔业、商业、制造业都是在荷兰人来到之前就有的。因为魍港是中国人最早开辟的聚落,所以有建造房屋的需求,成为工匠集中之地。1637 年以后,荷兰人无数次从魍港运石灰到热兰遮城。魍港堡垒建好,中国人在城外辛苦工作,但是经常有魍港烧石灰的中国人被 Vavorolan 人攻击的报告。10 月 25 日,荷兰人决定调集麻豆、萧垄、诸罗山、目加溜湾等盟友的军队,出征 Vavorolang,31 日,回到宽阔的魍港内湾,11 月 1 日出海到达大员。11 月 16 日,被 Vavorolang 人俘获的 8 名中国人被释放。

　　魍港还是鹿皮的集散地。据《热兰遮城日志》记载,早在 1633 年 3 月 13 日,就有中国海盗船只从台湾南部去北部,准备抢劫在魍港、二林、马芝遴社(今彰化县鹿港镇)等地收购鹿皮的中国船只。1635 年 6 月 27 日,三艘中国船从魍港运了 10000 张鹿皮到热兰遮城。1638 年 1 月 23 日,荷兰人贴出告示说在大员、魍港有检查员对运往中国的鹿肉称重,征收什一税。[1] 正是因为魍港资源丰富,又扼守大员湾北部的第一个河口港湾,所以荷兰人要在此建城。

　　魍港作为一个港湾,指的是南鲲身、北门屿到盐水区之间的海域,现在都已成陆。魍港作为一个汉族人开辟的村落,在今北门附近,荷兰人建立的堡垒也在这里。荷兰人建城往往在突出的海岬,比如热兰遮城在一鲲身,天启年间在澎湖所建之城在风柜尾。

　　荷兰人在建造堡垒之前曾经铲平沙丘,这使堡垒所在的沙洲地基不稳。其实荷兰人的遭遇,可能就保存在南鲲身的传说中。1970 年在南鲲身搜集到一则传说,说南鲲身的著名庙宇代天府曾经在清代迁移,因为荷兰人窃取了邻近石井仑的乌金石和南鲲身的白马鞍藤头,乌金石是避水珍宝,任有多大潮水,不能冲垮,白马鞍藤头也是稀世珍宝,它们被荷兰人窃取之后,海潮冲垮沙洲。直到嘉庆年间,才改建此庙于桄榔山,又名虎峰,即今庙址。[2] 所谓荷兰人窃取珍宝,可能就是指荷兰人挖去沙丘,总之在明末清初此地的海潮确曾冲毁沙洲。

　　南鲲身代天府是台南著名大庙,建时很早,供奉五位王爷,所以今日南鲲身、北门之间还有王爷港,此地也有福建沿海送王船的习俗。魍港、王爷港读音较近,不过魍港一名可能和王爷无关。

　　魍港距离原住民村社集中的大员湾一带不远,但是和麻豆社、萧垄社之间又隔着急水溪和将军溪,林凤、林道乾等人在此活动,既可以保持和原住民的交流和贸易,又和原住民集中的台南市地区保持一定距离,使得聚落不会受到原住民的侵扰。

[1]　江树生译注:《热兰遮城日志》第一册,第 82、207、372 页。
[2]　林衡道:《台南县西部的胜迹》,载《台湾胜迹采访册》第一册,台湾省文献委员会,1977年,第 215 页。

三、台湾南部地名

(一)加老湾

加老湾有一个巨大的河口,应是台江内海,现在已经淤积,在今台南市中心(图一二)。1628年12月27日,荷兰牧师甘迪留斯的记录说,荷兰人熟悉的部落中有目加溜湾(Backeloan),加老湾可能是省译。陈第的《东番记》说:

> 东番夷人,不知所自始。居彭湖外洋海岛中,起魍港、加老湾,历大员、尧港、打狗屿、小淡水、双溪口、加哩林、沙巴里、大帮坑,皆其居也。断续凡千余里,种类甚蕃。

图一二 北港、大线头、魍港、加老湾位置示意图

(二)小溪水、小溪水

加老湾所在河口之南,隔一个海湾有一个河口,标名小溪水(图一三)。再向南又有一个河口,也标名小溪水。

加老湾南的海湾,即今高雄市北部的海湾,南部的河口在今高雄市南部,即今高雄、屏东之间的下淡水溪,又名高屏溪。陈第《东番记》把高雄北部的海湾称为尧港,把高雄称为打狗,下淡水称为小淡水。再向南的小溪水,即《东番记》的双溪口,即今屏东县的东港溪。东港溪口紧邻高屏溪,所以高屏溪又名西溪,东港溪原名东溪,中间是双溪口。

(三)茭丁港

南部的小溪口南岸有茭丁港(见图一三),此地应为清代的茄藤港,因为海茄苳(Catia)得名。海茄苳见于台中以南的海岸,是一种红树林,不是中国大陆南方常见的乔木茄苳树。茄苳可译为加呈，高雄市茄萣区原名是茄埕田，也是源自海茄苳，台湾南部沿海的类似地名很多。茄苳、茄藤、茄萣、茄埕、茭丁的闽南语读音相同，茭丁港也即陈第《东番记》的加哩林，加里林就是海茄苳红树林（图一四）。呈、里形近，所以讹为加里。因为汉族人翻译外族名词时喜欢加个口字，所以又被写成加哩。

茄藤港在今东港镇与南州乡交界处，光绪二十年（1894年）的《凤山县采访册》丙部《港澳》记载："东港……在港东里，县东南三十里……南平港……旧志作茄藤港。在东港东里，县东南三十三里。"茄藤港在东港东南三里，此处原属原住民茄藤社。南平港在今南平里，有金茄萣港的传说。[1] 此港介于双溪口与林边溪之间，因其南有沙汕，也是一个良港。乾隆初年有泉州之陈、苏、洪、李、庄五姓到茄藤港，开垦大潭新庄、下廊庄、三叉河庄[2]，在今大潭里、下廊里、三西里。紧邻其东的南州乡万华村即茄藤社，万华是闽南语番仔的雅化。[3] 其东南的佳冬乡源自茄苳脚，是同源地名，不是茭丁港。

图一三　《福建海防图》中的小溪水、小溪水、茭丁港

图一四　茭丁港（加里林）位置图

［1］ 翁淑芬：《台湾地名辞书》卷四《屏东县》第四章《东港镇》，台湾文献馆，2001年，第143页。
［2］ 翁淑芬：《台湾地名辞书》卷四《屏东县》第四章《东港镇》，第148页。
［3］ 黄琼慧：《台湾地名辞书》卷四《屏东县》第十六章《南州乡》，第487页。

2008 年牛津大学包德林图书馆发现了一幅明末闽南商人绘制的大型东方航海图,图上的台湾岛仅有北港、加里林两个地名。加里林就是加哩林、茭丁港。前人考证这幅明末航海图上的加里林,因为没有对照《东番记》与《福建海防图》,所以没有得出正确的结论。而《福建海防图》台湾南部名为港的地名仅有北港、魍港、茭丁港,正是因为这三个港是汉族人活跃之地,所以称为港。

陈第《东番记》有加哩林(茭丁港),但漏记重要的北港,《福建海防图》有北港、魍港、茭丁港。牛津大学藏图有北港、加里林(茭丁港),没有魍港,不知是因为魍港已经衰落,还是因为魍港附近原住民太多,或是因为荷兰人占据台南与魍港,所以图上不画魍港(图一五)。

图一五　牛津大学藏明末闽商航海图中的台湾

(四)沙马头

再南部有一个港湾,南部有沙马头。此港湾即台湾岛最南部的海湾南湾,沙马头是台湾岛最南部的鹅銮鼻。光绪二十一年《恒春县志》卷一五《山川》说:"鹅銮鼻,旧名沙马崎。"[1]此名在明代就有,《顺风相送》出现沙马头 3 次,沙马歧头 2 次;《指南正法》有沙马岐头 4 次,其中 2 次是沙马岐头门。沙马应即沙漠,漠的古音是 mak,在澎湖县望安乡将军澳屿西南角也有一个砂莫时,应即沙漠屿。鹅銮鼻一带海岸多沙,南有白沙鼻,西有砂岛,东有风吹沙景观。

---

[1]　(清)屠继善:《恒春县志》,载《台湾文献史料丛刊》第 8 册,大通书局,1984 年,第 253 页。

结　　论

　　这幅明代万历时期绘制的《福建海防图》不仅画出福建沿海，还画出台湾岛和菲律宾、冲绳等地，说明那时的福建政府对台湾岛、菲律宾、冲绳已经非常熟悉，而且已认识到台湾在福建海防中的重要地位。

　　明代《福建海防图》不仅标出台湾的 22 个地名，而且分布在台湾本岛及附属岛屿。有 2 个地名在花瓶屿与黄尾屿，另外 20 个地名分布在台湾岛最北的基隆到最南的鹅銮鼻。这些地名均匀地分布在基隆、台北、桃园、苗栗、彰化、云林、嘉义、台南、高雄、屏东等 10 个县市，完整地画出台湾岛的西部海岸。这说明当时福建水师对台湾岛的测绘非常完整，明代中国人对台湾的认识绝非模糊不清或片段零散。钓鱼岛在花瓶屿与黄尾屿之间，图上画出花瓶屿与黄尾屿，说明整个钓鱼岛列岛都属于明朝管辖。

　　明代《福建海防图》上标出的 20 个台湾岛地名涉及自然山水、原住民村社及汉族人活跃港口，还有汉族人捕鱼的渔场，说明福建人在台湾非常活跃。正是因为福建渔民、商人在台湾非常活跃，所以福建水师才能绘制出如此精确的《福建海防图》。图上的很多地名沿用到清代甚至现代，这说明来自大陆的汉族人在明清时期开发台湾是一个连续的历史进程，没有因为荷兰及西班牙人占据台湾而中断。

Taiwan in the Ming *Coastal Defense*
Map of Fujian Province

Abstract: This article studies the references to Taiwan detailed in the Ming-era *Coastal Defense Map of Fujian Province*. The map indicates twenty-two places of significance in Taiwan, including the entire western coast from Jilong to Eluanbi, and portions of the Diaoyu Islands in the north. It further marks clearly the locations of Beigang and Wanggang, resolving arguments over whether the two ports were the same or different places. This article effectively disputes the view that Chinese during the Ming knew very little about Taiwan or that they never drew any maps of the island. It also demonstrates that Taiwan came under the coastal jurisdiction of the Ming.
Keywords: Taiwan, Fujian, Coastal Defense, Wanggang, Beigang

研究中国航海史的瑰宝：
中国旧海关内部出版物中的航海资料

吴松弟[*]

一、旧海关内部出版物的内容、类别和出版状况

1859～1949 年的 90 年间，中国海关总税务司署主要通过下属的造册处（Statistical Department，后期译称统计科）编写、出版了大量的主要限于内部工作使用的出版品。这些出版品已成为研究近代贸易史、海关史、经济史、社会史、环境史等多方面的宝贵资料。但长期以来，学界对其并无一个统一的名称，现至少有"海关贸易报告"、"海关报告"、"关册"等几种称呼。其实，这些名称既不能包罗旧海关出版物的全部内容，也不能将海关文献中的已出版物与未出版物区别开来。

我以为，旧海关出版物是用铅字排印、以书本形式出版的出版品，不同于保持原始面貌的其他海关报告、文献和资料。海关总税务司署撰写和出版这些出版物的主要目的是海关内部工作的需要，并非为了向公众发售，故"旧海关内部出版物"中的"内部"二字不可缺少。

海关总税务司署 1882 年 2 月 2 日发布的第 179 号通令规定，海关当时已经出版的六大系列中，只有统计系列（Statistical Series）、特种系列（Special Series）、杂项系列（Miscellancous Series）在海关内部下发和造册处留存以后其剩余部分可以出售，而关务系列（Service Series）供海关系统使用，官署系列（Office Serires）只供海关主管人员使用，总署系列（Inspectorate Series）更只供总税务司一人使用。[1] 邮电系列（Postal Series）迟至 1896 年才开始出版，但从海关系统以外的档案馆不易看到此书这一点判断，其发行范围应该限制在海关内部。由于第 179 号通令的发布，1883 年以后开始在上海、香港、伦敦、横滨

　＊　作者简介：吴松弟，复旦大学历史地理研究中心教授。
[1]　海关总署编译委员会：《旧中国海关总税务司署通令选编》第一卷，中国海关出版社，2003 年，第 247 页。

等四个国内外著名商埠的各一家书店公开出售《通商各关华洋贸易总册》等出版品,即统计、特种、杂项三个系列在造册处库房尚有剩余的图书。[1] 因此,由中国海关总税务司署造册处刊印,或由总税务司署请人撰写、在另外出版社出版的出版物,可统称为"中国旧海关内部出版物"。

近代海关除了承担管理对外贸易、征税、缉私等海关的基本职能外,还负责各地的航船停泊、引水、沿海灯塔和航标的设置与保养、疏浚航道、气象观测、各口岸的疾病检疫等工作。此外,中国最早的近代邮政通讯业务、某些华工出国事宜、清偿对外赔款、主办在国外召开的世界博览会,都由海关出面办理。有时,海关还参与改造同文馆、派遣留学生出国、协助处理中国使节和大臣出访等多种事务。

可以说,在近代中国的历史进程中,海关扮演了重要的角色,其内部出版物涉及的面非常广,留存的出版品数量极多。

旧海关内部的出版物由七大系列所组成,它们是:

第一类统计系列(Statistical Series)
第二类特种系列(Special Series)
第三类杂项系列(Miscellaneous Series)
第四类关务系列(Service Series)
第五类官署系列(Office Series)
第六类总署系列(Inspectorate Series)
第七类邮政系列(Postal Series)

另有一百几十本由中国海关总税务司署编辑或出版而未列入任何系列之书,可称"他类之书"。

全部合计近 1500 种,可装订成 650 左右册。

近三十年来除了一些口岸所在城市对本口岸海关内部出版物(都是年报和十年报告)的小规模的翻译出版之外,大规模的出版有下列几种:

1. 中国海关总署办公厅、南京第二历史档案馆汇编:《中国旧海关史料(1859~1948)》,京华出版社 2001 年出版,170 册。

2. 海关总署办公厅编:《中国近代海关总税务司通令全编》,中国海关出版社 2013 年出版,46 册。

3. 吴松弟整理:《美国哈佛大学图书馆藏未刊中国旧海关史料》,广西师范大学出版社出版,284 册,已推出 199 册,另 85 册今年完。

4. 上海海关档案馆所收而以上各类丛书都未收的 100 册,目前正由我整理,将由中国海关出版社在 2015~2016 年出版。

5. 另有 60 余种图书还在寻找之中,希望今年下半年完成寻找,也由我整理

---

[1] 参见吴松弟:《中国旧海关出版物评述:以美国哈佛燕京图书馆收藏为中心》,《史学月刊》2011 年第 12 期,第 54~63 页。

出版。

国家航海　第十三辑
National
Maritime Research

研究中国航海史的瑰宝：
中国旧海关内部出版物中的
航海资料

177

二、第一类统计系列中的航海资料

　　第一类统计系列是各系列中规模最大的系列，按格式主要分为贸易统计（Trade Return）和贸易报告（Trade Report）两大类，贸易统计大多是统计资料，贸易报告以文字论述为主。

　　统计系列基本上定期发表，按日期可分为月报、季报、年报，某些重要的海关如江海关、粤海关还有日报和旬报等。

　　年报是统计系列的主体部分。沿海的口岸城市，大连、安东（今丹东）、营口、烟台、青岛、天津、上海、宁波、温州、三都澳、福州、厦门、基隆、台南、潮州、广州、江门因滨海的原因，它们的年报中都有不少与海岸、港湾、水道、灯塔有关的地图。图一到图五是淡水、高雄、温州、福州和厦门五个口岸报告所附地图的一部分，以为示例。

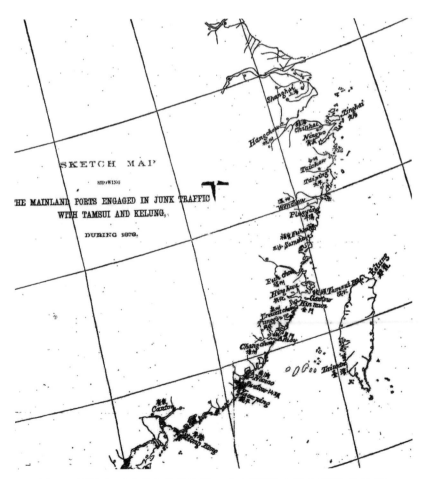

图一　1873 年可通帆船的沿海港口分布图（引自淡水 1873 年年报）

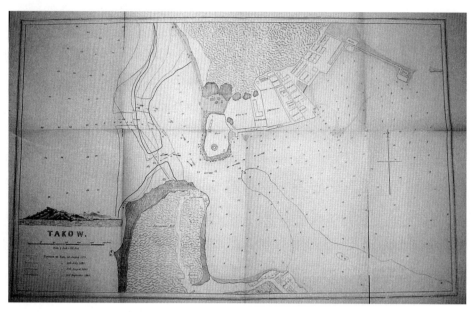

图二　1880 年高雄港图（引自同年高雄年报）

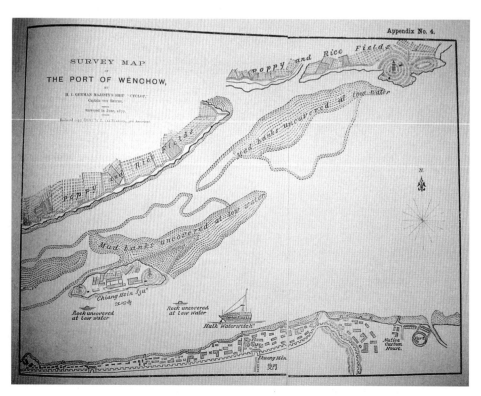

图三　1877 年温州港区图（引自同年温州年报）

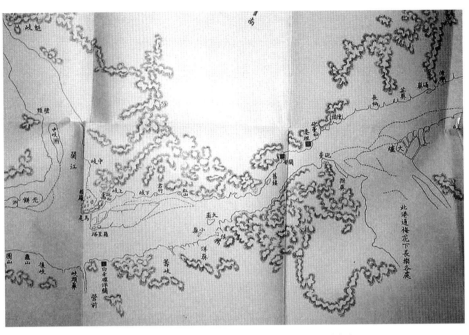

图四　1925年闽江图（局部放大）（引自福州年报）

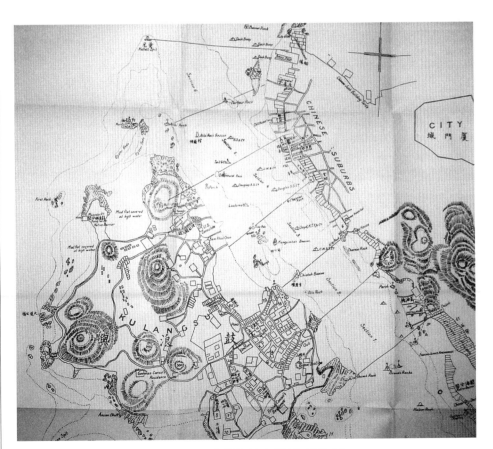

图五　1902年厦门城市图（局部放大）

　　1882 年海关总税务司署下令编撰《十年各埠海关报告》，一直编到 1931 年，共出 5 期。内容各期不一，但都相当庞杂，其中，航运、港口设施、灯塔航标以及海军都是报告的对象。每期十年报告都有几十幅地图，合计共有 209 幅图，其中的 90 幅图是与航海有关的沿海港区与水道地图，如图六到图一二所示。

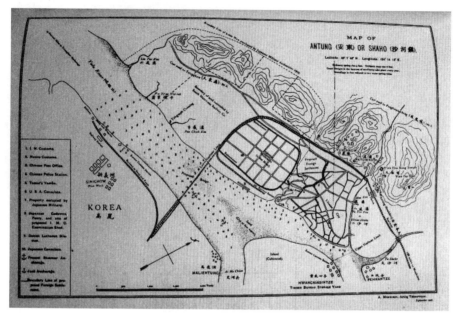

图六　安东港区图（引自 1902～1911 十年报告）

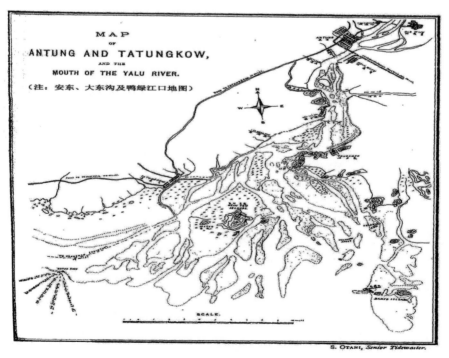

图七　安东、大东沟及鸭绿江口地图（引自 1902～1911 十年报告）

国家航海 第十三辑
National
Maritime Research

研究中国航海史的瑰宝：
中国旧海关内部出版物中的
航海资料

181

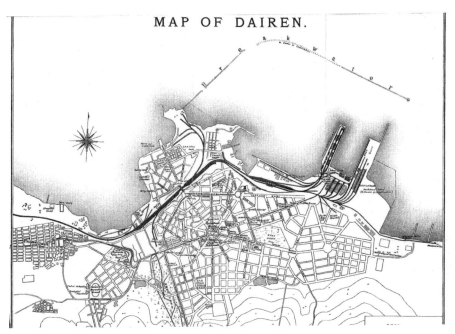

图八　大连城市与港区图（引自 1902～1911 十年报告）

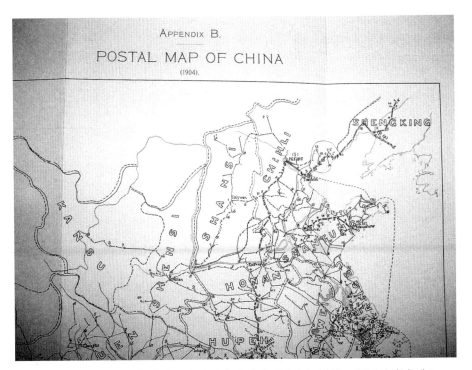

图九　1904 年中国邮政地图上的北方海上邮路（引自 1902～1911 十年报告）

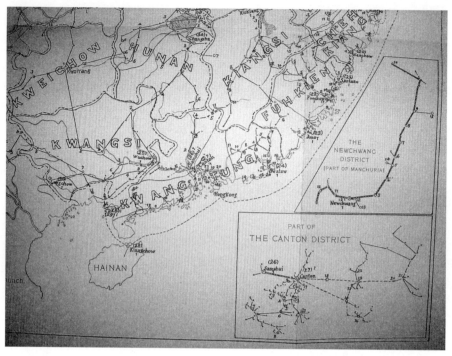

图一〇　1904 年中国邮政地图上的南方海上邮路（引自 1902～1911 十年报告）

图一一　香港及其附近海区（引自 1902～1911 十年报告）

国家航海　第十三辑

National
Maritime Research

研究中国航海史的瑰宝：
中国旧海关内部出版物中的
航海资料

183

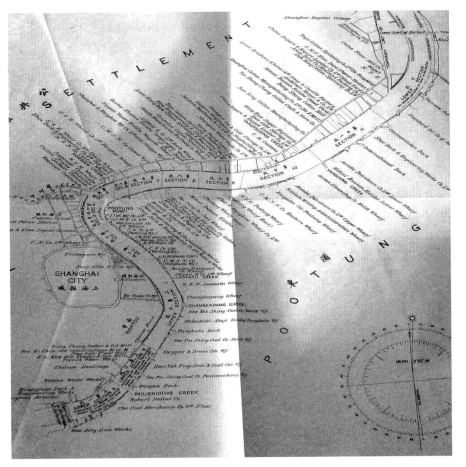

图一二　1926 年上海港区详图（引自 1922～1931 十年报告）

三、第二类至第七类中的航海资料

　　第二类至第七类各系列大多是针对某一具体事物或活动的专刊、专业著作与调查报告，不定期出版。

　　第二类特种系列中的航海资料：

　　1.《海关海务科航船布告汇编》（Notices to Mariners）。系就历年沿海和长江中的灯塔、沉船、泥沙等有关航行安全问题刊发的布告，以年为单位，分别汇编成册的专刊。本刊自 1883 年开始出版，追溯 1862～1882 年十年事务，1 年 1 期，到 1938 年出到第 56 期。

　　2.《气象观察与中国东海的台风》（Instructions for Making Meteorological Observations，Prepared for Use in China and the Law of Storms in the Eastern Seas）。由香港观象台主任威廉·都不科（William Doberck）编撰，1887 年出版。为便于中国各埠气象观察之用，以及为往来中国的各国水手通报东海台风的规律。

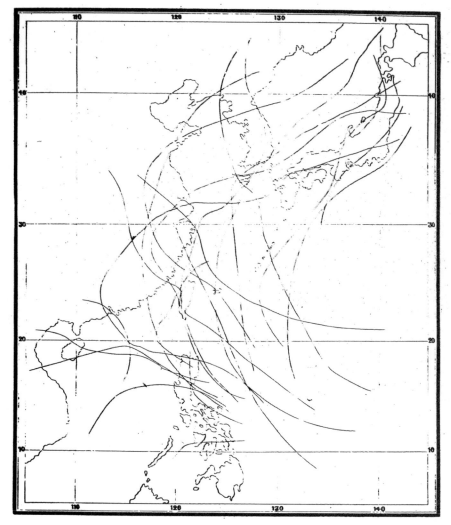

图一三　1884～1885 年台风的主要登陆地区图（引自 1887 年《气象观察与中国东海的台风》）

3.《吴淞江挖沙工程纪略》（*Woosung Bar：Dredging Operations*）。以下各条，凡未介绍者，或书名已将内容表达清晰，或笔者尚未看到，故内容暂缺，不另一一注明。

4.《各口救护遇险船只章程》（*Chinese Life-boats，Etc*）。

5.《号笛声浪试验报告》（*Report on Sound Trials of the Sirens at the South-east and the Northeast Shantung Promontories*）。

6.《航海公会节略》又译《中国出席国际航海公会报告》（*International Marine Conference，Washington，1889，Report Prepared for the Chinese Government by Its Delegates*）。

7.《1880 年柏林国际渔业博览会中国展品介绍》（*Special Catalogue of the Ningpo Collection of Exhibits for the International Fishery Exhibition，Berlin，1880，Preceded by a Description of the Fisheries of Ningpo and The Chusan*

Archipelago）。主要介绍宁波和舟山的渔业，对许多专有名词用英文进行较详的解释（图一四）。

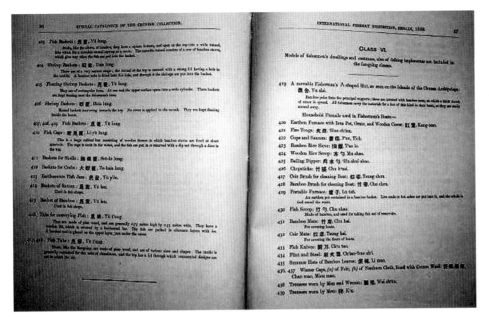

图一四　《1880年柏林国际渔业博览会中国展品介绍》之一页

8.《1883年伦敦国际渔业博览会中国展品介绍》（*Special Catalogue of the Chinese Collection of Exhibits for the International Fisheries Exhibition London*，1883。）

四、第三类杂项系列（Miscellaneous Series）中的航海资料

9.《中国沿海及内河航路标识总册》（*List of Chinese Lighthouses，Light-vessels，Buoys，and Beacons，etc.，on the Coast and Rivers of China*）。1872年创刊，基本上1年1期，至1947年共出70期。

各期内容，首先是中国沿海灯塔分布图，接着是对中国水道的灯塔、灯船、浮标、路灯和无线电信号进行总体概述，然后再分别予以详述，书中附有多幅彩色的参考图。

10.《中国沿海及长江沿岸地名录》（*Names of Places on the China Coast and the Yangtse River*）。由海关巡工司编，1882年出第1版，1904年出第2版。本书将沿海及长江沿岸地名，按照英文字母顺序排列，并注明各地方的海关区域及其所属府县。

11.《航海通告中文技术术语和短语的使用（第3期）》（*Glossary of Chinese Technical Expressions and Phrases Occurring in Notices to Mariners，etc.：*

Third Issue）。

12.《台风避风港》(*Typhoon Anchorages*)。

13.《厦门内港图》(*Chart of Amoy Inner Harbour*)。

14.《吴淞内港》(*Woosung Inner Bar*，1894）。

15.《中国灯塔分布图》(*Chinese Lighthouse Chart*)。

16.《法规：一般与地方、海关、港口等》(*Regulations：General and Local，Customs，Harbour，etc*)。专刊,1921 年为第 2 辑。

17.《长江近海河段潮汐表》(*Table of Predicted Tides for Side Saddle，in the Approach to the Yangtzee River*)。专刊,1927 年第 6 期。

18.《中国载重 100 吨以上的蒸汽机船和机动船舶名录》(*List of Chinese Steam and Motor Vessels of 100 Tons Gross and Over*)。专刊,1921 年创刊,1931 年出到第 11 期。

19.《海上船舶避碰公则》(*Regulations for Preventing Collisions at Sea*)。

20.《中国沿海灯塔志》(*The Coastwise Lights of China：an Illustrated Account of the Chinese Maritime Customs Lights Service*)。班思德(*T. Roger. Banister*)撰,1933 年出版,有英文版、中文版两种,如图一五到图一八所示。

中国海关总税务司署造册处出版的《海关出版图书目录》评价此书:"中国沿海灯塔,创自清同治初期,历数十年惨澹经营,始有今日之规模。本书系就海关管理经过,详为叙述,山海关副税务司班思德奉总税务司命令编撰,所有海务科之缘起,沿海灯塔之沿革,以及内河航行之设施,均一一列载无遗。附有铜版图多帧,尤便观览。"

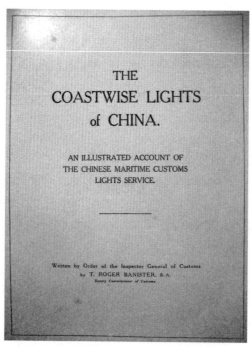

图一五 《中国沿海灯塔志》英文版封面

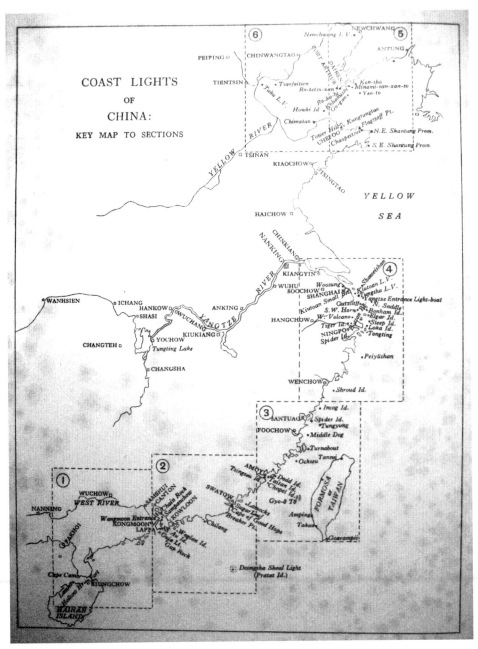

图一六　中国沿海灯塔分布图

CAPE CAMI LIGHT.

Location: Near the southernmost point of the islet marked on the charts as Cape Cami; lat.
20° 13′ 25″ N., long. 109° 55′ 5″ E.

Light: Dioptric, 4th Order; showing two white flashes (55,000 c.p.) in quick succession every
20 seconds; seen in clear weather, 13.8 miles; first lighted in 1895, altered in 1930.

Light-tower: Screw pile, white with one black horizontal band.

图一七 《中国沿海灯塔志》中对各个灯塔的介绍(外观)

国家航海 第十三辑
National
Maritime Research

研究中国航海史的瑰宝：
中国旧海关内部出版物中的
航海资料

189

图一八 《中国沿海灯塔志》中对各个灯塔的介绍（内部）

21.《总税务司署海务科年刊》（*Report of the Marine Department*）。1909～1910 年出第 1 期，出到 1937 年。

22.《在上海检验登记的货船备忘录》（*Memorandum on the Inspection of Registered Cargo‐boats at Shanghai*）。由海关总税务司署理船官山德沃罗夫（J. A. Zanadvoroff）撰，海关统计科 1937 年出版。共 60 页，用英文和图画解释轮船的各个构件。

五、第四类关务系列(Service Series)中的航海资料

23.《海关职员题名录》(Service List)。专刊,1877～1947年出版,每年1册,合计可达五六千页。详细登记曾在海关工作的人员名单,包括国籍、何时参加海关工作,在何地何部门任何职,级别。退休人员也登记,并注明退休时间。各年的职员名录,按四个部门分别列出,其中的海务部门、税务部门中的海班,以及后来成立的船钞部门的工作均与航海有一定的关系。

24.《总税务司通令》(Inspector General's Circulars)。第1号发行于的第7500号。总税务司赫德及其继任者在1861年至1949年下发海关各部门和各地海关的通令以及内部信函,其内容属于海关内部的行政事务。其中一些通令涉及航海,可以据此看出某些制度性的安排。所有的通令都收入海关总署办公厅编的《中国近代海关总税务司通令全编》。

25.《灯塔说明》(Lighthouse Instructions)。第1辑1870年出版,此后于1877年、1884年、1908年相继出版第2辑、第3辑和第4辑。

26.《灯船说明》(Lightship Instructions)。有1870年、1877年、1884年等3辑。

27.《海关船只指挥官和工作人员工作手册》(Instructions for Commanders and Officers of Customs Vessels)。1892、1911年、1922年、1935年分别出版了第1～4辑。

28.《船舶吨位测量说明》(Instructions for Measuring Vessels for Tonnage)。1905年出第1辑,1935年出到第3辑。

29.《有关气象工作的通令》(Instructions Concerning Meteorological' Work)。1905年出第1辑,1938年出到第4辑。

30.《蒸汽快艇和马达快艇:比较实用的使用方法》(Steam-launches and Motor-launches:Their Comparative Utility for Service Purposes)。1911年出版。

31.《上海海关水上警察诫律》(Instructions for the Customs River Police, Shanghai)。1918年、1925年、1932年分别出了第1～3辑。

32.《海关总税务司署关于1920年选择蒸汽快艇和马达快艇的备忘录》(Memorandum Concerning the Choice of Steam and Motor Launches for the Customs Service 1920)。

33.《牛庄潮汐观察者的职责,1921年》(Tidewaiters' Duties:Newchwang 1921)。

34.《关于海关船舶的规定,1933年》(Instructions Regarding Service Vessels.1933)。

35.《长江中下游水道水量说明,1937年》(River Inspectorate Instructions:

Lower and Middle Yangtze . 1937)。

36.《潮汐观察者职责》(*Tidewaiters' Duties*)。1938 年出第 1 版,1940 年出第 2 版。

六、第五类官署系列(Office Series)中的航海资料

37.《灯船、浮标和灯塔报告》(*Report on Lights，Buoys，and Beacons*)。1875 年创刊,1 年 1 期,直到 1908 年。

38.《货船的注册,1881 年》(*Registration of Cargo-boats . 1881*)。

39.《粤海关税务司关于 1871～85 年鸦片走私的报告》(*Reports on Smuggling at Canton：Commissioners' Despatches，etc.，1871～85.*)。

40.《广东走私报告:外班副税务司的工作备忘录,1881～86 年》(*Reports on Smuggling at Canton：Out-door Deputy Commissioners' Memos.，1881～86*)。

41.《船只避风港,1894 年》(*Typhoon Anchorages . 1894.*)。

42.《常关报告第 3 号:福州和福建省:关税,帆船,贸易,金融等等,1904 年》[*Native Customs，Foochow and Fukien：Reports on Tariff，Junks，Trade，Finance，etc.（N.C. No.3).1904.*]。

43.《船钞部工作报告》(*Report of the Marine Department*)。年刊,自 1909 年至 1926 年各年都出版。

七、"他类之书"(Customs Publications Not Included in Any of the Foregoing Series)中的航海资料

44.《上海方言手册,为水上警察而编》(*Shanghai Dialect Phrase Book for River Police*)。

45.《船只信号专书:供中国海关巡船使用》(*Boat Signal Book for the Use of the Chinese Maritime Customs Revenue Cruisers*)。

46.《海关快艇船长工作规则》(*Rules for the Use of Laodahs in Charge of Customs Launches*)。

47.《中国引水服务:一般规定和广州当地的规则》(*Chinese Pilotage Service：General Regulations and Local Rules for the Port of Canton*)。此外还有牛庄港、厦门港、宁波港以及长江上游各港口的引水规则。

48.《通商各关沿海沿江建置灯塔,灯船,灯杆,警船和浮椿总册》(*Report of the Chinese Lighthouses，Light-vessels，Poles，Police Boats and Buoys*)。通商海关总营造司编订,始创于 1879 年,直到 1904 年各年都有,如图一九、二○所

示。每辑首先是一张《通商各关沿海建置警船灯各地方总图》,接着用表说明这些灯的名称、编号和设置地点,以及各海关分划的界限。然后是对本报告内容的说明,即所开通商各口之灯塔、灯船、灯杆、警船、浮椿等建置之处一切情形。

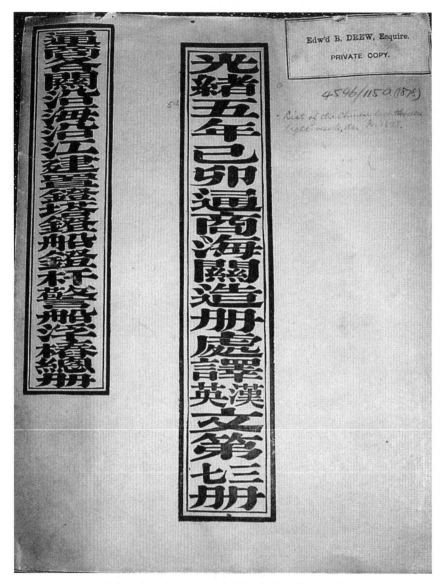

图一九　《通商各关沿海沿江建置灯塔灯船灯杆警船浮椿总册》封面

八、对旧海关内部出版物中航海资料的简短评价

古代中国在世界航海史上曾占有重要地位,但自明代中断下西洋的航海活动之后官方组织的大规模的航海活动完全停止,而民间航海活动因种种原因难

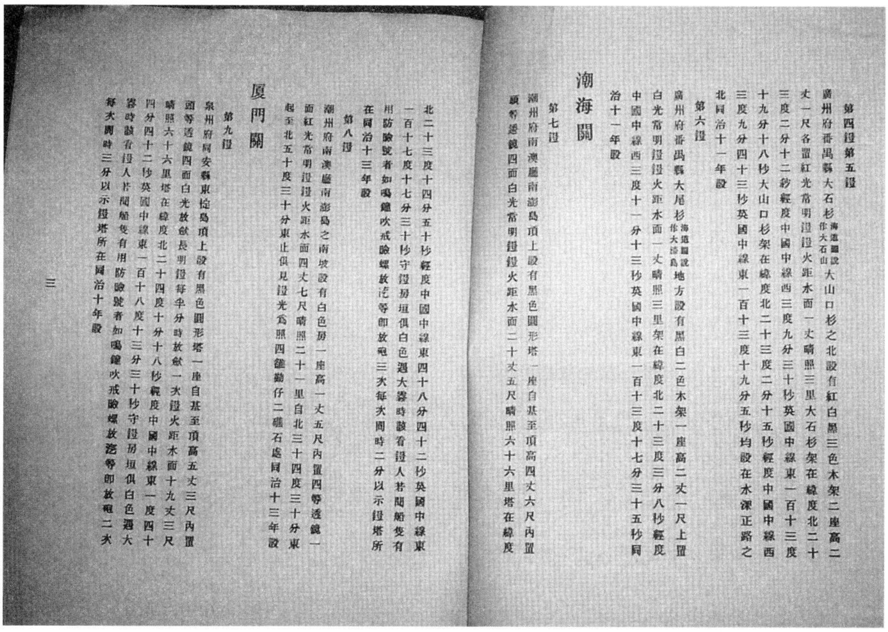

国家航海　第十三辑

National
Maritime Research

研究中国航海史的瑰宝：
中国旧海关内部出版物中的
航海资料

193

图二〇　书中对各海关关区灯塔的介绍

以得到较大的提高。而与此形成鲜明对比的是，西方进行的航海活动迅速发展，自哥伦布发现新大陆之后殖民扩张在全球的展开更促使航海活动达到了更高的阶段。近代用洋枪洋炮敲开中国大门的英法美等国更是世界航海大国，由他们执掌大权的中国海关总税务司署重视海上权益，对来华洋船的引水、停泊、税收等实行了有效的管理，并承担航道、灯塔、卫生检疫、港区管理、气象监测、船只避风、打击走私等多种业务，还负责中国加入世界博览会的展品包括航海和海洋渔业展品的收集和介绍。由于不少报告都采用连续出版的专刊形式，从而留下了由文字报告和海图、地图组成的大量的海关文献。这些文献不仅品种众多，数量极为可观，而且由于其所用的词汇都是海关最先引入、今天仍然普遍使用的标准词汇，这些海关文献在当时的中外文献中不仅便于使用，而且更具科学性。加之许多是连续性专刊且多用地图，也使得研究更具历史感和动态感以及区域感。所刊载的相关地图时间上涵盖了近代中国 90% 的年代，空间上覆盖了近代中国漫长的海岸地带和沿海海域，地图的绘制水平和印刷质量在当时也都是一流的。总之，要研究近代中国的海洋和航海，不可不重视旧海关出版物中的航海资料。

征 稿 启 事

　　一、《国家航海》是上海中国航海博物馆主办的专业学术辑刊,刊载世界航海文史领域的学术佳作,尤其欢迎国际航运中心文化历史与政治理论、中外航海史、海上交通贸易史、中外古船与沉船研究、水下考古、航海文献文物研究等方面的优秀稿件。

　　二、来稿篇幅以12000字以内为宜,重大选题的稿件应控制在20000字以内。本刊倡导选题新颖,观点鲜明,内容充实,论证严谨。

　　三、稿件应遵循学术规范,注释采用脚注,每页单独编号。文稿书写规范请务必参照本刊栏目格式处理。

　　四、来稿请附300字左右的中文摘要和3～5个关键词,同时提供文章标题、摘要、关键词的英译文本。另页请附作者信息,包括姓名、籍贯、工作单位、职称、研究方向、通讯地址、邮编、固定电话、手机、电子邮箱。

　　五、本刊采用电子投稿方式,电邮发送至编辑部电子邮箱 ardmmc75@163.com,发送时请以"投稿－文章标题"格式为主题。来稿恕不退回,请自留底稿。

　　六、在不改变原意的前提下,本刊有权对来稿进行必要的文字处理。

　　七、来稿一经采用,本刊将通过电子邮件通知。一般情况下,来稿在三个月内审读结束,逾期未接通知者,可将稿件改投他刊。

　　八、严禁剽窃、抄袭行为,反对一稿两投。凡发现此类行为者,后果由作者自行承担。

《国家航海》编辑部
地址:上海市浦东新区申港大道197号
邮编:201306
电话:021－68282176,38287777 转 8136
传真:021－68282176
电子邮箱:ardmmc75@163.com